러시아어 알파벳
(Русский Алфавит)

| А а | *А а* | Б б | *Б б* | В в | *В в* | Г г | *Г г* |
|---|---|---|---|---|---|---|---|
| Д д | *Д д* | Е е | *Е е* | Ё ё | *Ё ё* | Ж ж | *Ж ж* |
| З з | *З з* | И и | *И и* | Й й | *й* | К к | *К к* |
| Л л | *Л л* | М м | *М м* | Н н | *Н н* | О о | *О о* |
| П п | *П п* | Р р | *Р р* | С с | *С с* | Т т | *Т т* |
| У у | *У у* | Ф ф | *Ф ф* | Х х | *Х х* | Ц ц | *Ц ц* |
| Ч ч | *Ч ч* | Ш ш | *Ш ш* | Щ щ | *Щ щ* | Ъ ъ | *ъ* |
| Ы ы | *ы* | Ь ь | *ь* | Э э | *Э э* | Ю ю | *Ю ю* | Я я | *Я я* |

# 러시아연방 국가권력기관
(Органы Государственной Власти Российской Федерации)

СУДЕБНАЯ ВЛАСТЬ РОССИЙСКОЙ ФЕДЕРАЦИИ — 러시아연방 사법부

УПОЛНОМОЧЕННЫЙ ПО ПРАВАМ ЧЕЛОВЕКА В РОССИЙСКОЙ ФЕДЕРАЦИИ — 러시아연방 인권위원회

ФЕДЕРАЛЬНОЕ СОБРАНИЕ РОССИЙСКОЙ ФЕДЕРАЦИИ — 러시아연방 의회

ГЕНЕРАЛЬНАЯ ПРОКУРАТУРА РОССИЙСКОЙ ФЕДЕРАЦИИ — 러시아연방 대검찰청

ФЕДЕРАЛЬНЫЕ ОРГАНЫ ИСПОЛНИТЕЛЬНОЙ ВЛАСТИ — 러시아연방 행정부

СЧЕТНАЯ ПАЛАТА РОССИЙСКОЙ ФЕДЕРАЦИИ — 러시아연방 금융감독원

ЦЕНТРАЛЬНАЯ ИЗБИРАТЕЛЬНАЯ КОМИССИЯ РОССИЙСКОЙ ФЕДЕРАЦИИ — 러시아연방 중앙선거 관리위원회

ПРЕЗИДЕНТ РОССИЙСКОЙ ФЕДЕРАЦИИ — 러시아연방 대통령

СОВЕТ БЕЗОПАСНОСТИ РОССИЙСКОЙ ФЕДЕРАЦИИ — 러시아연방 안전보장회의

러시아 지도

# РУССКИЕ ИДИОМЫ

러시아어 관용구집

러시아어 관용구집

РУССКИЕ ИДИОМЫ

2012년 12월 25일 초판1쇄 발행
2020년 9월 5일 초판3쇄 발행

엮은이 이원용
펴낸이 이찬규
펴낸곳 북코리아
등록번호 제03-01240호
주소 13209 경기도 성남시 중원구 사기막골로 45번길 14
　　　우림2차 A동 1007호
전화 02-704-7840
팩스 02-704-7848
이메일 sunhaksa@korea.com
홈페이지 www.북코리아.kr
ISBN 978-89-6324-228-6 (13790)

값 20,000원

# РУССКИЕ ИДИОМЫ

## 러시아어 관용구집

Russian Idiom Dictionary

이원용 엮음

북코리아

# 머리말

공식적인 한러관계는 1884년 7월 조선정부와 러시아정부 간에
조로수호통상조약이 맺어지면서 시작되었다. 이후 열강들 특히 일제의
탐욕대상이던 조선은 러시아와의 경제적인 교류는 일본에 비해 그다지
활발하지 못하였으나 정치외교적으로는 상당히 밀접하고도 활발한
교류를 하였다.

　이러한 교류는 러일전쟁에서 러시아의 패배와 일제의 한반도
강제합병 및 해방 이후에 형성된 냉전체제로 인하여 중단되고 러시아는
우리에게 낯설고 먼 경계의 대상으로 되어버렸다.

　이러한 단절은 냉전체제의 종식과 더불어 러시아와 재수교를
맺음으로 다시 이어졌고, 재수교를 맺은지 20년이 갓 지났음에도
불구하고 한국과 러시아와의 교류는 정부 차원에서는 물론 경제, 교육,
문화, 체육 등 민간부문에서 활발히 진행되고 있다. 국제화 시대라는
시대적 흐름을 감안하지 않더라도 한반도의 정치지리학적 위치로
인하여 한국과 러시아와의 교류는 더욱 더 활발해질 수밖에 없다고
생각된다. 이러한 교류가 상호 간에 도움이 되어야 한다는 것은 자명한
것이다. 그렇지 않을 경우 상호 간의 교류는 침체될 수밖에 없기
때문이다.

　이러한 상호 간의 긍정적인 교류를 활성화시키는 수단은 여러

가지가 있으나 그중 빼놓을 수 없는 것이 언어이다. 언어에는 그 민족의 문화와 정서가 녹아 있기에 단순히 의사소통을 넘어 그 민족의 정서와 심리를 이해할 수 있는 능력을 길러주는 수단이기도 하기 때문이다.

우리는 상당기간 러시아와 교류가 단절되어 있었기에 러시아어에 대한 지식 또한 그만큼 적을 수밖에 없었다. 이러한 어려움은 1980년대 말에 노한사전이 출판되고 이후 한러사전이 출판되는 등 관련 분야 학자들의 고된 노력으로 극복되어가고 있으며 러시아를 공부하는 사람들에게 큰 도움을 주고 있다.

필자는 1990년대 초에 모스크바에서 유학하면서 러시아어를 공부하는 데 많은 어려움을 겪었다. 이 중 대부분은 러시아어의 특성상 한 단어가 가지고 있는 뜻의 다양성과 합성어 및 관용적 표현들로 인한 것이었다.

이러한 이유로 인하여 필자는 여러 가지 사전을 찾고 선생님들께 여쭈면서 스스로를 위해 관용구나 합성어를 찾아 검토하고 기록하기 시작하였다. 그리고 필자 본인이 느꼈듯이 관용구집이 따로 있으면 러시아어를 공부하는 사람들이 좀 더 쉽게 러시아어에 흥미를 가지고 접근할 수 있을 것이라는 판단을 하였다. 이러한 마음에서 많은 부족함에도 불구하고 그동안 모아두었던 것을 정리하여 『러시아어 관용구집』이라는 제하에 출판하기로 결심하였다.

본 관용구집에는 관용적 표현뿐만 아니라 다양한 의미를 포함하고 있기에 헷갈릴 수 있으면서도 일반적으로 많이 쓰이는 단어, 합성어 및 경제용어 등을 일부 포함시켜 5,500여 개의 문구가 수록되었다. 또한 러시아어의 경우 특히 전치사의 역할이 중요하고, 관용구의 경우 대부분 전치사를 동반하기에 전치사에 대한 이해를 돕고자 전치사의 용법에 대해서도 별도로 설명하였다.

우리말과의 가장 큰 차이점이자 러시아어에서 가장 중요한 부분 중의 하나는 격변화라 할 수 있다. 동사, 명사는 물론 관용구에서조차 변화되는 격변화에 대한 정확한 지식 없이는 러시아어를 정확하게 이해하기는 불가능하다. 하나의 동사라 할지라도 수반되는 격에 따라 전혀 다른 뜻을 갖는 경우가 많기에 사전을 수없이 찾으며 격변화와 수반되는 격에 대해 정확성을 기할 때만이 러시아어를 올바르게 이해할 수 있다는 점을 강조하고 싶다.

예를 들어 '*отвести*'는 대개 대격인 кого-что를 동반하여 '데려가다, 끌고 가다, (군대 등을) 뒤로 물러나게 하다, (기분이나 마음상태를) 딴 데로 돌리게 하다, (장애물을) 치우다' 등 유사한 다양한 뜻이 있다. 그러나 여격인 кому-чему가 동반될 경우에는 '할당하다, 배당하다, 맡기다'의 의미를 갖는다. 예를 들면 다음과 같다.

*Королевской охране* отведено по приказанию короля отдельное помещение в дворце. 왕실수비대는 왕의 명령에 의해 궁전 안의 각각의 장소에 할당되어 배치되었다. 또는 *Директор отвёл ему* комнату. 지배인은 그에게 방을 배정했다.

이렇게 같은 동사라도 수반되는 격에 의해 전혀 다른 뜻이 될 수 있다. 이러한 격변화는 관용구적 표현들에서도 예외가 아니다. 즉 '*этого рода*(이러한), *такого рода*(그러한), *подобного рода*(유사한)'와 같이 극히 예외적인 경우를 제외하고는 каков, какой, кой, никакой, такой, таковый, тот, иной, другой, всякий, крайний 등은 관용적 표현에서도 앞뒤에 규정되는 전치사와 명사에 의해 격변화된다는 점에 유의해야 한다.

예를 들어 '바로 그러한 경우에'를 의미하는 러시아어 관용구 '*в таком же случае*'(단수일 경우), '*в таких же случаях*'(복수일 경우)와 같이 전치사와 규정되는 명사의 성, 단수/복수 여부 등에 의해 규정대명사인 '*такой*'가 함께 변화된다.

필자의 우둔함과 게으름으로 인해 혹시라도 있을지 모르는 오류에 대해 걱정하면서도 러시아어를 공부하는 이들에게 조금이나마 도움이 되기를 바라는 마음 간절하다. 그리고 많은 조언을 해준 마리나 스미르노바 박사님과 어려운 가운데에서도 본 관용구집에 애정을 보여주시고 빛을 보게 해주신 북코리아 출판사 이찬규 사장님 그리고 직원분들께 감사의 말씀을 드리며, 고생만 하시다 돌아가신 아버님과 지금도 자식들을 위해 들에서 일하고 계시는 어머님께 이 책을 바친다.

## 일러두기

→ 본 관용구집은 관용구나 합성어 및 용어를 설명할 경우에 러시아어 문법상
우리나라에서 이미 정립된 용어와 순서를 따랐으며 설명이 필요할 경우에는
괄호 또는 ' ' 표기를 하고 설명하였다. 단 동사원형의 경우에는 '미정형동사'라고
표현하고, '완료체 미정형동사'와 '불완료체 미정형동사'로 구분하였다.

→ 러시아어의 특성상 격변화가 중요하기에 해당 단어에 따르는 격을 표시하기
위해 'ввиду кого-чего'와 같이 생격을 의미하는 'кого-чего'를 빨간색으로
표기하거나 수반되는 격을 괄호 안에 더하기(+) 표기와 함께 기입하였는데, 예를
들어 'благодаря (+여격)'라고 하였다.

→ 관용구의 경우 ',' 또는 그 단어가 있어도 되고 없어도 되는 경우에는 괄호로
표기하였는데 예를들어 'до того(,) как …', ' раз (что)', ' разве (только)'와 같이
표기하였다.

→ 관용구나 전치사를 적고 예문을 달 경우에는 아래에 '―' 표기를 하고 예문을
적었다.

→ 하나의 관용구나 합성어가 두 가지 이상의 뜻으로 쓰이는 경우에는 'для чего
① 이를 위해 ② 무엇 때문에, 무엇을 위해'와 같이 번호를 달아 표기하거나
'вчерашний день 어제; 과거'와 같이 ';'를 하고 그 뜻을 적었다.

A

- а в то же время  동시에
- а в это время  이때에, 이와 동시에, 한편
- а(또는 но) вместе с тем(또는 этим)  그러나 동시에,
  그런데 이와 함께
  - Она хочет рассказать, а вместе с тем боится.
    그녀는 말하고 싶어하지만 동시에 겁내고 있다.

- а всё(= а всё-таки)  그렇지만, 어쨌든, 여하튼
  - Рана не опасная, а всё лучше остановить кровь.
    상처는 심하지는 않지만 어쨌든 지혈시키는 것이 낫다.

- а(또는 но) всё ж  그러나 역시, 그래도 어쨌든(= а всё же)
  - Хотя вчера было очень холодно, а я всё же выходил(а) на
    улицу.
    어제는 매우 추웠지만 그래도 나는 밖에 나갔었다.

- а всё-таки  어쨌든, 여하튼
- а затем  다음에, 그 후에
  - Отдохнём, а затем поговорим.
    쉬었다가 다음에 이야기합시다.

- а именно  즉, 바로, (열거할 때) 예컨대
  - В то время, а именно год назад, я ещё лежал(а) в больнице.
    그 당시, 즉 1년 전 나는 아직 입원 중이었다.

- а между тем  한편, 이와 동시에, 이때에, 그런데, 그렇지만,
  그러나(= а в это время)
  - Его здоровье становилось хуже, а между тем он работал с
    утра до ночи.
    그의 건강은 더 나빠졌지만, 그는 아침부터 밤까지 일했다.

---

- **а не то**  그렇게 하지 않으면, 그렇지 않다가는
  - Ещё больше учитесь сами, а не то он перегонит вас.
    <u>스스로</u> 더욱더 공부하세요, 그렇지 않으면 그가 당신을 앞지를
    것입니다.

- **а потом (и)**  그 다음에, 그 후에; 또한, 게다가
  - Он съел хлеб без остатка, а потом ушёл.
    그는 빵을 남김없이 먹어치운 후 그 다음에 떠났다.
  - Она не хочет ехать, а потом у неё и денег нет.
    그녀는 가고 싶어하지 않는데다가 돈도 없다.

- **а потому (и)**  따라서, 그 때문에
  - Ему некогда, а потому не может читать эту книгу.
    그는 여유가 없기 때문에 이 책을 읽을 수 없다.

- **а притом**  그 밖에, 게다가
  - Она умна, а притом очень красива.
    그녀는 영리한데 게다가 매우 예쁘기도 하다.

- **а равно и···**  또한 마찬가지로, 동등하게
  - Это зависит от меня, а равно и от вас.
    이것은 나에게도 달려있고 또한 마찬가지로 당신에게도 달려있다.

- **а следовательно**  따라서, 그러므로
- **а также и**  또한, 마찬가지로, 동시에
  - Я, а также и мои друзья очень любим спорт.
    나뿐만이 아니라 나의 친구들도 스포츠를 매우 좋아한다.

- **а тем более**  더욱이, 게다가
- **а тут ещё**  ···하는데 ···까지, 게다가 ···까지

– Мама и без того устала, а тут ещё ты?
엄마는 그렇지 않아도 피곤한데 너까지 왜 그러니?

- а это  그런데 이것은
- абзац  한 문단의 첫 글자 또는 한 문단을 의미함
- абсолютное большинство  절대다수
- аванс  (회계, 경리에서) 선급금, 선불금
- авансовый отчёт  (회계, 경리) 선불금 지출명세서
- агроэкономический  농업의, 농업경제의
- адресат письма  편지를 받는 사람, 수신인
- адресант письма  편지를 보내는 사람, 발신인
- азбука Морзе  모르스 부호
- азбучная истина  자명한 진리·이치, 뻔한 사실, 다 아는 사실
- академический спор  순수이론 논쟁
- активные вещества  활성물질
- активный уголь  활성탄
- активно-пассивный счёт(= активно-пассивные счета)
     (회계, 경리) 대차대조표
- акционер  주주(= владелец акции)
- акционерное общество(약어  АО)  주식회사(= корпорация)
- акция  ① 주식 ② (복수로) 평판, 명성
     ③ (어떤 목적달성을 위한) 조치, 행위
- акция на предъявителя  무기명주식
     비교)именная акция  기명주식
- альтернатива  ① 대안(代案) ② 선택, 양자택일
- альфа и омега  처음과 끝, 전부; 가장 기본적인 것,
     가장 근본적인 것
- амортизация  (경제) 감가상각
- аналогично этому  이와 유사하게
- аналогичным путём  유사한 방법으로

- арбитражная оговорка  중재조항
- аудит  세무회계 업무; 세무회계사무소
- аудитор  세무회계사
- аутсорсинг  (부품 등의) 외부조달, (업무 등의) 외부위탁,
  아웃소싱(outsourcing)

Б

- без (безо) 생격을 동반하는 전치사로 다음과 같은 용법으로 사용됨

① …없이, …않고
  - без сомнения  의심할 바 없이
  - без исключения  예외 없이
  - сидеть без огня  불을 켜지 않고 앉아있다
  - остаться без работы  직업을 잃다, 실직하다
  - сделать что без всякой помощи
    어떠한 도움도 받지 않고 …을 하다

② …이 없을 때, 부재중에
  - Без тебя приходил один человек.
    당신이 없을 때 한 사람이 왔었다.
  - Без меня он позвонил.
    내가 없을 때 그가 전화했었다.

③ (수량이나 척도를 나타내는 단어의 생격과 함께 쓰이면서 부족함을 나타냄) …없는, 거의, 약
  - без двух месяцев три года  두 달이 빠지는 3년, 3년에서 두 달이 모자란
  - без малого пять лет  거의 5년간, 5년에서 약간 모자란

④ (시간을 나타내는 단어의 생격과 함께 쓰이면서 부족되는 시간을 표시함) …전
  - без четверти пять  15분 전 5시
  - без десяти девять  10분 전 9시

- без труда  노력 없이, 노동 없이
  - Жизнь ничего не даёт без труда.
    인생은 노력 없이 아무것도 주지 않는다.
    (즉, 인생은 노력 없이 아무것도 얻을 수 없다)

- **без большого труда**  큰 힘 들이지 않고, 큰 노력·어려움 없이
  - Предложение продуктов сельского хозяйства может быть обеспечено без большого труда.
    농산물 공급은 큰 어려움 없이 확보할 수 있을 것이다.
  - Ничто в жизни не достаётся без большого труда.
    인생은 큰 노력 없이 아무것도 얻을 수 없다.

- **без ведома кого-чего**  …에게 알리지 않고, 통지하지 않고, …의 승인·합의·허락 없이
  - без ведома родителей
    부모의 허락 없이, 부모의 허락을 받지 않고

- **без вопросов**  (술어로) 맞다, 틀림없다, 바로 그대로다
- **без всего(또는 безо всего)**  остаться (уйти, уехать)
    수중에 한 푼도 없이, 모두 잃고 알몸으로 남다 (가다, 떠나다)
- **без(또는 безо) всяких**  무조건, 반드시
- **без всякого контроля**  아무런 통제·간섭 없이
- **без всякого намерения**  아무런 생각·의도 없이, 우연히
- **без всякого основания**  아무런 근거 없이
- **без всякого расчёта**  분별 없이, 아무 생각 없이, 아무것도 고려하지 않고
- **без (всякого) сомнения**  의심할 바 없이, 틀림없이
- **без всякой причины**  아무런 이유·근거 없이
- **без всякого труда**  아무 힘도 들이지 않고, 아주 쉽게
- **без всякого умысла**  아무런 (나쁜·다른) 생각 없이
  - Он сделал это без всякого умысла.
    그는 아무런 나쁜 생각(별다른 의도) 없이 이것을 했다.

- **без всякой пользы**  아무런 이익도 없이
- **без выбора**  아무거나, 닥치는 대로

－ взять **что** без выбора  닥치는 대로…을 가지다

- без году неделя  아주 최근에
- без души  ① 마음(감정)이 없이 ② **от кого-чего** 정신없이
  ③ (공포에 질려) 정신이 없다, 당황하다
  ① － Она поёт без души.
     그녀는 감정을 싣지 않고 노래한다.

- без забот  무사태평하게, 안이하게, 경솔하게
- без затей  꾸밈없이, 가식 없이, 소박하게, 단순하게
  － Он рассказал попросту, без затей.
     그는 꾸밈없이 소박하게 말했다.

- без изъятия  예외 없이, 빠짐없이
  － всё без изъятия  예외 없이 모든 것

- без исключения  예외 없이, 모두, 전부
  － все без исключения  예외 없이 모두
  － Нет правила без исключения.
     예외 없는 규칙은 없다.

- без колебания  동요 없이, 흔들림 없이
- без конца  끝없이, 한없이, 무한히
  － без конца плакать  하염없이 울다

- без мала  (약간 부족한 것을 의미함) 거의, 대략, 이하
- без малого  (약간 부족한 것을 의미함) 거의, 대략, 이하
- без меры  대단히, 몹시, 굉장히, 극도로
- без натяжки  무리 없이, 우기지 않고
- без оговорок  조건 없이, 첨언 없이, 단서를 달지 않고, 무조건

---

- без отказа  마음껏, 실컷; (기계 등이) 고장 없이
- без отрыва от чего  …와 분리되지 않고, …와 동시에(함께)
  - Она учится без отрыва от работы.
    그녀는 일하면서 배운다.

- без памяти  ① 정신을 잃고 ② 정신없이, 몰두하여
  - ② - любить кого без памяти  …를 사랑하는 데 푹 빠지다
  - бежать без памяти  정신없이 달려가다

- без памяти от кого-чего  …를 정신없이 좋아하다,
  …가 좋아서 어쩔 줄 모르다(=быть в восторге)
  - Он от неё без памяти.
    그는 그녀에게 홀딱 반했다.

- без претензий  불평 없이, 이의 없이, 두말없이
- без пути  공연히, 쓸데없이
- без руля и без ветрил  키도 없고 돛대도 없이; 명확한 목표 없이
- без следа  자취 없이, 흔적 없이
- без сомнения  의심할 바 없이, 틀림없이
- без срока(= сроку)  기한 없이, 영원히
- без счёту  수없이 (많이)
- без того  …하지 않고(는), …없이(는), …가 없기에
- без того, чтобы …  …하지 않고(는), …없이(는)
  - Эта компания не может выдержать конкуренцию без
    того, чтобы не придумать что-нибудь новое, чего другие
    производители никогда не делали.
    이 회사는 다른 생산자들이 전혀 하지 않은 무엇인가 새로운 것을
    고안하지 않고는 경쟁을 이겨낼 수 없다.

- без толку  공연히, 쓸데없이

- без труда  쉽게, 어려움 없이, 고생하지 않고
- без уговора  무조건, 조건 없이
- без учёта чего  …를 고려하지 않고, …를 생각하지 않고
- без числа  수없이 많이
- безработица  실업
- белая раса  백인종
- белый уголь  백탄; 수력(水力)
- бесконечно большой  무한대의
- бесконечно малый  무한소의, 무한히 작(적)은
- бешенство коровы  광우병
- биржевой индекс(= фондовый индекс)  (경제) 주가지수
- битком набитый  꽉 들어찬, 초만원인
- бить мимо цели  빗맞히다, 허탕치다
- благодаря тому, что …  …때문에, …로 인하여, …덕분으로
  - Он очень образован благодаря тому, что много читал.
    그는 책을 많이 읽었기 때문에 학식이 매우 높다.

- благодаря (+여격)  …때문에, …으로 인하여, …덕분으로
  - благодаря обстоятельствам  사정·상황 때문에
  - благодаря заботам  배려해 준 덕분에, 염려해 준 덕분에

- благодаря этому  (앞 문장을 받아) 이로 인하여, 이로 말미암아,
  이 때문에
  - Благодаря этому я был(а) достаточно ориентирован(а) в
    политическом положении.
    이 덕분에 나는 정치상황에 대해 충분히 이해할 수 있게 되었다.

- блаженной(또는 светлой, незабвенной) памяти
  (고인을 지칭할 때 쓰임)  작고하신
  - блаженной памяти преподаватель Ким  작고하신 김 교사

- ближайшая война  임박한 전쟁, 당면한 전쟁

  ＊ближайший는 아주 가까이 있음을 나타냄

- ближайшая задача  당면과제
- ближайший начальник  직속상관
- ближайший путь  지름길
- близкое сходство  근사(성), 유사(성)
- (близко) принять к сердцу  깊은 관심을 표하다,

  깊은 주의를 돌리다

- более всего  무엇보다도 먼저, 우선
- более и  점점 더, 더욱 더
- более или менее  그럭저럭, 그런대로, 많든 적든 간에,

  어느 정도, 다소간에

  - Из них двое мне более или менее знакомы.
    그들 중 두 사람은 나와 어느 정도 안면이 있다.


- более нежели  아주, 몹시, 대단히
- более, нежели …  …보다 더욱, …이상으로
- более того  그 외에도, 나아가서, 그뿐만 아니라
- более чего  …보다 더 많이, …이상으로
- более чем  …보다 더욱, …이상으로
- более чем …  …보다 더욱, …이상으로

  - более чем вдвое  두 배 이상
  - более чем достаточно  남을 정도로 충분하다


- более, чем …  …보다 더욱, …이상으로
  - Правый берег более высокий, чем левый.
    오른쪽 기슭이 왼쪽 기슭보다 높다.


- более чем когда-либо  그 어느 때보다 더
- более чем на половину меньше  절반 이하로

- болезнь века   세기의 재난, 세기적인 재난
- болеть душой за кого-что(또는 о ком-чём)  …에 대하여
  진심으로 걱정하다, 슬퍼하다
- больной вопрос   긴박·절박한 문제, 해결을 절박하게 요구하는
  문제
- большая(= добрая) половина   대부분, 다수
- больше всего   그 무엇보다도 제일, 가장
- больше всех   (사람일 경우에 씀) 제일, 가장
- больше нет   더 이상은 없다, 더는 없다
- больше того   그 밖에, 게다가, 나아가
- больше чего   (수량명사와 함께) …이상
- больше чем   대단히, 극히, 더없이
- больше, чем …   …보다 많다
- большая часть   대부분
- большей частью   대부분
- большой промежуток времени   오랜 기간
- боюсь сказать   (겸손하게 말할 때) 정확히는 알 수 없으나
- брать(взять) в единицу чего   …를 단위로 취하다
  – брать(взять) в единицу метров   미터를 단위로 하다

- брать(또는 покупать) что в кредит   …를 신용·외상으로 사다
- брать(взять) в расчёт   …을 고려하다, …을 타산·예상하다
- брать(взять, 또는 достать) воды из колодца
  우물에서 물을 긷다
- брать(взять) на себя что   …을 (스스로, 자기에게) 취하다
- брать(взять) на себя почин   (스스로) 착수하다,
  주동·발의·발기하다
- брать(взять) за душу(= сердце)   감동시키다
- брать(взять) за основу   토대로 삼다, 기초로 삼다, 근거로 삼다
- брать(взять) замуж   색시를 얻다, 아내를 얻다

- брать(взять) на себя смелость  (서신 등에서 겸손을 표할 때)
    감히 …하다, 용기를 내어 …를 하다
- брать(взять) на учёт  고려하다
- брать(взять) начало  시작하다, 기원하다
- брать(взять) пример с кого  …을 모범(예)으로 취하다,
    …의 모범(예)을 본받다
- брать(또는 вести) своё начало от кого-чего  …에 근원을 두다,
    …에서 기원하다
- брать(взять) слово  발언하다
- брать(взять) сторону чью  …의 편을 들다, …의 편에 서다
- брать(взять) что в качестве  ~를 …로 취하다
- брать(또는 принять) что на душу(또는 на свою душу)
    …을 책임지다


- бродить
① 천천히 거닐다, 천천히 걸어서 산책하다; 헤매다
    - бродить по улицам  거리를 천천히 거닐다
    - бродить по лесу  숲 속을 천천히 거닐다
    - Старик еле-еле бродит.
      노인이 간신히 걸어가고 있다.
② (생각, 웃음 등이) 떠돌다, 감돌다
    - Какая мысль бродит у тебя в уме?
      어떤 생각이 네 머리에서 떠돌고 있니?
      (즉 너는 무슨 생각을 하고 있니?)
    - Бродила на лице(또는 по лицу) улыбка.
      얼굴에 웃음이·미소가 감돌았다.
③ 발효되다
    - Вино бродит.
      포도주가 발효·숙성되고 있다.

---

– Кимчи бродит.

김치가 발효·숙성되고 있다.

- бросать(бросить) на кого торжествующий взгляд

  …를 반가운(기쁨에 찬) 눈빛으로 바라보다

- бросать(бросить) быстрый беглый взор(или взгляд) на что

  ① …을 힐끗 쳐다보다 ② …에 대해 간단히 언급하다

- бросить вызов кому  …에게 도전하다, …에게 도전장을 던지다
- брутто-сумма  총액
- будто бы(= будто как)  마치 …처럼, …하기라도 하듯이, 마치

  – Пак-пен-чжо сообщил, между прочим, что Чо-пен-сик был смещен с должности министра будто бы вследствие интриг переводчика Российской Миссии в Сеуле Ким-хон-нюка.

  또한 박병조는 조병식이 마치 서울 주재 러시아공사관의 통역관인 김홍륙의 간계로 인하여 대신직위에서 해임된 것처럼 말했다.

- будучи(быть의 부동사임)  …이면서; …이었을 때; …이었기에

  – будучи министром  장관으로 있으면서; 장관이었기에; 장관이었을 때

- будущее время  미래

- будь  ① (가정의 의미로) 만일 …라면, …라면(= если бы)

  – Будь я врачом, лечил(а) бы больных бедных людей.

  만일 내가 의사였다면 병든 가난한 사람들을 치료하였을 것이다.

- будь(존칭 또는 복수일 경우 будьте)  ② (지시·당부를 의미)

  …하라, …하십시오

- Будь здоров.
  건강하기 바란다.
- Будьте осторожны.
  조심하세요.

- **будь то … …할 것 없이, …를 막론하고**
  - В этом магазине продаётся всё, будь то детские, женские и мужские товары.
    이 가게에는 어린이, 여성 및 남성용 상품할 것 없이 모든 것을 판다.

- **будь то ~ или … ~든지 …든지 할 것 없이**
  - Она читает всё, будь то стихи, проза или пьесы.
    그녀는 시든 산문이든 희곡이든 다 읽는다.

- **будь что будет 어떤 일이 있어도, 어쨌든, 하여간**
- **будь что будь 어떤 일이 있어도, 어쨌든, 하여간**
- **бумажная душа 관료주의자**
- **(бухгалтерский) баланс (회계) 대차대조표**

- **бы(= б) 조사로써 동사의 과거형이나 미정형 또는 의무·필요성·가능성을 나타내는 부사와 함께하여 다음과 같은 용법으로 쓰임**
① **(가상적 가능성을 나타냄)**
  - Я сказал(а) бы, если бы я знал(а).
    내가 알았더라면 말했을 것이다.
② **(о чём бы ни, кто бы ни, что бы ни, как бы ни, какой бы ни, когда бы ни, где бы ни 등의 형태로 결합하여 '그 어떤 …든지, 그 어떤 …일지라도'라는 양보의 뜻을 나타냄)**

– О чём бы ни спрашивали, она на всё отвечала отлично.

그 어떤 것을 묻든지 그녀는 척척 대답했다.

– Я его найду, где бы он ни был.

나는 그가 그 어느 곳에 있든지 그를 찾아낼 것이다.

- бывает, что … …하는 경우가 있다
- быть (+생격) …하다, …이다

   – Он был доброй души.

   그는 마음이 선량하였다.

   – Он был высокого роста.

   그는 키가 컸다.

- быть (+여격) 꼭·반드시 …하다, 꼭 …가 일어나다

   – быть снегу(дождю) 꼭 눈(비)이 오다.

- быть в(또는 на) исходе ① (계절 등이) 끝나가고 있다

   ② (연료, 물품 등이) 떨어져 가고 있다

- быть в курсе …에 정통하다, …을 훤히 꿰뚫고 있다
- быть в недоумении (몰라서) 의아해하다, (몰라서) 당황하다, 어쩔 줄 모르다
- быть в ответе 책임지다
- (быть) в плохой форме 몸의 모양새가 나쁘다
- (быть) в предмете у кого что …를 염두에 두다, 생각하다

   (= иметь в предмете кого-что)

   – У него это давно в предмете.

   그는 오래전부터 이것을 마음에 두고 있었다.

- быть в претензии на кого-что

   …에 대하여 불만·불평을 가지다, …를 나쁘게 생각하다

- (быть) в силе(또는 силах) 세력·권력·영향력을 가지다; 한창이다,
  고조에 달해 있다; 기력·능력·일할 힘이 있다
    - Пока я в силах, поработаю.
      나는 아직 기력이 남아있으니 좀 더 일을 하겠다.


- быть в силах(또는 в силе) (+미정형동사)  …할 능력이 있다,
  …을 할 수 있다
- быть в центре внимания  관심의 초점·중심 대상이 되다
- быть в состоянии (+미정형동사)  …할 수 있다, …할 능력이 있다
- быть(= находиться) в полном порабощении
  완전히 예속되어 있다
- (быть) в форме  몸의 모양새가 좋다(= быть в хорошей
  (또는 прекрасной) форме)
- быть вне поля зрения  시야 밖에 있다, 보이지 않다
- быть вне себя  (몹시) 흥분·격분하다, 제정신이 아니다
- быть может  아마도
- быть на виду  사람들의 이목을 끌다, 두드러지다
- быть(또는 оказаться) на высоте положения(또는 требований)
  요구에 충분히 응하다, 요구를 충분히 충족시키다
- быть на первом плане  첫 자리를 차지하다,
  일차적으로 중요한 의미를 지니다
- быть(또는 иметься) на примете у кого  …의 주목을 받다,
  …의 관심의 대상이 되다; 감시받다
- быть на пути к чему  …에 접근하다, …에 가까이 있다
- быть(또는 стоять) на очереди  당면해 있다, 당면하다; 예정되다
    - стоящие на очереди вопросы  당면한 문제들
    - стоящие на очереди технические предприятия
      예정된 기술사업들

- быть(또는 стоять, встать) на страже чего

     …를 경비하다·지키다

- быть на хорошем (плохом) счёту  평판이 좋다 (나쁘다)

- быть не в настроении  ① 기분이 나쁘다 ② …하고 싶지 않다,

     …하고 싶은 기분이 나지 않는다

- быть не в форме  몸의 모양새가 나쁘다

     (= (быть) в плохой форме)

- быть при смерти  사경을 헤매다

- быть способным к чему(또는 на что)  …할 수 있다,

     …할 능력이 있다

- быть(또는 находиться, содержаться) под стражей

     체포되어 있다, 구금되어 있다

- быть под судом  재판을 받다

- быть при ком-чём  …에 복무·근무하고 있다

- быть при оружии  무장하고 있다

- быть с кем за одно  …와 한편이다

B

• в (во)

**대격과 전치격을 동반하는 전치사로써 다음과 같은 용법으로 사용됨**

**Ⅰ. (+ 대격)**

① **(대상, 장소, 공간 안으로 행동이 향함을 나타냄) …로, 안으로, …에, …안에**

- пойти в театр  극장에 가다
- внести вещи в комнату  물건들을 방안으로 들이다
- сесть в автобус  버스에 타다

② **(기관, 활동범위를 나타냄) …에**

- определить кого в правление
  …를 관리위원회에 취직시키다·배치하다
- определить кого в сапожники
  …를 구두 수리공으로 취직시키다·배치하다

③ **(사람이나 물건의 부류·범위를 나타냄) …에, …으로**

- пойти в актрисы  배우가 되다, 배우로 취직하다
- пойти в связисты  전령병이 되다
- пойти в солдаты  군대에 가다

④ **(прийти, привести, ввести, углубиться, вмешаться, погрузиться 등의 동사와 결합하여 일·상태에 처함을 나타냄) …에**

- углубиться в чтение  독서에 열중하다
- погрузиться в размышления  생각에 잠기다
- вмешаться в ссору  말싸움에 끼어들다
- прийти в недоумение  (몰라서) 당황하다, 의아해하다, 망설이다
- привести в восторг  감격·황홀·탄복케 하다
- ввести в заблуждение  현혹하다, 오해케 하다
- прийти в сознание  정신을 차리다

⑤ **(시선이 무엇을 관통함을 나타냄)** …을 통하여, …으로

- смотреть в бинокль  쌍안경으로 보다
- смотреть в окно  창문으로 내다보다
- смотреть в замочную скважину  열쇠구멍으로 들여다보다
- поглядывать в щелку  틈새로 들여다보다

⑥ **(물건을 싸거나 입는·쓰는·신는 것 등을 나타냄)** …에

- завернуть что в бумагу  …을 종이에 싸다
- закутать ребёнка в одеяло  아기를 포대기에 싸다
- одеться в пальто  외투를 입다

⑦ **(접촉·충돌을 나타냄)** …을

- толкнуть в грудь  가슴을 밀치다
- стучать в дверь  문을 두드리다
- целовать ребёнка в щёки  아이의 볼에 입맞추다

⑧ **(움직임이 어떤 대상으로 향함을 나타냄)** …에, …으로

- Ветер дует прямо в лицо.
  바람이 얼굴로 마주 불어온다.
- Солнце било в глаза.
  해가 눈으로 비쳤다.
- Конь рванул в сторону.
  말이 옆으로 와다닥 내달려갔다.

⑨ **(대상이 일정한 방향으로 향해 있음을 나타냄)** …쪽으로 나 있는, …으로 향한·통한

- окна в сад  정원 쪽으로 난 창문들
- дверь в комнату  방문

⑩ **(상태변화를 나타냄)** …으로

- изорвать бумагу в клочки  종이를 조각조각 찢다
- Вода превратилась в пар.
  물이 증기로 변했다.

⑪ **(겉면의 특징·성질·질을 나타냄)**

- тетрадь в линейку  가로줄 칸을 친 학습장

---

- тетрадь в клетку  방안지, 네모칸 학습장
- ткань в полоску(клетку)  줄(격자)무늬 천

⑬ (행동·양태의 방법·성격을 나타냄)
- вытянуться в струнку  (몸을) 곧추 펴다
- поклониться в пояс  허리를 굽혀 절하다
- вытянуться во весь рост  허리를 쭉 펴고 서다
- развернуться в цепь  산개대형을 짓다·산개하다

⑬ …으로, …을 위하여
- сказать в шутку  농담으로 말하다
- взять в пример  예(본보기)로 택하다

⑭ …을 닮다
- Он весь в отца.
  그는 아버지를 꼭 닮았다.
- Она вся в мать.
  그녀는 어머니를 꼭 닮았다.

⑮ (일정한 명사의 반복으로 부사구를 형성하여 일치·부합됨을 나타냄) 꼭, 정확히
- сойтись копейка в копейку  일전 한푼 틀리지 않다
- прийти минута в минуту  제 시간에 정확히 오다
- отвечать слово в слово  한마디도 틀리지 않게 그대로 대답하다

⑯ (수량, 나이, 무게, 규격, 횟수 등을 나타냄) …의
- мороз в три градуса  영하 3도의 추위
- девушка в семнадцать лет  열일곱 살 나이의 처녀
- брошка в две тысячи рублей  2천 루블짜리 브로치
- дом в пять этажей  5층 집
- убить в два выстрела  (총) 두 발로 죽이다

⑰ (숫자, 수량의 배수를 나타냄) …배
- в десять раз больше  10배 더 크다·많다
- в два раза длиннее  두 배 더 길다
- во много раз лучше  훨씬·몇 배 더 좋다

⑱ **(움직임이나 활동이 실현되는 시간·기간을 나타냄) …에, …때에**

- прийти в пятницу  금요일에 오다
- Занятия начинаются в восемь часов.
  수업은 8시에 시작된다.
- Снег выпал в ночь.
  밤에 눈이 왔다.
- вернуться в обед  점심시간에 돌아오다
- в его отсутствие  그가 없을 때
- в ту пору  그 때에
- в 30 лет  서른 살에
- раз в неделю  일주일에 한 번
- во всю ночь  밤새도록, 온밤을

⑲ **(움직임이 진행되는 기간, 조건, 자연현상을 나타냄) …할 때, …속에서, …에**

- в бурю  폭풍이 휘몰아칠 때
- в жару  무더위에
- Куда ты собираешься в такой мороз?
  너는 이러한 추위에 어딜 가려고 하니?
- заливать что в волну  …이 파도에 잠기다

⑳ **(시간·기간연장의 척도를 나타냄) …동안에, …사이에**

- Первую часть рассказа напишу в месяц.
  단편소설의 첫 부분을 한달 동안에 쓰겠다.
- Ты в неделю поправишься.
  너는 일주일이면 다 낫는다.

㉑ **(전치사 из와 함께 'из … в …'의 형식으로 반복·계속을 나타냄)**

- из года в год  매년, 해마다
- из края в край  이곳저곳으로
- из дома в дом  이집 저집으로

## II. (+ 전치격)

① **(공간·범위 안에서 행동·양태가 진행됨을 나타냄) …에, …에서, …안에, …안에서**

- учиться в университете  종합대학에서 공부하다
- жить в новом доме  새집에서 살다

② **(в стороне, в соседстве, в отдалении 등으로 부사적으로 쓰임) …곁에, 이웃에, 멀리에서**

- Колокольчик звенел где-то в отдалении.
  어디선가 멀리에서 종소리가 울렸다.
- Он жил там же, в соседстве.
  그는 바로 그 이웃에서 살았다.
- Она сидела в стороне.
  그녀는 옆에 앉아 있었다.

③ **(활동기간·범위를 나타냄) …에, …에서**

- работать в мастерской  수리소에서 일하다
- служить в армии  군대에서 복무하다, 군복무하다

④ **(심리적인 활동분야를 나타냄)**

- представить в воображении  상상하다, 상상해 보다
- восстановить в памяти  머릿속에 떠올려 보다

⑤ **(동사 служить, состоять, жить, быть 등과 복수명사와 결합하여) …로, …으로**

- быть в помощниках  조수가 되다
- жить в работницах  하녀로 살아가다
- служить в механиках  기계공으로 일하다

⑥ **(인물, 대상, 현상 등의 포함·존재·결여를 나타냄) …에, …는(은)**

- В романе три части.
  소설은 세 부분으로 되어 있다.
- В нём нет ничего интересного.
  거기에는 흥미로운 것이 아무것도 없다.

- В году 365 дней.

  일년은 365일이다.

⑦ **(둘러싸여 있는·덮여 있는·씌워 있는·신고 있는·입고 있는·끼고 있는 상태를 나타냄) 씌운, 덮인, 쓴, 신은, 입은, 낀**

- мебель в чехлах  커버를 씌운 가구
- человек в очках  안경을 낀 사람
- ноги в сапогах  장화를 신은 발
- небо в тучах  비구름으로 뒤덮힌 하늘
- Конь, весь в пыли, дико мчался.

  온통 먼지투성이의 말이 사납게 내달렸다.

⑧ **···를 입고, ···를 끼고, ···를 쓰고, ···를 신고**

- читать в очках  안경을 끼고 읽다
- ходить в сапогах  장화를 신고 다니다
- ходить в меховой шапке  털모자를 쓰고 다니다

⑨ **(심리적인 상태·어떤 것을 동반·야기시키는 상태를 나타냄)**

- быть в негодовании  격분하다
- быть в раздражении  흥분되어 있다
- кричать в ужасе  공포에 질려 소리치다

⑩ **(동사 быть, состоять, находиться와 결합하여 처지·관계를 나타냄)**

- быть в ссоре  사이가 나쁘다
- жить в дружбе  화목하게 살다
- состоять в переписке.  서신왕래를 하고있다.
- жить в полной зависимости  완전히 쥐여살다

⑪ **(움직임이 진행되는 조건·환경을 나타냄) ···에서**

- смерть в огне  포화·불 속에서의 죽음
- От берега в полной тишине отчалили плоты.

  뗏목들이 아주 조용하게 강기슭을 떠났다.

⑬ **(특정 명사와 결합하여 부사적으로 쓰임)**

- в действительности  실제로, 정말로

- в сущности  본질은, 본질적으로

- в особенности  특히

- в частности  특히

⑬ **(시간 속에서 진행되는 활동을 나타냄)** …으로, …속에서,
   …하면서

- провести время в спорах  논쟁으로 시간을 보내다

- День прошёл в беготне по городу.
  시내를 분주하게 돌아다니니 하루가 지나갔다.

⑭ **(특정 발현분야를 나타냄)** …에서의

- разница в годах  연령·나이 차이

- недостатки в воспитании  교양 부족·결핍

- широкий в плечах  어깨가 넓은

- сердечность в отношениях с друзьями  친구들과의
  관계에서의 성실성

- грубый в обращении с кем  …와의 교제에서 거치른

⑮ **(물체의 형태·모양을 나타냄)** …으로 된, …형식의, …형태의

- золото в слитках  덩어리로 된 금, 금괴

- поэма в прозе  산문 서사시

- письмо в стихах  시 형식으로 쓴 편지

- лекарство в порошках  가루약

- сахар в кусках  각설탕

⑯ **(행동발현의 형식·성격을 나타냄)**

- сказать в двух словах  한두 마디로·간단히 말하다

- рассказывать в лицах  사람들 각각의 언행의 특징을
  재현하면서 말하다

⑰ **(거리를 나타냄)** …떨어져 있는 곳에(서)

- в двух километрах от чего  …로 부터 2km 떨어져 있는
  곳에(서)

- Бомба взорвалась в двадцати метрах от него.

폭탄은 그가 있는 곳으로부터 20m 밖에서 폭발하였다.

⑱ **(움직임이 진행되는 시간·시기를 표시)** ···때, 시기에, ···에
- в детстве  어렸을 때
- разбудить в пятом часу  4시 지나서 깨우다
- в сентябре  9월에

⑲ **(구성을 나타냄)** ···으로 된
- книга в двух томах  두 권으로 된 책
- комедия в трёх действиях  3막으로 된 희극

⑳ **(활동체 명사의 복수전치격과 함께)** ···로
- быть в гостях у кого  ···에게 손님으로 갔다(오다), 놀러 갔다(오다)
- остаться в живых  살아남다

㉑ **(양태의 주체를 나타냄)** ···은, ···이
- В юноше зреет пианист.
  젊은이는 피아노 연주가로 자라나고 있다.
- В душе радость.
  마음이 기쁘다.
- В человеке живёт уверенность.
  그 사람은 확신에 차 있다.

㉒ **(뒤덮인 것을 나타냄)** ···투성이
- Он весь в пыли(грязи, снегу).
  그는 온 몸이 먼지(진흙, 눈) 투성이다.
- лицо в морщинах(прыщах)  주름(여드름)투성이 얼굴

- **в адрес кого-чего**  ···에 대한, ···에게로, ···앞으로
- критика в адрес дирекции  지도부에 대한 비판

- **в арсенале кого(또는 чьем)**  ···의 수중에는, ···에게는
- В арсенале докладчика много убедительных примеров.

보고자는 설득력 있는 많은 예들을 가지고 있다.

- в беготне  분주히 돌아다니면서, 여기저기 바쁘게 돌아다니면서
- в бесконечности  무한히, 무한대로
- в беспорядке  무질서하게
- в благодарность …  …의 이유로, …때문에
- в ближайшее время  머지않아, 가까운 장래에, 곧
- в ближайшем будущем  머지않아, 가까운 장래에, 곧
- в ближайшем (будущем) времени  머지않아, 가까운 장래에, 곧
- в ближайшие дни  머지않아, 곧
- в большинстве случаев  대부분, 절대다수의 경우에
- в большинстве чего  …의 대부분은, …의 절대다수는
- в больших размерах  대규모로, 큰 규모로
- в большой мере  크게
- в большой степени  매우, 대단히, 크게
- в большом масштабе  대규모로, 대대적으로
- в будушем  앞으로, 장래에, 미래에, 장차
- в буквальном смысле  문자 그대로의 의미로, 문자 그대로
- в былые дни  지나간 나날에
- в ведение чего  …의 관할하에, …의 주도하에
- в видах чего  …을 위하여, …을 목적으로, …을 생각·고려하여
  - Японский Генеральный Консул в Титахсу получил 20,000 иен от своего правительства на образование из проживающих в Кандо корейцев общества с целью, якобы, их сплочения, а на самом деле в видах большей осведомленности о течении жизни в Кандо и Уссурийском крае.
  티타흐수 주재 일본 총영사는 간도에 거주하는 조선인들을 대상으로 흡사 그들의 결속이 목적인 양 하는 단체를 조직하기 위하여 자국정부로부터 20,000엔을 받았는데, 사실 이것은

---

간도와 우수리스크 변방지역 사람들의 동태를 정확히 파악할
목적에 있다.

→ якобы 참조

- в виде особого изъятия  특별히 예외로(서)
- в виде исключения  예외로서, 예외로
- в виде чего  ① …의 모양·형식의, …의 모양·형식으로, …와
  비슷하게 ② …로서
- в виду сего  이를 고려하여, 이 때문에
- в виду чего  ① …를 염두에 두고(둘 때), …를 고려하여(할 때)
  ② …가 보이는 곳에서(= на виду)

① – В виду тесной дружбы обоих государств не
  представляется надобности назначать срок сему
  условию.
  양국의 긴밀한 우의를 고려할 때 이 협정에 기한을 미리 정할
  필요성은 없다.

② – плавать в виду берегов  기슭이 보이는 곳에서 항해하다
  – у всех на виду  모두가 보이는 곳에서, 모두가 보는 데서

- в виду того, что …  …를 고려하여, …를 염두에 두고, …하기에
  (= ввиду того, что …)

  – Ввиду того, что английский текст посланной телеграммы
  не передает даже приблизительно того, что должна была
  выражать она по редакции Его Величества, позволяю
  себе представить при сем точный перевод китайского
  текста этой телеграммы.
  송부된 영어본 전문은 폐하께 전하고자 했던 내용을
  비슷하게나마도 묘사하지 못하고 있기에 제가 이 중국어 전문의
  정확한 번역본을 동봉하옵니다.

- в возможной степени  가능한 수준에서, 가능한 정도로

- в высшей мере 대단히, 극도로
- в высшей степени(= в высокой степени) ① 대단히(очень), 극도로(крайне) ② 전적으로, 완전히(совсем, совершенно)
- в главных и общих чертах 대체적으로, 대략, 간단히 말하자면, 요점을 말하자면
- в глубине души 마음속 깊은 곳에서, 내심
- в годное состояние 적합한 상태로, 적당한(알맞은) 상태로
- в годы чего …의 시기에, …때에
- в давнем прошлом 오래전에
- в далёком прошлом 먼 옛날에, 아주 옛날에
- в дальнейшем 금후, 장차, 앞으로, 다음에, 이후
- в данное время 현재, 현 시기에
  → данный 참조
- в данном случае 이 경우에
- в данную минуту 이 경우에, 이 순간에
- в данный момент 이 순간에, 지금, 현재
- в два раза 두 배로
- в два счёта 단번에, 아주 쉽게, 그 자리에서
- в двух словах 간단히, 한 두 마디로
- в действительности 실제로, 정말로
- в деле ① 일에서, 실제 적용에서 ② …의 분야에서, …에 대하여
- в деле быть 현실에서 이용되다, 실제로 이용되다
- в детали 상세하게, 자세하게
- в диапазоне чего …의 범위에서, …구간에서
- в должной мере 응당한 정도로, 응당하게
- в должной степени 마땅한·응당한 정도로, 응당하게
- в должном уровне 응당한 수준에서, 응당하게
- в достатке 넉넉히, 충분히
- в достаточной мере 충분하게
- в достаточной степени 충분하게, 충분히, 충분할 정도로

- в древности  옛날에, 고대에
- в других отношениях  다른 점에서는
- в другой раз  다음 번에, 다음에
- в другом свете  다른 측면에서, 다르게(는)
- в душе  ① 마음속으로, 내심, 혼자서 ② 원래, 천성적으로
- в единицах чего  …를 단위로(하여)
  - в единицу времени  시간을 단위로, 시간단위로

- в жёстких условиях  혹독한(엄격한) 조건에서
- в зависимости от кого-чего  …에 따라(서), …에 종속되어
  - в зависимости от обстоятельства  상황에 따라
  - Тариф изменяется в зависимости от расстояния.
    운임은 거리에 따라 다르다.

- в зависимости от того, как …  어떻게 …하는지에 따라
- в зависимости от того, ли …  …하는지(하는 데) 따라
- в заключение  끝으로, 마지막으로, 결론적으로
- в заключение (+생격)  …의 결론으로, …을 마치면서
  - в заключения лекции  강의의 결론으로, 강의를 마치면서

- в залог чего  …의 증거로, …의 보증으로
  - в залог примирения  화해의 증거로

- в зачаточном состоянии  초기에, 맹아상태에
- в знак чего  …의 표시로, …의 표식으로, …의 표현으로
  - в знак отказа  거절의 표시로

- в значительной мере  현저하게, 상당히, 꽤
- в значительной степени  현저하게, 상당히, 꽤
- в известной мере(＝ известным образом)  어느 정도, 일정 정도

---

- в известной степени  어느 정도, 일정 정도
- в известном порядке  일정한 방식으로, 일정한 순서·질서로
- в известном смысле  (누구나 이해하고 인정할 수 있는 것을 지적하거나 비교할 때 쓰임) 어떤 의미에서는, 사실상, 실제로, 주지하다시피, (이미) 알고 있는 바와 같이
  - Вооуженный конфликт – это в известном смысле война.
    무력충돌 – 이것은 사실상 전쟁이다.
  - Вести политические дискуссии – это известном смысле поиск компромиссов.
    정치토론(논쟁)하는 것 – 이것은 어떤 의미에서는 타협을 모색하는 것이다.
  - Процесс опустынивания всё больших территорий – это в известном смысле природное бедствие.
    모든 넓은 영토의 사막화 과정 – 이것은 사실상 자연재해이다.
    →в некотором смысле 참조

- в известный час  정해진(알려진) 시간에
  - В известный час открылось окно.
    정해진 시간에 창문이 열렸다.
    →известный 참조

- в известных случаях  어떤 경우에는
- в изобилии  풍부하게, 풍요롭게
  - В изобилии водились в лесах дикие олени.
    숲에는 야생사슴이 많았다.

- в интересах кого-чего  …을 위하여, …을 위한
  - в интересах обеспечения мира  평화를 확보·보장하기 위하여

- в иных случаях  어떤 다른 경우에는, 경우에 따라서는

- в истинном свете  사실적인·진실된 측면에서
- в исходе чего  …의 말에, …의 하순에, …이 끝나갈 무렵에
    - в исходе июня 6월 말에

- в итоге  결국, 결과적으로, 종합하여, 총계로
- в (каждом) отдельном случае  각각의 경우에(따라),
    하나하나의 경우에
- в каждый данный момент  매번 주어진 순간에 따라, 그때 그때에
- в каких бы ни было  (어떤 것이든, 아무리) …하는 경우라
    하더라도
- в какой форме  어떤 식·방법으로
- в какой бы форме  어떤 형식·형태이든, 어떤 방식이든
- в какой-то мере  어느 정도, 약간
- в каком отношении(= в отношении чего)  …에 관해서,
    …의 점에서
    - Это невыгодно в материальном отношении.
      이것은 물질적으로 불리하다.
    - Проинформируйте меня в отношении этого дела.
      이 문제에 관해서 나에게 정보를 보내주십시오.

- в каком смысле  …한 면·측면에서(= в смысле чего)
- в какую-то долю секунды  눈 깜짝할 사이에, 순식간에
- в категорической форме  단호한 형식으로,
    결정적인 형태(형식)로
- в качестве альтернативы  대안(代案)으로
- в качестве кого-чего  (자격, 상태) …의 자격으로, …로서
    - в качестве свидетеля 증인의 자격으로

- в качестве такового  그 자체로서

- в качественном отношении  질적인 측면에서, 질적으로
- в кои годы раз  매우 드물게, 몇 해에 한 번
- в кои-то веки  매우 드물게, 오래간만에

- в количественном отношении  양적인 측면에서, 양적으로
- в комбинации чего  …와 배합하여
- в конец  완전히(= совсем)

  - разорить в конец  완전히 파멸시키다

- в конечном исходе  궁극적인 결과는, 최종 결과는
- в конечном итоге  결국, 궁극적으로(는)
- в конечном(또는 последнем) счёте  결국, 궁극적으로(는)
- в конце чего  …의 끝에, …의 말에
- в конце концов  결국(은)(= наконец)

  - В конце коцнов он всё нам сказал.

    결국 그는 모든 것을 우리에게 털어놓았다.

- в корне  근본적으로, 완전히(= совсем)
- в который раз  몇 번
- в крайней мере  극도로, 극히
- в крайнем случае  극단적인 경우를 생각·고려하여,

  극단적인 경우에

- в крупном масштабе  대규모로, 대대적으로
- в крупных масштабах  대규모로, 대대적으로
- в лад с кем-чем  …와 화목하게, 조화되게, 일치하게

- в лице кого  ①  …에게서

  - Он может найти себе пособник для решения этого

    вопроса в лице своего друга.

    그는 이 문제를 해결하기 위한 협조자를 자신의 친구에게서 찾을

    수 있을 것이다.

---

- в лице **кого** ② (자격, 상태를 나타낼 경우) ···의 자격으로, ···로서
  - в лице свидетеля 증인의 자격으로

- в лучшем виде 멋지게, 아주 훌륭하게
- в лучшем случае 최상의 경우에(도), 최상의 경우라 할지라도, 기껏해야
- в любое время 어느 때든지, 아무 때나
- в любой момент 어느 때나, 아무 때나
- в любом месте 임의의 장소에서, 어디서든지
- в любом отношении 그 어떠한 입장·견지에서도
- в любом случае 그 어떤 경우에도
- в маленьком масштабе 작은 규모로, 소규모로
- в малом виде 소형으로
- в малых дозах 조금씩, 소량으로
- в массе 대체로, 대개
- в массовом порядке 대량으로
- в масштабе всей страны 전국적 규모에서
- в масштабе **чего** (지도에서) ···의 축척으로
- в меньшей степени 아주 적게, 아주 적은 수준으로, 보다 적게
- в меру ① 알맞게, 적당하게 ② (+생격) ···에 알맞게
- в меру сил(= по мере сил) 힘에 맞게, 힘·능력에 따라서
- в минуту 1분 동안에
- в мирное время 평화 시에, 평화로울 때에
- в мирных целях 평화적인 목적으로
  - использование атомной энергии в мирных целях 평화적인 목적의 원자력 이용

- в моей(твоей, его) власти 나에게(너에게, 그에게) 달려있다; 내가(네가, 그가) 할 일이다
- в моём положении 내 입장에서는

- в момент  순식간에(= в один момент)
- в момент, когда ···  ···하는 순간에
- в момент чего  ···할 때에, ···의 순간에
  - в момент отъезда  출발 시에, 출발할 때에

- в надежде чего  ···할 것을 기대하면서·바라면서
- в надлежащем порядке  제대로, 알맞게, 순조롭게
- в наиболее благоприятных условиях  아주 유리한 상황에서, 매우 유리한 조건에서
  - Япония объявила Китаю войну в наиболее благоприятных для себя условиях.
    일본은 자기들이 아주 유리한 상황에서 중국에 전쟁을 선포하였다.

- в наибольшей степени  최대로, 가장 높은 정도로
- в наличии кого-чего  ···의 참석·존재하에, ···이 있을 때에
- в направлении кого-чего  ···의 방향으로, ···쪽으로
- в настоящее время  현재, 현 시기에, 오늘날
- в настоящую минуту  지금, 현재
  - В настоящую минуту только что я прочитал(а) в японской газете первые сведения о потерях в японском войске в Корее.
    나는 바로 방금 전 한국에서 일본 군대의 손실에 대한 첫 번째 소식들을 일본신문에서 읽었다.

- в настоящий момент  현 시기에, 현 시점에서
- в натуральную величину  실제 크기로
- в натуре  실제로; 현물로; 태어날 때 그대로, 발가벗고

- В натуре таких зверей не бывает.
  실제로 그런 짐승들은 존재하지 않는다.

- в натуре вещей  (술어로)자연스러운 일이다, 당연한 일이다
- в натянутом состоянии  긴장된 상태에서
- в начале чего  …의 초기에, …의 첫 시기에
- в наше время  오늘날
- в нашем(또는 настоящем, этом) веке  현 세기에
- в нашем распоряжении  우리가 주도·관할하여
  - Мы должны завершить эту задачу в нашем
    распоряжении.
    우리는 이 과업을 우리가 주도하여 완수해야만 한다.

- в не столь отдалённом будущем  그리 머지않아,
  그리 오래지 않아
- в небольших масштабах  작은 규모로, 작은 규모에서
- в невыгодном положении  불리한 상태·상황에서
- в недалеком будущем  가까운 장래에, 머지않아
- в недалеком прошлом  얼마 전까지, 얼마 전에
- в некоторой мере  어느 정도
- в некоторой степени  어느 정도
- в некотором отношении  어떤 의미·면·점에서(는)
- в некотором роде  어느 정도, 얼마간
- в некотором смысле  (어떤 것과 비교할 때 쓰이며 유사성 또는
  예를 나타냄) 어떤 의미에서(는), 어떤 점에서 (볼 때)
  - Обезьяны в некотором смысле похожи на людей.
    원숭이는 어떤 점에서는 사람과 닮았다.
  - Слово карлик в некотором смысле обидное слово для
    человека.
    난장이라는 단어는 어떤 의미에서는 인간을 모욕하는 단어이다.

(단어로 사용된다)

- Кризис не только не закончился, он в некотором смысле ещё не начинался.
  위기는 끝나지 않았을 뿐만 아니라 어떤 의미에서는 아직 시작되지 않았다.

  → в известном смысле 참조

- в несколько лет  몇 년(동안)
- в несколько лет вперёд  몇 년 먼저, 몇 년 빨리
- в некоторых случаях  몇몇의 경우(에), 일부의 경우(에)
- в непосредственной близости  아주 가까이에(서)
- в нескольких(또는 в двух, трёх) шагах  바로 곁에, 아주 가까이에

  - Почта находится в двух шагах от школы.
    우체국은 바로 학교 옆에 있다.

- в нынешних условиях  현재의 조건하에서
- в два(또는 оба) конца  왕복으로
- в области чего  …의 분야에서
- в обозримое время  가까운 시기에, 얼마 안 있어, 가까운 장래에
- в обозримом будущем  가까운 장래에
- в образе кого  …와 같은, …라는 사람으로 표현되는, …의 외모를 띤
- в обратном направлении  반대 방향으로, 거꾸로
- в обратном отношении к чему  …에 반비례하여
- в обратном порятке  반대순서로, 역순으로
- в обход кого-чего ① 우회하여, 돌아서 ② (법규·규칙 등을) 회피하여, 불법으로, 맞지 않게
- в общей массе  총체적으로는, 대부분은, 대체적으로는
- в общей сложности  총괄하여, 총괄적으로, 총괄적으로 말하여

- в общем  총체적으로, 전체적으로, 대체로, 대개
- в общем и целом  총체적으로, 전체적으로, 대체로, 대개
- в общем случае  일반적으로, 일반적인 경우에는
- в общих чертах  대체로, 대략, 간단히 말하자면
- в обычном порядке  일반적인 방식으로
- в обычном смысле  일반적인 의미로는
- в обязательном порядке  반드시, 꼭, 의무적으로
- в один конец  편도로
    → в два(또는 оба) конца
- в один миг  일순간에, 순식간에
- в (один) момент  순식간에
- в один прекрасный день  어느 날; 어느 운수 좋은 날
- в один прекрасный вечер(ночь, утро)  어느 날 저녁(밤, 아침)에; 어느 운수 좋은 날 저녁(밤, 아침)에
- в один след  앞 사람의 발자국을 그대로 밟으면서, 간 자리를 따라, 디딘 자리를 뒤따라
- в одинаковой мере  동일하게, 같게
- в одно и то же время  같은 시각에, 같은 시간에
- в одно прекрасное время  어느 날; 어느 운수 좋은 날
- в(또는 за) один присест  앉은자리에서, 단숨에, 단번에
- в одно слово  이구동성으로, 한결같이
- в одно(= единое) целое  (하나의) 전일체로, 통일체로
- в (одну) минуту  곧, 즉시
- в означенный день  위에 언급·상기한 날짜에
- в оны дни(또는 годы)  (과거의) 언제인가, 어느 한때
- в определённой степени  일정한 정도로
- в определённых пропорциях  일정한 비율로
- в определённых случаях  (정해진) 한 경우에는
- в определённых условиях  일정한 조건에서
- в основании чего  …의 기초하에, …에 근거하여

- в основном  대체로, 주로, 기본적으로
- в основу чего  …의 기초하에, …의 토대하에
- в основных чертах  기본적으로, 주로, 대체로
- в особенности  특히, 우선하여, 무엇보다 먼저
  - Он хорошо знает языки, в особенности русский.
    그는 외국어 특히 러시아어를 잘 알고 있다.


- в особом порядке  별도의 방식으로, 특별한 절차로
- в отдалённом будущем  먼 미래에, 머나먼 미래에
- в отдалённом прошлом  아득한 옛날에
- в отдельном случае  경우에 따라서는, 각각의 경우에 (따라)
- в отдельных местах  장소에 따라서(는)
- в отдельных случаях  각각의 경우에 (따라)
- в отдельности  개별적으로, 따로따로
- в отличие от кого-чего  …와는 달리, …와는 다르게
  - В отличие от своего отца он был высокого роста.
    그는 자기 아버지와는 달리 키가 컸다.


- в отмену чего  …대신에, …를 교체하여
- в отношении кого-чего  …에 관하여, …에 대하여, …와 관련하여
  - в отношении Маньчжурии  만주에 대하여, 만주와 관련하여
  - Проинформируйте меня в отношении этого дела.
    이 문제에 대해 나에게 정보를 주십시오.


- в отрыве от чего  …과 동떨어져서, …을 떠나서
  - в отрыве от действительности  현실과 동떨어져서


- в оценке чего  …를 정하는 데 있어, …를 결정하는 데에
  - в оценке наших отношений к Китаю  중국에 대한 우리의

- в память чего (또는 о ком-чём)  …을 기념하여, …의 기념으로
  (= на память о ком-чём)
  - в память нашей встречи  우리가 만난 기념으로, 우리의 만남을 기념하여
  - дать имя в память о ком  …를 기념하여 명명하다

- в паре с кем (= на пару с кем)  …와 한 조로, …와 함께
  - Я играл(а) в теннис в паре с Соней.
    나는 쏘냐와 한 조가 되어 테니스를 쳤다.

- в пары  두 사람이 한 조로
  - выстроить(또는 построить) в пары  두 사람씩 정렬시키다
  - встать(또는 стать) в пары  두 사람이 한 조로 되다

- в первое время  초기에(는), 처음에는
- в первой линии  맨 앞줄에서, 최전선에서
- в первом приближении  일차적으로, 일차적 근사치로서
- в первую голову  우선, 무엇보다 먼저, 첫 번째로
- в первую минуту  처음에, 시초에
- в первую очередь  무엇보다도 먼저, 우선하여
- в первые дни чего  …의 초기에
- в первый момент  처음에는
- в первый раз  처음에는, 처음으로
- в(또는 во) первых  (열거할 때) 첫째로(는), 첫 번째로(는)
- в первых рядах  선두에 서서, 맨 앞줄에 서서
- в первых числах  초순에, 상순에
  - в первых числах января  1월 초순에

• в переносном смысле слова  말(문장)이 전의된 의미로는

→ в прямом смысле слова

• в пересчёте на что  …로 환산하여, …로 계산하여

- в пересчёте на современные цены  현재의 가격으로 환산하여

• в период чего  …의 시기에, …의 기간에

• в плане чего  …의 측면에서, …의 견지에서

• в погоне за славой  명예를 탐내어, 공명심에 사로잡혀

• в подавляющем большинстве  압도적인 다수로, 대다수로

• в подтверждение того, что …  …을 확증하기 위하여

• в полной мере  완전히, 충분하게, 최대한

• в полной сумме  모두 합하여, 총계로

• в полном объёме  완전히, 충분히, 최대한

• в полном параде(= во всём параде)  화려한 옷차림을 하고

• в полном разгаре  …이 한창이다; …이 한창일 때에,

…이 최고조일 때

• в полном смысле слова  진정한 의미에서, 완전한 의미에서

• в полном сознании  당당하게

• в полном соответствии с чем  …와 완전히 부합하게

- Мы должны действовать в полном соответствии с нашим

принципом.

우리는 우리의 원칙에 완전히 부합하게 행동해야만 한다.

• в полном составе  모두가, 전 구성원이

• в полную силу  온 힘껏

• в пользу кого-чего  ① …을 위하여, …에게 유리하게, …의 이익을

위하여 ② 좋은 결과를 가져 오도록, 효과·쓸모가 있도록

• в порядке чего  …에 상응하게·맞게, …에 상응하는

- в порядке вещей (술어로) 당연하다, 정상이다
- в последнее время 최근에, 요즘에
- в последнем 끝에, 마지막에
- в последнем счёте 결국(은), 최종적으로(= в конечном счёте)
- в последние годы 최근에, 요즘에
- в последние столетия 최근 한 세기 동안에
- в последний момент 마지막 순간에, 최후의 순간에
- в последний раз 마지막으로
- в последующее время 다음에, 차후에
- в последующем 이후에, 차후, 차후에
- в последующие годы 이후로 수 년간
- в праве (+미정형동사) …할 수 있다, …할 권리가 있다
    - На самом суде он отказался дать какие-бы то ни было
      показания, говоря, что этот суд не корейский, а японский,
      а потому он считает себе в праве ничего не отвечать на
      задаваемые ему по существу дела вопросы и не желает и
      не будет отвечать.
      재판정에서 그는, 이 재판이 한국의 것이 아니라 일본의 것이고
      그렇기에 그는 그에게 주어지는 질문의 본질에 대해 전혀 답하지
      않을 권리가 있다고 생각하기에 답하기를 원하지 않고 답하지
      않을 것이라고 말하면서, 실제로 어떠한 것도 진술하기를
      거부하였다.

- в практике 실천에서, 실제에서, 현실에서
- в предвидении чего …을 예상하여, …을 예상하면서
- в пределах чего …의 범위 안에서, …의 테두리 안에서
- в пределе 결국(은), 최종적으로
- в пределы чего …의 영토 안으로, …의 영역으로
    - в пределы Кореи 한국의 영토 안으로

- в предельном случае  극단적인 경우에는
- в предстоящем году  내년에, 다음 해에
- в предстоящих событиях (вопросах)  당면한 사안 (문제)들과 관련하여, 당면한 사안 (문제)들에 있어
- в предыдущие годы  지난 몇 해 동안, 지난 몇 년간
- в прежнее время  이전에, 과거에
- в принципе  원칙적으로, 원칙상, 기본적으로
- в применении к кому-чему  …에 따라서, …에 적응하여
- в природе вещей  (술어로)자연스러운 일이다, 예사로운 일이다, 당연한 일이다
- в продолжении чего  …의 시기에, …하는 동안에
- в пропорции  비례하게, 비례하여
- в противном  서로 상반된
  - Как бы то ни было, все эти разнообразные и часто противоречащие сведения показывают лишь, что несмотря на все уверения в противном, до полного успокоения страны ещё далеко.

    어쨌든 모든 이런 소식들 간의 차이와 종종 있는 모순됨은 서로 간의 상반된 확언들에도 불구하고 나라의 완전한 평온은 여전히 멀었다는 점을 보여주는 것이다.

- в противном случае  그렇지 않을 경우에(는), 반대의 경우에(는)
- в противовес кому-чему  …와는 달리, …와는 반대로, …와는 대립되게
- в противоположность кому-чему  …와는 달리, …와는 반대로, …와는 대립되게
- в противоположность этому  이와는 반대로, 이와는 달리
- в противоречие с чем  …와 모순되게
- в процентах  백분율로, 퍼센트로
- в процессе чего  …과정에, …중에

---

РУССКИЕ ИДИОМЫ

- Допускается в процессе хранения выпадение осадка.
보존 중에 침전물이 생길 수 있다.

- в прошлом  과거에
- в прошлом году  지난해에
- в прямом(= собственном) смысле слова  말(문장) 그대로의
  의미로는, 본래의 의미로는

  → в переносном смысле слова
- в пятых  다섯 번째로(는)
- в равной мере  같은 정도로, 동일하게, 마찬가지로
- в равной степени  같게, 마찬가지로
- в разгаре чего  …이 한창일 때
  - в разгаре боя  전투가 한창일 때에
  - в разгаре зимы  겨울이 한창일 때, 한겨울에
  - в разгаре переговоров  협상이 한창 진행 중일 때에

- в различной степени  여러 가지로, 여러 가지 수준으로,
  (서로) 다르게
- в разное время  서로 다른 시간·시기에(를)
  - ложиться спать в разное время  다른 시간에(평소와는 다른
    시간에) 잠자리에 들다

- в разрезе чего  …를 고려하여, …에 기초·근거하여
- в рамках чего  …의 범위·영역 안에서
- в распоряжение кого-чего  …의 관할하에
- в расчёте  계산하에, 계산하여, 생각으로
  - ошибка в расчёте  계산에서의 착오

- в результате  결과적으로, 결론적으로
- в результате чего  …의 결과로

- в результате того, что ⋯ ⋯의 결과로
- в результате этого(또는 того, чего) 이(그) 결과로
- в розницу 소매로
- в роли кого (быть, выступать, являться 등과 함께)

  ⋯의 역할을 하다
- в руках (быть, находиться) у кого ⋯에게 종속되어 있다,

  ⋯의 수중에 있다, ⋯에게 장악되어 있다, ⋯의 권력하에 있다
- в ряде случаев 일련의 경우에
- в ряду кого-чего ⋯와 나란히, ⋯와 함께, ⋯에 포함되어,

  ⋯에 섞여서

  - в ряду учёных 학자들과 나란히, 학자들과 함께


- в самое время 제때에, 가장 적절한 때에

  - Она пришла в самое время.

    그녀는 가장 적절한 때에 왔다.


- в самом выгодном свете 가장 유리한 측면에서
- в самом деле 정말로, 실제로
- в (самом) лучшем случае 최상의 경우에(도),

  최상의 경우라 할지라도
- в (самом) непродолжительном времени 조만간에, 곧,

  얼마 안 있어
- в самом скором времени 가장 빠른 시간 안에, 조속히
- в (самом) худшем случае 최악의 경우에(도),

  최악의 경우라 할지라도
- в самом широком смысле 가장 넓은 의미에서
- в (самую) пору 제때에, 가장 알맞은 때에, 때맞춰
- в самую минуту 바로 그 순간, 바로 그때에
- в самый раз ① 바로 ⋯할 때(이다), 가장 적절한 때에

② 딱 맞게, 딱 맞다

- в свете чего …에 비추어, …의 관점·입장에서
- в свободном состоянии  자유로운 상태에서
- в своё время  ① 제때에, 적시에 ② 그 당시, 이전에, 한때
- в своём большинстве  대부분
- в своём виде  정상적인 상태에서, 맨정신으로, 보통 상태에서
- в своём месте  제자리에서, 자신의 처지·상황에 맞는 위치에서
- в своём распоряжении (иметь, иметься, находиться)
    자기 관할·권한하에 가지고 있다, 자기 관할·권한하에 있다
    - Эти деньги находятся в полном вашем распоряжении.
      이 돈은 완전히 당신의 관할·권한하에 있다.
      (즉, '이 돈은 완전히 당신의 권한하에 사용할 수 있다'는 의미임)

- в своём роде  일정하게, 일정한 견지에서 볼 때
- в своём смысле  (기술한 단어나 문장의 속 뜻을 강조하거나
    주목하게 할 때 사용함) 바로·즉 …이다
    - Террор – это в своём смысле устрашение физическим
      насилием своих противников.
      테러 – 이것은 바로 자기의 적들에게 물리적 폭력으로 공포감을
      주는 것이다.
    - Толерантность в своём смысле означает терпимость к
      чужим мнениям и поступкам.
      인내는 즉 다른 의견이나 행동에 대해 참는 것을 의미한다.
    - Развитие цивилизации – это в своём смысле прогресс
      человеческого общества и его основных институтов.
      문명의 발전—이것은 바로 인류사회와 인류사회의 기본적인
      제도들의 진보를 의미하는 것이다.

- в (своих) руках (держать, иметь) что  …를 자기 권력하에 두다,

···를 장악하다, ···을 틀어쥐다

- в свою очередь (앞 문장을 받아) 이에 응하여, 이에 대한 답변으로
- в связи с необходимостью 필요에 따라서
- в связи с тем, что ··· ···와 관련하여, ···때문에
- в связи с чем ···와 관련하여, ···때문에
- в связи с этим 이와 관련하여, 이 때문에
- в седьмых 일곱 번째로(는)
- в сердцах 홧김에, 격분해서, 화가 나서
- в силах (+미정형동사) ···할 수 있다, ···할 능력이 있다
- в силу 억지로, 겨우
- в силу необходимости 절실히 필요해서, 필요하였기 때문에
- в силу чего(= силою чего) ···때문에, ···로 말미암아
  - в силу привычки 습관이 되어서, 습관이 되었기 때문에

- в силу того, что ··· ···(하기) 때문에, ···로 말미암아
- в силу этого 이 때문에, 이로 말미암아
- в сильной степени 대단히, 대단하게
- в скобках будь, сказано 덧붙여 말한다면, 부언하면, 첨언하면
- в скобках говоря 덧붙여 말한다면, 부언하면
- в скором будущем 곧, 얼마 안 있어, 바로
- в скором времени 곧, 얼마 안 있어, 바로
- в следующем виде 다음과 같이, 다음의 형태로
- в следующий день 내일, 다음 날
- в следующий раз 다음번에
- в случае чего ···의 경우에
  - в случае столкновения между Япониею и Россиею 일본과 러시아가 충돌할 경우에
  - В случае чего сообщи мне.

무슨 일이 있으면 나에게 알려라.

- в случае, если …  …할 경우에(는)
- в случае надобности  필요한 경우에
- в случае необходимости  필요한 경우에
- в смысле чего  …로써, …라는 점·문제에서(는)
  - в смысле надлежащих средсв  마땅한·상응하는 수단으로써
  - неопределённость в смысле сроков  기간이라는 점에서의
    불명료성(즉 '기간 문제는 명백치 않다'는 의미임)

- в собственном(= прямом) смысле слова  말(문장) 그대로의
  의미로는, 본래의 의미로는
- в совершенстве  완전히, 완벽하게
- в совокупности  합쳐서, 총체적으로
- в согласии с чем  …와 일치하여, …에 준하여·응하여·따라서
- в соответствии с чем  …와 부합되게(부합하여), …에 상응하게,
  …에 따라·의거하여
  - в соответствии с договором  조약·계약에 따라·의거하여

- в соответствии с чем (действовать, поступать)
  …에 부합되게·상응하게·맞게 (행동하다, 임하다)
- в соотношении с чем  …와의 상관관계에 있어, …와의 관계에서;
  …와 비례하게·비례하여
- в составе чего  …로 구성된, …로 이루어진
- в состоянии (+미정형동사)  …할 수 있다, …할 능력이 있다
  - Сейчас я не в состоянии поднять этот камень.
    나는 지금 이 돌을 들어올릴 수 없다.

- в сочетании с чем  …와 결합하여

– В сочетании друг с другом эти цветы кажутся, грубыми.
이 색들이 결합되어 조잡해 보일 것 같다.

• в сравнении с чем  …와 비교하여, …에 비하여
  – в сравнении с тем же периодом прошлого года  지난해
    같은 기간과 비교하여

• в среднем  평균으로, 평균하여
• в срок  예정된 기일에, 기한 내에, 예정된 기일대로
• в стенах чего  (용광로 등) …의 내부·안에서
• в стороне от кого  …로부터 독립적으로, …와는 별도로,
  …와는 별개로
• в сторону чего  …의 쪽으로, …의 방향으로
  – перелом в сторону повышения темпов работы  일·작업의
    속도가 높아지는 쪽으로의 전환

• в сумме  합하여, 합산하여, 통틀어
  – Пять и пять в сумме десять.
    5와 5를 합하면 10이다.

• в сущности  본질·핵심으로는, 본질·핵심은(에 있어는)
• в сущности говоря  본질·핵심을 말한다면, 사실은
• в счёт чего  ① (일정한 지출항목에서) 나오는 ② (어떤 계획이나
  의무에) 의한
    ① – премия в счёт фонда  기금에서 나온 상(금)
    ② – работать в счёт четвёртого квартала
        4/4분기의·4/4분기로 정해진 일을 하다
      – в счёт уплаты  예약금으로

• в таких благоприятных условиях  그러한 유리한

### 조건·상황하에서

- в такой степени  그런 정도(로)
- в таком разе  그런 경우에(는)
- в таком разрезе  이와 같이(하여), 이렇게 하여
   (= таким образом)
- в таком роде(= в этом роде)  이러한, 대체로 이러한, 대략,
   대개 이렇게
- в таком случае(= в таком разе)  그런 경우에·엔
- в те времена  그때(에), 그 당시
- в те годы  그때, 그 당시
- в те поры  그때, 그 당시
- в текущем году  올해에
- в теоретическом плане  이론적 측면에서
- в тех случаях, когда …  …한 경우에
- в течение времени  시간이 흐름에 따라, 점차적으로
- в течение дня  하루 동안에, 하루 안에
- в течение долгого периода  장기간에 걸쳐서
- в течение многих веков  수 세기 동안
- в течение многих лет  여러 해 동안
- в течение нескольких дней  며칠 동안
- в течение следующих лет  그 후 여러 해 동안
- в течение чего  …동안에, …할 때에
- в то время  그때에는, 그 당시에는
   - В то время, а именно год назад, я ещё лежал(а) в больнице.
     그 당시, 즉 1년 전 나는 아직 입원 중이었다.

- в то время как …  ① (대비를 나타냄) …하는데, …함에도
   불구하고, …하지만(= тогда как …, между тем как…)
   - Он сидел, ничего не делая, в то время как все остальные

---

работали.

다른 사람들은 모두 일하고 있는데 그는 아무것도 하지 않고 앉아 있었다.

- в то время, как … ② (동시성을 나타냄) …한 (바로) 그때에
    - Он вошёл в то время, как мы читали.

    그는 우리가 (책을) 읽고 있는 바로 그때 들어왔다.


- в то же время  동시에
- в то (самое) время, когда …  (바로) …할 때에
- в той или иной мере  이러저러한 정도로
- в той или иной степени  이러저러한 정도로
- в той или иной форме  이러저러한 형태로
- в той части  그 정도로
- в том, что …  …에 있어, …에 대해, …하다는 것을
    - Он уверен в том, что число населения к концу года достигнет тысячи.

    그는 인구수가 연말에는 1천 명에 이를 것이라고 확신하였다.


- в том же году  그해에, 같은 해에
- в том или ином виде  이러저러한 형태로
- в том или другом виде  이러저러한 형태로
- в том отношении, что …  …한 점·면에 있어
- в том случае, если …  만일 …한 경우에는, 만일 …하게 되면
    - В том случае, если он придёт раньше, просите его подождать.

    만일 그가 먼저 오면 기다리라고 해주십시오.


- в том случае, когда …  …할 때에는, …의 경우에는
- в том смысле, как …  …와 같은 (그런) 의미·점에서
- в том смысле, что …  …하는 의미·점에서

---

- в том числе  ···을 포함하여, ···를 비롯하여
- в тонкости  아주 상세하게, 아주 세밀하게
- в тот день  그날에
- в тот же миг  동시에, 바로 그 순간에
- в тот момент, когда ···  ···하는 그 순간에
- в тот период  그 시기에, 그 당시에
- в точности  정확히, 정확하게
- в третьих  셋째로(는), 세 번째로(는)
- в трудных обстоятельствах  어려운 조건·상황하에서
- в ту минуту  그 순간, 그때에
- в ту пору  그때에
- в убытке быть(또는 находиться)  손해보다, 밑지다
- в угоду кому-чему  ···에게 유리하게, ···의 마음에 들도록
    - в угоду своим желаниям  자기 마음에 들게, 자기에게 유리하게


- в узком смысле (слова)  좁은 의미에서
- в упрощённом виде  단순·간소화된 형태로, 좀 쉬워진 형태로
- в условиях чего  ···의 조건하에서
- в установленном порядке  (이미) 정해진 절차에 따라서
- в учёте чего  ···을 고려하여
- в ущерб кому-чему  ···에게 손해되게, ···에게 불리하게,
    ···에게 해롭게
    - в ущерб нашим интересам  우리의 이익에 손해되게


- в ходе чего  ···의 과정에
    - в ходе обсуждения  논의·심의과정에
    - в ходе революции  혁명과정에
    - В ходе переговоров состоялся обмен мнениями о
      международной обстановке.
      회담과정에서 국제정세에 대한 의견교환이 있었다.

---

- в ходе прений стало ясно, что ⋯ 토론과정에서 ⋯라는
것·점이 명백해졌다

• в (большом) ходу  유행되고 있다, 잘 팔리고 있다
- Эта книга в большом ходу.
이 책은 매우 잘 팔리고 있다.

• в (во) цвете лет  한창 나이에, 꽃피는 나이·때에
• в целях(또는 с целью) чего  ⋯하기 위하여, ⋯할 목적으로
• в целом  총체적·전체적으로, 전반적으로
- Обсудим план в целом.
계획을 총체적으로 논의합시다.

• в час  시간당
• в части чего(= по части чего)  ⋯에 대하여, ⋯의 점에서,
⋯에 대해 말하자면
- По части математики я слаб(а).
수학에 대하여 말한다면 나는 약한 편이다.

• в частном случае  개별적인 경우에, 부분적인 경우에
• в частности  특히
• в честь кого-чего  ⋯를 위한, ⋯를 기념하는
• в четвёртых  넷째로(는), 네 번째로(는)
• в чём заключается, что ⋯  ⋯이다, ⋯에 있다
• в числе кого-чего  ⋯중에(는), ⋯속에(는)
- в числе этих мероприятий  이 조치들 중에는

• в числе мер  조치들 중에는

- в числе мер, принимаемых Кореией  한국이 취한 조치들 중에는

- в чистом виде  순수한 형태에서
- в **чьих** интересах(= в интересах **кого-чего**) …을 위하여, …을 위한
- в шагу  (바지·팬츠의) 사타구니 부분(에)
  - Брюки в шагу узки.
    바지가 작아 사타구니에 끼인다.


- в шестых  여섯 번째로(는)
- в широких масштабах  광범위하게, 큰 규모로
- в широких пределах  넓은 의미·범위에서
- в широком диапазоне  넓은 범위에서
- в широком смысле слова  넓은·광의의 의미에서
- в экстренном порядке  특별히, 예외로, 긴급하게
- в эпоху **чего**  …의 시대에
- в этих видах  이러한 면·입장·점들에 있어
- в это время  이때에, 이 시기에
- в этой связи  이와 관련하여, 따라서
- в этом отношении  이 점에서(는), 이 면에 있어
  - В этом отношении я согласен(сна) с ним.
    이 점에서 나는 그에게 동의한다.


- в этом разрезе  이 점으로 보아, 이 측면으로 보아
- в этом(= таком) роде  이렇게, 대략, 대체로 이러한, 대개 이렇게
- в этом случае  이 경우(에)
- в этом смысле  이런 의미·점에서
- в этот период  이 시기에, 이 당시에
- в эту пору  지금, 이런 때에

- в юридическом мире  법조계에서
- в явном виде  명확히, 명백하게
- важно, чтобы …  …하게 하는 것이 중요하다
    - Важно, чтобы все это поняли.
      모두가 이것을 이해하도록 하는 것이 중요하다.


- валить(또는 сваливать) с больной головы на здоровую
      죄(책임)를 남에게 덮어씌우다
- валовой внутренний продукт(약어  ВВП)  국내총생산(GDP)
- валовой(또는 общий) доход  총수입, 총소득
- валовой национальный продукт(약어  ВНП)  국민총생산(GNP)
- валютная ликвидность  외환유동성
- вблизи от кого-чего  …에서 가까운 곳에
    - школа вблизи от дома  집 가까이에 있는 학교


- вверх дном  무질서하게
- ввести в действие  (기계 등을) 가동시키다, 돌아가게 하다,
      사용하다; (화폐 등을) 유통시키다
- ввести в курс чего  …를 알려주다, …에게 …의 사정을 설명하다
- ввести в строй  (기계 등을) 가동시키다, 돌아가게 하다, 사용하다;
      (화폐 등을) 유통시키다
- ввести кого во владение чем  …에게 어떤(чем) 소유권을 주다
- ввиду кого-чего  …때문에, …로 인하여
    - Ввиду болезни он не работал три дня.
      병 때문에 그는 사흘 동안 일하지 못하였다.
    - ввиду того, что он не пришёл  그가 오지 않았기 때문에


- ввиду того что …  …때문에, …로 인하여
    - Поезда задерживаются, ввиду того что изменилось

расписание.

열차시간표가 달라졌기 때문에 기차들이 지체된다.

- ввиду этого  이로 인하여, 이 때문에, 이런 까닭으로
- вводить в эксплуатацию  운영하다, 작업하다, 가동시키다
- вдоль по чему  …을 따라
  - идти вдоль по берегу  기슭을 따라가다
  - вдоль по дороге  길을 따라
  - вдоль по улице  거리를 따라

- вдоль и поперёк  ① 사방팔방으로, 방방곡곡으로

  ② 훤하게, 상세히, 충분히

  ① - изъездить страну вдоль и поперёк  온 나라 방방곡곡을 다 돌아다니다

  ② - знать вдоль и поперёк  훤하게 알다, 아주 잘 알다

- ведутся переговоры  협상이 진행 중이다
- ведь пока …  …하는 한, …하는 이상
- вернее  더 정확히는, 더 정확히 말하면
- вернее всего  십중팔구는, 분명히
- вернее сказать  더 정확하게 말하자면, 더 정확하게는
- вернуть(또는 отдать) долг  빌린 돈을 갚다
- вероятнее всего  십중팔구는, 대체로, 필시
- вероятный ряд чего  있을 수 있는 일련의 чего, 일어날 수 있는 일련의 чего
  - вероятный ряд ошибок  일어날 수 있는 일련의 오류들
  - Это неопровержимо указывает на вероятный ряд ошибок нашей дипломатии не только на Дальнем Востоке, но и в Европе и в Америке.

    이것은 극동에서뿐만 아니라 유럽 및 미국에서 우리 외교에

일련의 오류들이 있을 수 있다는 것을 확고하게 지적하고 있는 것이다.

- версия  …판, 견해, 번역, 설명(영어의 version에 해당함)
- вертеться с боку на бок  데굴데굴 구르다
- верхняя палата  (정치제도에서) 상원
    → нижняя палата
- вес брутто  총 중량(무게)
- вес нетто  (포장용지 등을 제외한) 순수중량(무게)
- вести(또는 проводить) доказательство  증명하다
- вести к изменению  변화시키다
- вести к нарушению  파괴하다
- вести к увеличеию  증가시키다, 증대시키다
- вести(또는 проводить) наблюдение  관찰하다
- вести(또는 организовать, проводить) подготовку  준비하다
- взад и вперёд(= взад-вперёд)  이리저리로, 이쪽저쪽으로
- взамен того  그 대신에
- взвесить достоинства и недостатки  장점과 단점을 신중히 따져보다
- взимать налог  세금을 걷다, 세금을 징수하다
- взимать штраф  벌금을 걷다, 벌금을 징수하다
- взыскание  (부채 등의) 회수, 거두어들이는 것
    - взыскание задолженности  부채회수
      비교) погашение  (부채 등의) 상환

- взять(брать) деньги в долг у кого  …에게서 돈을 빌리다
- взять(брать) деньги из банка(또는 в банке)  은행에서 돈을 찾다
- взять(또는 принять) в расчёт кого-что

···을 계산·고려·예상하다

- взять(또는 принять) в счёт кого-что ···을 계산·고려·예상하다
- взять для примера(또는 к примеру) ···를 예로 들다
- взять кого-что под контроль ···를 지배(지휘)하에 두다
- взять на себя роль кого-чего ···의 역할(임무)을 맡다
- взять на учёт ··· ···를 고려하다
- взять(또는 заключить) под стражу 체포하다
- взять себя в руки 자제하다
- взять что на прокат (기계, 장비 등) ···을 임대하다·빌리다
  - взять велосипед на прокат 자전거를 임대하다

- взять что у кого на время ···에게서 (일시적으로, 잠시) ···를 빌리다
  - взять книгу у своего друга на время
    친구에게서 책을 잠시 빌리다
  - взять деньги у своего друга на время
    친구에게서 돈을 잠시 빌리다

- взяться за оружие 무기를 들다, 무기를 들고 일어서다
- виданное ли это дело? 그런 일이 있을 수 있습니까? (즉, 어이없는 일이다)
- видать виды 듣고 본 것이 많다, 세상물정을 잘 알다, 온갖 풍파를 다 겪다
- видеть насквозь кого ···의 마음(의중)을 알다·꿰뚫다
- видимое дело ① 명백하다 ② 틀림없이
- видно, что ··· ···이 명백하다, ···이 확실하다
  - По всему видно, что он не придёт.
    모든 것으로 미루어보아 그가 오지 않을것이 분명하다.

- включать себя 포괄하다, 포함하다

- включая (+대격)  ···을 포함하여·합하여
  - Нас было пятеро, включая детей.
    우리는 아이들을 포함하여 다섯이었다.
  - Расписание составлено, включая воскресенье.
    일요일을 포함하여 시간표가 작성되었다.


- владелец акции  주주( акционер)
- владеть(또는 овладеть) собой  자제하다, 스스로를 억제하고 냉정하게 판단하다
- влечь за собой что  ···을 초래하다, ···를 야기하다
  - Его поступок повлёк за собой неприятные последствия.
    그의 행동은 나쁜 결과를 초래했다.


- влить(вливать) живую(또는 свежую) струю во что
  ···에 활기·생기를 불어넣다
  - Дерева вливают свежую струю в пустыни.
    나무는 황무지에 생기를 불어넣는다.


- влиятельное лицо  유력자, 영향력이 있는 자
- вложить(вкладывать) деньги в банк  은행에 저축하다
- вложить душу во что  ···에 혼신을 다하다, ···에 모든 힘을 다하다
- вложить(вкладывать) капитал в промышленность  공업에 투자하다
- влюбиться с первой встречи  첫눈에 반하다
- вместе с тем  이와 함께, 이와 더불어
- вместе с этим  이와 함께, 이와 더불어
- вместо того  그 대신에, ···대신에
- вместо того, чтобы ···  ···하는 대신에, ···하지 않고, ···하기보다
- вмешаться в дело кого-чего  ···의 사건에 개입하다,

---

…의 사안에 개입하다

- вмешаться в разговор кого  …의 대화에 참견하다
- вне времени и пространства  시간과 장소를 떠나서;
   현실을 보지 않고, 현실을 고려하지 않고
- вне всяких правил  규칙을 전혀 무시하고; 특별 취급으로
- вне всяких сомнений  의심할 바 없이, 틀림없이
- вне всякого сомнения  의심할 바 없이, 틀림없이
- вне зависимости от кого-чего  …와는 별개로, …와는 관계없이,
   …와는 상관없이(= независимо от чего)
- вне очереди  우선하여, 우선적으로; 줄을 서지 않고, 새치기로
- вне себя  몹시 흥분하여·분노하여
- вне сроков  기한·기간에 관계없이
- внести недоимку  체납금·미납금을 납부하다
- внешнеторговый оборот  대외무역수지, 대외무역 거래액
   (수출과 수입을 합친 액수)
- внешняя задолженность  외채(= займ)
- внешняя торговля  국제무역
- во весь голос  목청껏, 매우 큰 소리로
- во весь дух(또는 во всю прыть）  전 속력으로
- во весь рот  목청껏, 매우 큰 소리로
- во вечные веки  영원토록, 무궁히
- во вред кому-чему  …에게 해롭게, …에게 불리하게
  - Она действовала во вред себе.
    그녀는 자기에게 불리하게 행동하였다.
  - Это служит во вред этой работе.
    이것은 이 일에 해롭다.

- во времени  시간이 지남에 따라
- во время  제때에, 제 시간에
- во времена оны(또는 оно)  (과거의) 언젠가, (과거의) 어느

한때(= в оны дни)

- **во время чего**  …의 시기에는, …의 때에는
    - Во время японского владычества места советников не
      только в министерствах, но и в провинциях заняли
      японцы.

      일본인들이 차지하고 있던 시기에는 고문의 자리를 중앙부처뿐만
      아니라 지방도 일본인들이 차지하고 있었다.

- **во все времена**  어느 시대에나, 항상
- **во все глаза**  눈을 크게 뜨고
- **во все концы**  사방으로, 도처에, 가는 곳마다, 어디나
- **во все лопатки (бежать, гнать)**  있는 힘을 다 하여, 정신없이,
    전 속력으로 (뛰다, 몰다)
- **во все стороны**  사방으로
- **во всей силе**  모든 중요한·본질적인 점·문제에서
- **во всех областях**  모든 분야에서
- **во всех отношениях**  모든 점·면에서
- **во всех отраслях**  모든 분야에서
- **во всех случаях**  어떤 경우에도, 어쨌든
- **во всех смыслах**  모든 면에 있어서
- **во всех частях**  여러 방면에서, 모든 방면에서
- **во всё время**  전 기간 동안, 모든 기간을 통하여
- **во всём**  모든 점에서, 모든 것을, 모두
    - Преступник во всём сознанался.

      범인은 모든 것을 자백하였다.

- **во всём объёме**  완전히, 충분히
- **во всём прочем**  (앞 문장에서 기술한 것 이외의 것을 서술하고자

할 때) 여타의 모든 것에 있어는, 이 외의 모든 것은, 여타의 모든
것은

- Во всём прочем, как китайцы на корейской
  приграничной территории, так равно корейцы на
  китайской приграничной территории будут подчиняться
  законам и правилам своей собственной страны.
  여타의 모든 것은, 한국 국경지역의 중국인들뿐 아니라
  마찬가지로 중국 국경지역의 한인들도 자국의 법령과 규칙에
  종속될 것이다.

<br>

- во всякое время  어느 때든지, 언제나
- во всяком случае  어쨌든, 어쨌든지간에, 어떤 경우에도
  - Их действие может казаться нам если и не очень опасным,
    то во всяком случае нежелательным.
    그들의 행동이 우리를 매우 위험하게 하지는 않을지라도 어쨌든
    간에 바람직하지 않은 것일 수 있다.

<br>

- во вторых  둘째로(는), 두 번째로(는)
- во избежание чего  …를 피하기 위하여
- во имя кого-чего  …을 위하여, …의 이름으로
  - во имя славы Родины  조국의 영광을 위하여
  - во имя мира во всём мире  전 세계의 평화를 위하여

<br>

- во исполнение сего  이를 이행·수행·완수하기 위하여
- во многих видах  여러 가지 형태로, 다양한 형태로
- во многих отношениях  많은 점에서
- во многих случаях  많은 경우에(있어)
- во много раз  몇 배로
- во многом  많이, 크게, 많은 점에서
- во столько раз  그만큼, 그 정도로

- во столько раз, во сколько (раз) ··· ···(하는) 것 만큼, ···(하는) 정도로
- во что бы то ни стало  어쨌든, 하여튼지 간에, 무조건
- вовсе не ···  전혀 ···아니다, 전혀 그렇지 않다
- вовсе нет  전혀 그렇지 않다
- возведение в квадрат  제곱, 자승
- возведение в куб  세제곱
- возведение в третью степень  세제곱
- возведение во вторую степень  제곱, 자승
- возвести во (вторую) степень  (수학에서) 제곱하다
- возвести на престол  즉위시키다, 왕으로 추대하다
- возвести что к чему  что가 ···에 기원하다, что가 ···에서 유래하다
  - Некоторые обычаи можно возвести к глубокой древности.
    일부 풍습은 아주 고대로부터 기원한다고 볼 수 있다.

- возвести что на ступень чего  что를 чего와 동등한 가치가 있다고 인정하다
  - Некоторые люди возводят взятки на ступень необходимого.
    일부 사람들은 뇌물이 필수적인 것이라고 생각한다.

- возлагать надежды на кого-что  ···에 기대를 걸다

- возле  부사와 생격을 동반하는 전치사로 다음과 같은 용법으로 사용됨
① (부사로) ···곁에, ···옆에, ···가까이에
  - Он живёт возле .
    그는 가까이에 살고 있다.

② **(+생격) …곁에, …옆에, …가까이에**

- Возле меня стоял брат.
  형(동생)은 내 옆에 서 있었다.
- Дети держались возле матери.
  아이들은 어머니 옆에 붙어 있었다.
  (아이들은 어머니 곁을 떠나지 않았다)

• возразить(возражать) кому на что 또는 против кого-чего
  …에 반대하다, 반박하다, 항의하다

- возразить на рецензию  비평(심사평)에 대해 반박하다
- Против этого нечего возразить.
  이에 대해서는 반대할 여지가 없다.
- Возражающих нет?
  반대하는 분은 없습니까?
- Если вы не возражаете, я открою окно.
  반대하지 않으시면 제가 창문을 열겠습니다.

• возыметь обратное действие  역효과를 가져오다
• войти в долги  빚을 지다
• войти в (또는 пойти на) компромисс с кем  …와 타협하다
• войти в лет  나이가 들다, 나이를 먹다
• войти в роль  제 역할을 하다, 익숙해지다
• войти в силу  (법령 등) 효력이 발생하다, 실시되다
• войти(входить) в состав  가입하다, 구성원이 되다

- Почти все интеллигентные корейцы, дорожащие своей
  репутацией в глазах Японского Генерального Консула
  и нуждающиеся в его покровительстве, волей неволей
  входят в состав этой организации, дабы избежать
  подозрений в антияпонских чувствах.

일본 총영사의 눈에 자신의 평판을 높이고 그의 비호를 필요로
하는 거의 대부분의 조선 지식인들은 반일정서를 가지고 있다는
의심의 눈초리에서 벗어나기 위해 자의든 타의든 이 단체에
가입하고 있다.

- войти в строй  (기계 등을) 가동시키다, 돌아가게 하다;
  작업·운영하다
- войти в суть дела  본질을 파악하다
- войти в счёт(또는 расчёт)  고려되다
- войти в число  회원이 되다
- войти в чужой толк  다른 사람의 진의를 파악하다
- войти во владение чем  …의 소유권을 얻다
  (= вступить во владение чем)
- волей неволей  자의든 타의든 간에, 좋든 싫든 간에
  - Корея, так сказать, волей неволей сделалась независимым
    государством, она оказалась не в состоянии справиться с
    новыми условиями.
    조선은 이를 테면 자의든 타의든 간에 독립국이 되었지만 새로운
    상황을 감당할 능력이 없었던 것이다.

- волею или неволею  자의든 타의든 간에, 좋든 싫든 간에
- волею судеб  우연히
- вообще говоря  일반적으로 말해서, 총체적으로 말해서
- вообще не …  전혀 …아니다, 전혀 …못하다
  - Он вообще это не знает.
    그는 이것을 전혀 알지 못한다.

- вообще сказать  대체로, 일반적으로 말해서
- вооружённой рукой  무력을 사용하여, 무력으로, 전쟁으로
- вооружённые силы  무력, 군대(= войска)

---

- вооружённым глазом  망원경(또는 현미경 등)을 이용하여
- вооружить(또는 оснастить) ядерным оружием  핵무장하다
- вопреки кому-чему  …와는 반대로, …에 반하여·거역하여,
  …에도 불구하고
  - вопреки ожиданиям(предположениям)  기대(예상)과는
    달리
  - вопреки приказу  명령에 거역하여
  - вопреки тому  그럼에도 불구하고

- вопреки тому что …  …인 것과는 달리
  - Вопреки тому что было приказано, отправился он один.
    지시된 것과는 달리 그는 혼자 떠났다.

- вопрос в том, что…  문제는 …에 있다
- вопрос жизни или смерти  사활이 달린 문제, 극히 중요한 문제
- вопрос дня  당면한 문제
- вопрос совсем другого рода  완전히 다른 (종류의) 문제
- ворчать(또는 говорить) сквозь зубы  중얼거리다,
  명확하지 않게 말하다
- воспринимать на себя  납득하다, 이해하다, 받아들이다
- восходить к кому-чему  …에서 시작하다·비롯되다,
  …에 기원을 두다
- вплоть до чего  …에 바싹 가까이에, …때까지, 거의 다
- вплоть к кому-чему  …에 바싹 가까이에
- впредь до чего  …할 때까지(앞으로)
  - впредь до решения  결정이 내릴 때까지,
    결정이 내려질 때까지

- впрочем  그러나, 그런데, 하지만, 한편

- Книга хорошая, впрочем не во всех частях.
  책은 좋은 책이지만 모든 부분이 다 좋지는 못하다.

- времена года  사계, 사계절
- время оно  옛날옛적, 아주 먼 옛날
- время от времени  때때로, 때로는
- вроде бы …  마치 …과도 같은, 마치 …과도 같이
- вроде как …  마치 …과도 같은, 꼭·마치 …과도 같이
  (= вроде бы, как будто, как бы, как будто бы, точно как,
  вроде как)
  → как будто 참조
- вроде того как …  …처럼
- вроде того, что …  마치, …처럼
- вряд ли …  아마 …할 수 없을 것이다, 아마 …할 것 같지 않다
  (= едва ли)
  - но вряд ли можно сомневаться в том, что …  그러나 …를
    의심할 수는 없을 것이다(즉, …가 명백하다는 의미임)
  - Вряд ли окажется удобным.
    아마도 적절하지 않을 것이다.
  - Вряд ли он придёт.
    아마 그는 올 것 같지 않다.
  - Вряд ли ему удастся.
    그는 성공하지 못할 것이다.
  - Вряд ли он что-нибудь об этом знает.
    그는 이것에 대해서 아마 아무것도 모를 것이다.

- все более и  더욱더
- (все) в один голос  이구동성으로, 한결같이
- все до одного  (사람, 사물에 모두 해당됨) 모두, 전부, 모든 것
  - смотреть нас всех до одного  우리 모두를 하나 하나 바라보다

РУССКИЕ ИДИОМЫ                                                77

- (все) как один (человек) 일제히, 모두가 한 사람같이, 일치단결하여, 한마음 한뜻으로
  - Все как один высыпали на улицу.
    모두가 일제히 거리로 달려나갔다.

- все(또는 всё) на свете (사람, 사물에 모두 해당됨) 모두, 전부, 모든 것
  - Он равнодушен ко всему на свете.
    그는 모든 것에 무관심하다.

- все(또는 всё) и вся (사람, 사물에 모두 해당됨) 모두, 전부, 모든 것
  - Всё и вся на заводах приходит в волнение.
    온 공장이 흥분에 싸여있다.

- всё (또는 дело) валится из рук (힘이 없거나 의욕이 없어서) 일이 손에 잡히지 않는다
- всего лишь 기껏해야, 불과, 다해서
- всего-навсего(= всего навсе) 모두 합쳐 봐야, 기껏해야, 겨우
  - Всего-навсего двое.
    기껏해야 두 사람이다.

- всего на всё 모두 합쳐 봐야, 통틀어 봐야, 기껏해야
- всего ничего 아주 적게, 조금밖에; 거의 없다
  - Денег осталось всего ничего.
    돈이 조금밖에 남지 않았다.

- всем и каждому (사람, 사물에 모두 해당됨) 모두, 전부, 모든 것
  - кланяться всем и каждому 모든 사람들에게 허리 굽혀 인사하다

---

* все до одного, все(또는 всё) на свете, все и всё, все(또는 всё) и вся, на всех и на вся, всех и каждого, всем и каждому, на всё про всё, за всё про всё는 사람, 사물에 모두 해당되어 '모두, 전부, 모든 것'을 의미하는데 문장 안에서의 격변화에 유의할 것

- всем известно, что … … 를 모두 알고 있다, …는 모두에게 잘 알려져 있다
- (всем) миром  함께, 공동으로
- всем сердцем  충심으로, 진심으로, 진정으로
- всеми мерами  모든 방법·수단을 동원하여
- всеми способами  모든 방법·수단을 동원하여
    - Он всеми способами отклонял окончательную сделку.
      그는 모든 방법을 동원하여 최종계약을 거부했다.

- всеми фибрами сердца(= всем сердцем)  충심으로, 진심으로, 진정으로
- всеобщее избирательное право  보통선거권
- всё более  더욱더
- всё больше  더욱더 많이
- всё больше и больше  더욱더 많이
- всё быстрее  더욱더 빨리
- всё вместе взятое  모두 합하여, 총계로
- всё время  항상, 계속, 언제나
- всё время, пока … …하는 한 계속, …하는 동안은 계속
- всё время, пока … не … …하지 않는 한은 계속,
    …하지 않는 동안은 계속
- всё ещё  아직도(여전히)
- всё же(또는 ж)  그러나, 그렇지만, 어쨌든
    - Всё же я был(а) прав(а).
      어쨌든 내가 옳았다

---

– Хотя вчера было очень холодно, я всё же выходил(а) на улицу.

　어제는 매우 추웠지만 나는 밖에 나갔다.

- всё и всякие  모두, 전부
- всё лучше и лучше  점점 더 좋게; 점점 더 좋아지다
- всё лишь  기껏해야
- всё лучше, чем …  …보다는 훨씬 좋다
- всё меньше и меньше  더욱더 적게
- всё на всего  모두 합쳐 봐야, 통틀어 봐야, 기껏해야
- всё обошлось (кончилось) благополучно  모든 것이 순조롭게 되었다 (끝났다)
- всё одно  (술어로) 마찬가지다, 상관없다 (= всё равно)
    – Для него это всё одно.

　　그에게 이것은 아무래도 좋다.

- всё равно  (술어로) 이러나 저러나 마찬가지다; 이러나 저러나 상관없다
    – Мне всё равно кофе или чай.

　　나한테는 커피든 차든 상관없다. (커피든 차든 아무거나 괜찮다)

- всё равно(또는 одно) как …  …와 마찬가지다, …와 같다
- всё сильнее  더욱더 세게
- всё-таки(= всё же таки)  여하튼, 어찌되었든, 이렇든 저렇든
- всё хуже и хуже  점점 더 좋지 않게; 점점 더 나빠지다
- всё хуже, чем…  …보다 훨씬 나쁘다
- всё, что угодно  (필요한 것은) 어떤 일이든 모두, 아무것이나 다
    – Я сделаю всё, что угодно.

　　나는 무슨 일이든 다 할 것이다.

- вскоре после **чего** ···직후, ···후 곧, ···후 얼마 안 있어
  - вскоре после этого 그 후 곧, 그 직후
  - То было вскоре после войны.
    그것은 전쟁 직후에 있었던 일이다.

- вскоре после того, как ··· ···한 후에 곧(바로)
  - Вскоре после того, как я его видел(а), я отправился(лась) в
    командировку.
    나는 그를 만난 후 곧 출장을 떠났다.

- вслед
**부사와 전치사로 사용되며 용법은 다음과 같음**
Ⅰ. (부사) 뒤이어, 뒤따라, 뒤를
  - смотреть вслед 뒤를 바라보다
  - крикнуть вслед 뒤따라 소리지르다
Ⅱ. (вслед **за**+조격) ···의 뒤를 따라, ···에 뒤이어
  - идти вслед за ним 그의 뒤를 따라가다
  - выступать вслед за докладчиком 보고자의 뒤를 이어
    발언하다.
  - бежать вслед **за кем** ···의 뒤를 따라 달려가다
Ⅲ. (+여격) ···의 뒤를 따라·뒤를 이어, ···의 뒤에서
  - смотреть вслед ушедшему 나가는 사람의 뒤를 바라보다
  - смотреть вслед поезду 떠나는 기차를 바라보다
  - Вслед бронепоезду поскакала конница.
    장갑차를 뒤따라 기병대가 달려갔다.
  - Вслед ему раздались угрозы.
    그의 뒤에서 협박하는 소리가 들렸다.

- вслед за тем 그 뒤, 뒤따라

- Он прислал письмо, а вслед за тем приехал и сам.

  그는 편지를 보내더니 뒤따라 자신이 도착하였다.

- **вслед за тем, как …**   …를 뒤따라 곧
  - Он приехал, вслед за тем как пришло письмо.

    그는 편지에 이어 곧 도착하였다.

- **вследствие чего**   …한 결과, …로 말미암아, …하기 때문에
  - Пак-пен-чжо сообщил, между прочим, что Чо-пен-сик был смещен с должности министра будто бы вследствие интриг переводчика Российской Миссии в Сеуле Ким-хон-нюка.

    또한 박병조는 조병식이 마치 서울주재 러시아공사관 통역관인 김홍륙의 간계로 인하여 대신직위에서 해임된 것처럼 말했다.

- **вследствие того, что …**   …한 결과, …로 말미암아, …하기 때문에
- **вследствие этого(또는 сего, чего)**   (앞 문장을 받아) 이 결과, 이 때문에, 따라서
- **вступать в действие**   작용하다, 효력을 나타내다
- **вступать в контакт с кем-чем**   …와 접촉하다
- **вступать в отношение с кем-чем**   …와 관계하다, …와 관계를 갖다
- **вступать в силу**   효력·효과를 나타내다
- **вступать в соприкосновение с кем-чем**   …와 접촉하다
- **вступать на путь чего**   어떤 활동을 시작하다, 어떤 일에 착수하다
- **всякий раз**   매번, 항상
- **всякий раз, как …(= каждый раз, как …)**   …할 때마다 항상·늘
  - Эта история повторялась всякий раз, как он приезжал.

    이 사건은 그가 올 때마다 늘 반복되었다.

- всякий раз, когда … …할 때마다 항상·늘, 언제나
- всякого рода 다양한 (종류의), 각종의, 모든
  * такого рода, подобного рода와 마찬가지로 격변화하지
  않고 이 형태로만 쓰임
  – всякого рода товары 다양한 종류의 상품들

- вторая натура 제2의 천성
  – Привычка – вторая натура.
  습관은 제2의 천성이다.

- второй квартал 2/4분기
- входящий остаток (회계, 예금, 경리 등에서 일정 기간의)
  초기 잔고
- вчерашний день 어제; 과거
- выбить(또는 вышибить) почву из-под ног чьих(또는 у кого)
  …의 자신감을 잃게 하다, 의거할 토대를 잃게 하다
- вывести из строя (기계 등을) 파손시키다, 고장나게 하다
- вывести на путь(= вывести на дорогу) 올바른 길로 이끌다
- вывести кого из недоумения …의 의혹을 가시게 하다
- выгоднее чего …보다 유리·유익하다
- выдать пособие кому …에게 보조금·수당을 주다
  → получать пособие 보조금·수당을 받다
- выдать ссуду под залог 저당을 잡고 대부하다
- выдать себя за кого-что …인 체하다
- выдвинуть что на первый план …에 제1차적 의의(중요한
  의의)를 부여하다
- выдержать роль 끝까지 버티다, 끝까지 물러서지 않고 수행하다
- вызвать в суд 재판(소)에 호출하다·소환하다
- выиграть время 시간을 절약하다, 시간을 벌다
- выйти в отставку 사직하다, 퇴직하다

---

- выйти(또는 выходить, идти, пойти) замуж за кого  시집가다
    - Она вышла замуж за офицера.

      그녀는 장교에게 시집갔다.

      → отдать (또는 выдать) замуж кого за кого  시집보내다

      → жениться на ком  장가가다, 장가들다


- выйти из роли  어긋나게 행동하다; 본성을 드러내다
- выйти из себя  자제력을 잃다, 흥분하다, 화내다
- выйти из ума  기억에서 사라져 버리다, 잊다
- выкупить из залога  저당 잡힌 물품을 도로 찾다

      → отдать в залог  저당 잡히다
- вымышленное имя  가명, 가짜 이름
    - под вымышленным именем  가명으로, 가짜 이름으로


- вынудить(вынуждать) кого-что(또는 к чему)+미정형동사
  …에게 강제로·강압적으로 …하게 하다
- вынужденный шаг  부득이한 조치, 궁여지책(막다른 골목에
  다다라 그 국면을 타개하기 위한 어쩔 수 없는 조치)
- выпасть на долю чего  …에 처하다, …에 닥치다
- выплата зарплат  임금지불
- выпуск и продажа акций  주식의 발행과 판매
- выпуск продукций  상품생산
- выпустить акции  주식을 발행하다
- выразить(또는 принести) благодарность  사의를 표하다,
  감사드리다
- выразить(또는 высказать) мнение  의견을 표명하다
- вырвать(또는 уничтожить) с корнём  뿌리째 뽑아버리다,
  근절하다
- вырученные деньги  (물건등을)팔아서 번 돈, 팔아서 들어온 돈
- выступать с речью  연설하다

---

- вытекать из чего ① (시냇물, 강 등이) …에서 시작되다, 흘러나오다, 새다 ② (…에 근거하여) 결론이 나오다, …에 근거하다

  ① – Река Ангара вытекает из Байкала.
  
  안가라 강은 바이칼에서 시작된다.
  
  – Вино вытекает из винной бочки.
  
  포도주 통에서 포도주가 샌다.

  ② – из вышесказанного вытекает … 이상에서 언급한 것에 근거하여 …라는 결론이 나온다
  
  – Это решение вытекает из предыдущего.
  
  이 결론은 앞에 언급된 것에 기초하여 나온다.

- вытекать из пределов  한계를 넘어서다
  
  (= выйти за пределы)
- вытянуть (всю) душу кому(또는 у кого)  …를 지치게 하다, 시달리게 하다, …가 진절머리나게 하다
- выучить слова  단어를 암기하다
- выходить далеко за рамками  범위를 훨씬 넘어가다·벗어나다
- выходить за пределы  한계를 넘다
- выходить из строя  (기계 등이) 못쓰게 되다, 고장나다
- выходное пособие  (회사 등에서 근로자를 해고할 때 주는) 해고수당금
- выше изложенное  위에 기술·서술된 것
- выше сказанное  위에 언급·상술한 것
- выше чего  ① …을 벗어나다·능가하다 ② …의 상류에

---

Γ

- гербовые пошлины  인지세
- где бы ни  그 어디에 …든지(지라도)
  - Я его найду, где бы он ни был.

    그가 그 어느 곳에 있든지 나는 그를 찾아낼 것이다.

- где бы то ни было  어디든 상관없이(어쨌든)
- где-нибудь  어디선가, 그 어떤 곳에서, 어디서든지(= где-либо)
- где ни на есть  어디서나, 어디든지
- где попало(= где придётся, где угодно)  어디서든지,
  아무데서나
- где-то  (장소가 정확하지 않은) 어디선가, 그 어떤 곳에서
- где угодно  어디서든지
- гиблое дело  파멸적인·가망 없는·무모한 것 또는 행동
- главнейшим образом  특히, 주로, 특히 중요한 것은
- главное дело  ① (삽입어로) 주로, 특히, 중요하게는
  ② (술어로) 특히 중요하다, 본질적이다
- главным образом  주로, 대개
- гнать(또는 разгонять) сон  졸음을 쫓다
- говорить с достоинством  당당하게 말하다
- говорить сквозь зубы  중얼거리다, 불명확하게 말하다
- говоря о ком-чём  …를(에 대해)말하면서,
  …를(에 대해)언급하면서
  - Говоря о Кандо, не могу не добавить несколько слов по
    поводу предполагаемой железной дороги из Чон-чжина
    в Гирин.

    간도에 대해 말하면서 청진에서 길림에 이르는 구상되고 있는
    철도와 관련하여 몇 마디 첨언하지 않을 수 없다.

- говоря о том, что …  …를(에 대해)말하면서,
  …를(에 대해)언급하면서

- говоря по совести  양심대로 말해서, 솔직히 말해서
- говоря, что ⋯  ⋯라고 말하면서, ⋯를 언급하면서
  - На самом суде он отказался дать какие бы то ни было показания, говоря, что этот суд не корейский, а японский, а потому он считает себе в праве ничего не отвечать на задаваемые ему по существу дела вопросы и не желает и не будет отвечать.
    재판정에서 그는, 이 재판이 한국의 것이 아니라 일본의 것이고 그렇기에 그는 그에게 주어지는 질문의 본질에 대해 전혀 답하지 않을 권리가 있다고 생각하기에 답하기를 원하지 않고 답하지 않을 것이라고 말하면서, 실제로 어떠한 것도 진술하기를 거부하였다.

- год за годом  해가 갈수록, 해마다
- годами  해마다, 매년
- годовой доход  연소득, 연수입
- годовой процент  (경제에서) 연이율, 연이자
  - четыре процента в год  연리 4퍼센트
  - проценты за неустойку  연체이자

- гонка вооружений  군비경쟁
- голубое золото  천연가스(= голубое топливо)
- голубой уголь  풍력(風力)
- Государственная Дума  (러시아 의회의) 하원
    →Совет Федерации 참조
    →Федеральное Собрание 참조
- готовиться заблаговременно  미리(사전에)준비하다
- гражданская служба  문관직
- гражданский процесс  (법에서) 민사소송
    →уголовный процесс 참조

- гражданский суд (법에서) 민사재판

    → уголовный суд 참조
- гражданский чиновник  문관관료
- грешным делом  유감스럽게도, 솔직히 말해서
- гораздо более  훨씬 큰·많은
- гораздо больше  훨씬 많다
- гораздо лучше  훨씬 좋다
- гораздо хуже  훨씬 나쁘다
- государственная собственность  국유재산, 국유소유
- ГТК РФ(Государственный таможенный комитет Российской Федерации)  러시아연방 관세위원회
- гуманитарные науки  인문과학

Д

- да и  (강조 조사로) 바로, 바로 그
- да и то  그것도, 그것조차도
- да и то до чего  …할·일 정도로 까지는 (대개 …정도는 아니라는 뜻을 강조하는 표현으로 쓰임)
- да и только  그저 …하고만 있다
    - Плачет, да и только.
      그저 울고만 있다.

- дабы  (접속사) …하기 위하여(= чтобы, для того чтобы)
    - Почти все интеллигентные корейцы, дорожащие своей репутацией в глазах Японского Генерального Консула и нуждающиеся в его покровительстве, волей неволей входят в состав этой организации, дабы избежать подозрений в антияпонских чувствах.
      일본 총영사의 눈에 자신의 평판을 높이고 그의 비호를 필요로 하는 거의 대부분의 조선 지식인들은 반일정서를 가지고 있다는 의심의 눈초리에서 벗어나기 위해 자의든 타의든 이 단체에 가입하고 있다.

- давать понять  알게하다, 깨우쳐주다; 암시를 주다
- давать разъяснение  설명하다
- давать ссуду  (금전을) 대부·대여하다
- даже в том случае, если …  비록 …하는 경우라 할지라도, 비록 …하게 되더라도
- даже если(= если даже) …  비록 …하였을 지라도, 비록 …일지라도
- далее-более(= дальше-больше)  …할수록 더욱
- далеко за  (시간·수량적으로) …을 훨씬 지나서·넘어서
- далеко зайти  막다른 골목에 다다르다, 그만두거나 돌아갈 길이 없을 정도에 이르다

- далеко идущие  원대한
- далеко ль до беды  위험하다
- далеко не ···  결코 ···아니다
- далеко не уедешь(또는 уйдёшь) с чем(또는 на чём)
  ···에서 큰 성과를 거둘 수 없다
- далеко не так  결코 그렇지 않다, 사실이 아니다
- далеко пойти  출세하다, 크게 성공하다
- далеко ходить(또는 искать) не нужно(또는 не надо)
  (자기 주장을 입증하거나 상기시킬 때의 표현) ···를 멀리서 찾을
  필요가 없다
- далеко уйти в чём от кого  ···보다 ···면에서 훨씬
  앞서다·우세하다·큰 성과를 거두다
- дальнейшие шаги  앞으로의 조치·대책


- данный
① дать의 피동형 과거로 '주어진'의 뜻
  - данная величина (수학에서) 기지수
    (= известное число)
② (형용사로) '본, 이'의 뜻으로 쓰임
  - в данный момент  이 시점에
  - в даннном случае  이 경우에
③ (중성명사로 즉 данное) 주어진 것, 알려진 것
④ (복수형으로 즉 данные) 자료; (개인의) 소질, 기초, 토대
  - статистические данные  통계자료


- дать анализ  분석하다
- дать деньги в долг кому  ···에게 돈을 빌려주다
- дать доказательство  증명하다
- дать знать  알리다, 통지하다
- дать знать о себе  나타나다, 자기의 소식을 알리다, 방문하다

- дать начало  시작하다
- дать обзор  개괄하다
- дать определённый ответ  명확한 답을 주다, 확실하게 답하다
- дать(또는 подать) повод кому  …에게 근거·구실을 주다,
  …의 동기가 되다
- дать представление о чём  …에 대한 지식을 주다,
  …에 대하여 알려주다
- дать(또는 отдать) себе отчёт в чём  …에 대해 정확하게 알다,
  이해하다, 파악하다
- дать себя знать  자기를 알게하다, 본때를 보여주다
- два конца  왕복
- два с лишним раза  두 배 조금 넘게
- движимая собственность  (경제에서) 동산(= движимость)
- движимость  (경제) 동산
      → недвижимость 참조

- –де  (본인의 말이 아니라 남의 말을 전달한다는 것을 의미하는
  조사) …이라고 한다고, …이더라고
  - Скажи Петру, какая-то девушка-де ждёт.
    어떤 아가씨가 기다리고 있더라고 표트르에게 전해라.

- дебет и кредит счёта  부기(회계)의 차변과 대변
- дебиторская задолженность  (회계·부기에서) 미수금,
  받아야 할 돈
      → кредиторская задолженность 참조
- действительный доход  실질수입, 실소득
- действующее лицо  (영화 등) 등장인물
- декларация независимости страны  국가의 독립선언
- декларация прав человека  인권선언
- делать вид  …한 체하다, …한 척하다

- Она делает вид, что не понимает.

그녀는 이해하지 못하는 척 한다.


- делать вывод  **결론짓다**
- делать декларацию  (세무, 관세 등을) **신고하다**
- делать круглые глаза  (놀라서) **눈이 휘둥그래지다**
   (= смотреть круглыми глазами)
- делать профилактику  (의학) **예방하다**; (기계장비 등을)
   **점검하다**
- делать упор на кого-что(또는 на ком-чём)  …에 **중점을 두다**,
   …에 **특별한 주의를 기울이다**, …를 **중요시하다**
- делать усилие над собой  **스스로 억제하다, 참다**
- делать что в(또는 в знак) благодарности  **감사의 표시로 …을**
   **하다**
- делать что из благодарности  **감사하는 마음으로 …을 하다**
- дело в том, что …  **본질은·문제는 …에 있다**
- дело касается кого-чего  …에 **관한·대한 문제이다**
- дело в шляпе  **모든 일이 순조롭게 끝나다, 성공하다**
- дело делать  ① **일하다, …을 하다**
   ② **중요한·유익한·필요한 일을 하다**
- дело за кем-чем  **일(문제)은 …에게 달려있다**
- дело идёт о ком-чём  …에 **대한 문제이다**, …와 **관련된 일이다**
   (= дело касается кого-чего)
- дело на мази  **일이 잘 되어 간다**
- дело житейское  **평범한·늘 보는 것이다, 이상할 것 없다**
- дело обстоит(= обстоит дело)  **일·문제·사정이 …(상태)에 있다**
   - Дело обстоит хорошо.

일은 잘 되어 간다.
   - Со здоровьем у него обстоит крайне плохо.

그의 건강상태는 극히 나쁜 상태이다.

---

- дело обстоит иначе(= иначе обстоит дело) 사정이 다르다
- Как обстоят дела?
  어떻게 지내십니까?

- дело обстоит так, что … 문제는 …에(하게 되어) 있다
- дело рук чьих 이것은 …가 한 일이다
    - Самолёты, автомашины, поезда, суда – всё это дело рук рабочих.
      비행기, 자동차, 기차, 선박 – 이 모든 것들은 노동자들의 손으로 만들어졌다.

- дело стало за кем-чем …때문에 일이 잘 안 된다
- деньги не пахнут 돈의 출처 같은 것은 문제가 없다(즉, '돈이 손에 들어오기만 하면 어떻게 해서 생긴 돈이든 상관없다'는 뜻)
- денежное обращение (경제) 유동성
    (= денежный оборот, ликвидность)
- день в день 하루도 어기지 않고, 바로 정해진 날에
- день за день 하루하루 아무 변화없이, 단조롭게, 평이하게
- день за днём 나날이, 날이 갈수록
- день и ночь 밤낮으로, 언제나, 늘
- день ото дня 나날이, 날이 감에 따라
- депрессия ① 경기침체 ② 우울한 상태 ③ 저기압
- держать знамя чего(또는 чьё) …의 기치를 들다, …의 유지를 간직하고 수행하다
- держать коня под уздцы 말 고삐를 잡다
- держать курс на что …로 방침을 정하다
- держать путь 방향·향로를 잡다, 일정한 방향으로 가다
- держать себя с достоинством 당당하게 행동하다
    (= держаться с достоинством)

- держать(или сдавать) экзамен  시험을 치르다·보다

    →сдать экзамен 참조
- держать шаг  보조를 맞추다
- держаться на воде  물 위에(표면에) 떠 있다

- дескать  (본인의 말이 아니라 타인의 말임을 가리킬 때 삽입하는 말임. 흔히 불확실성을 나타냄) …라고
    - Соседи говорят, что ты, дескать, сам виноват.
      이웃사람들이 말하기를 너 자신이 잘못했다고 하더라.
    - Люди говорят, что экономический кризис, дескать, не будет.
      사람들이 말하기를 경제위기는 없을 것이라고 한다.

- дивиденд  (주식 등의) 배당(금)
- дивиденд по акции  주식 배당금
- дипломатический шаг  외교적 방안·조치
- диссидент  반정부인사, 재야인사

- для  생격을 동반하는 전치사로 다음과 같은 용법으로 사용됨
① (이익의 주체, 목적을 나타냄) …을 위하여
    - для Родины  조국을 위하여
    - для общего блага  모든 사람의 복리를 위하여
    - для пользы дела  사업의 이익을 위하여
    - читать для отдыха  휴식을 위하여 독서하다
    - для своего удовольствия  자기 만족을 위하여
    - для ясности  알기 쉽게 하기 위하여, 문제를 명백히 하기 위하여
    - для краткости  간결하게 하기 위하여
    - для разнообразия  다양하게 하기 위하여
    - Это для тебя.
      이것은 너를 위한 것이다.

---

- Сделайте это для меня.

  나를 위해 이것을 해주십시오.

- Я купил(а) книги для детей.

  나는 아이들을 위하여 책을 샀다.

- Этот словарь предназначен для специалистов.

  이 사전은 전문가를 위한 것이다.

- Искусство должно служить для блага человека.

  예술은 인간의 행복에 기여해야만 한다.

② **(용도를 나타냄)** ···쓰기 위한

- для деловых нужд  업무용으로

- ваза для цветов  꽃병

- полка для книг  책꽂이

- ящик для писем  우편함, 우체통

- Для чего это употребляется?

  이것은 무엇에 쓰입니까?

③ **(이유·원인을 나타냄)** ···때문에, ···탓으로

- для радости  너무 기뻐서

- для скуки  가깝해서, 지루해서

④ **(이해관계·평가기준을 나타냄)** ···에게는, ···로서는

- Время для меня дорого.

  시간은 나에게 소중하다.

- Это вредно для детей.

  이것은 어린이에게 유해하다.

- Это полезно для здоровья.

  이것은 건강에 이롭다.

- Экономическое сотрудничество выгодно для обеих

  сторон.

  경제협력은 양측에 다 유리하다.

- Эта черта для него характерна.

  이 점이 그의 특징이다.

- Климат этого района не пригоден для сельского хозяйства.

이 지방의 기후는 농업에 맞지 않는다.

⑤ (대응을 나타냄) …로서는, …에 비해서

- Для своего возраста он выглядит молодо.

그는 나이에 비해서 젊어 보인다.

- Он опытен для своих лет.

그는 나이에 비해서 경험이 풍부하다.

- Для него необычно приходить так поздно.

이렇게 늦게 오는 것은 그로서는 드문 일이다.

- Сейчас для этого времени года очень жарко.

이 계절로서는 지금 매우 무더운 편이다.

- Для женщины она высока ростом.

여자로서는 그녀는 키가 큰 편이다.

- Для начала и этого хватит.

처음으로서는 이것으로 충분하다.

- для вида(= виду)  남에게 보이기 위해, 겉치레로, 형식상
- для души  마음을 위안하려고, 기분 전환으로
- для иллюстрации  실례로
- для крайней необходимости  비상용으로
- для краткости  간결하게 하기 위하여
- для отдыха  휴식을 위하여
- для парада(= параду)  자랑하려고, 자랑삼아 보이려고
- для пользы дела  사업의 이익을 위하여
- для простоты  단순화하기 위해, 간단히 하기 위해, 알기 쉽게 하기 위해
- для-ради  = для
- для разнообразия  다양하게 하기 위하여
- для своего удовольствия  자기 만족을 위하여

- для того времени  그 당시에 있어, 그때에는
- для того, чтобы …  …하기 위하여
  - У нас ещё ничего не подготовлено для того, чтобы уравновесить невыгодные шансы.
    우리는 아직까지 불리한 요소를 상쇄하기 위한 어떠한 준비도 되어 있지 않다.
  - Я приехал(а) сюда не для того, чтобы отдыхать, а для того, чтобы работать.
    내가 이리로 온 것은 쉬기 위해서가 아니라 일하기 위해서이다.

- для удобства  편의상, 편의를 위해
- для упрощения  단순화하기 위해
- для чего  ① 이를 위해 ② 무엇 때문에, 무엇을 위해
- для этого  이를 위해
- для ясности  명확하게 하기 위해, 명확성을 위해

- до  생격을 동반하는 전치사로 다음과 같은 용법으로 사용됨
① (공간적 한계, 범위·거리, 치수·크기, 시간적 한계를 나타냄)
  …까지
  - дойти (добежать) до реки  강에 도달하다 (강까지 달려가다)
  - проводить кого до дому  …를 집까지 바래다주다
  - достать до потолка (дна)  천정 (밑바닥)까지 닿다
  - билет до Пусана  부산까지 가는 차표
  - от Сеула до Пусана  서울에서 부산까지
  - До центра далеко.
    (도시의)중심까지는 멀다.
  - от буквы А до О исключительно  А에서 О의 앞까지
    (즉, Н까지)
  - прочесть до пятой главы исключительно  제4장까지 읽다

Д

---

＊ 위 두 문장과 같은 형태의 경우 'исключительно'는 '마지막
　것은 제외하고'의 의미로 쓰임에 유의

- юбка до колен  무릎까지 내려오는 치마

- длинная до пят шинель  발 뒤축까지 내려오는 긴 외투

- спать до двух часов  2시까지 자다

- жить до ста лет  100살까지 살다

- отложить до вечера  저녁까지 미루다

- с восьми до двенадцати часов  8시부터 12시까지

- Они работали до глубокой ночи.
　그들은 깊은 · 늦은 밤까지 일하였다.

- До экзамена осталось два дня.
　시험 때까지 이틀 남았다.

- Я доехал(а) до центра на метро.
　나는 (도시)중심까지 지하철로 갔다.

- До нас донеслись слухи.
　소문이 우리 귀에까지 들어왔다.

- До дерева было шагов сорок.
　나무까지는 약 40보였다.

② **(시간적 선행을 나타냄) …전에**

- до войны  전쟁 전에

- родиться до революции  혁명 전에 태어나다

- вернуться до наступления темноты  어두워지기 전에
　돌아오다

- Это было до войны.
　이것은 전쟁 전의 일이었다.

- Он встал до рассвета.
　그는 날이 밝기 전에 · 새벽에 일어났다.

③ **(정도·한도를 나타냄) …정도로, …까지**

- до некоторой(известной) степени  어느 정도(까지)

- до крайности  극한까지, 극단적으로

- до ужаса  겁날 정도로

- смеяться до слёз  눈물이 날 정도로 웃다

- узнать всё до мелочей  시시콜콜 다 알다

- измениться до неузнаваемости  몰라볼 정도로 달라지다

- покраснеть до корней волос  귀밑까지 빨개지다

- избить до смерти  죽도록 때리다

- ссориться до драки  주먹질 할 정도로 다투다

④ (정도의 극한을 나타내며 관용적 표현으로 사용됨) ···정도로, ···까지

- промокнуть до нитки  흠뻑 젖다

- промёрзнуть до костей  추위가 뼛속까지 스며들다

- устать до смерти  죽을 정도로 기진맥진하다

⑤ (동작의 완료를 나타냄) 죄다, 모두

- выпить до дна  잔을 (모두) 비우다

- выпить всё до (последней) капли  (마지막) 한 방울까지 다 마셔버리다

- проиграть до последней рубашки  도박에 져서 거덜나다

⑥ (결과를 나타냄) ···까지

- К счастью, дело не дошло до серьёзных осложнений.  다행히도 일은 크게 번지지 않았다.

⑦ (수량적 한계를 나타냄) ···까지; 약, ···가량; ···미만

- числа от одного до десяти  하나에서 열까지의 수

- от пяти до двадцати книг  5권부터 20권까지의 책

- считать до ста  100까지 세다

- набить цену до пятидесяти рублей  50루블까지 가격을 올리다

- детям до 16 лет вход воспрещён  16살 미만의 아이는 입장금지

- Температура дошла до двадцати градусов.  온도는 20도까지 올랐다.

- На собрании было до пятидесяти человек.

  회의에 50명가량의 사람이 참석하였다.
- Зал вмещает до тысячи человек  강당은 1,000명가량
  수용한다

⑧ (접촉을 나타내는 동사와 함께) …을, …에
- Я дотронулся(또는 прикоснулся) пальцем до её лба.

  나는 손가락으로 그녀의 이마를 건드렸다.

⑨ (용무의 대상, 욕망·관심의 대상을 나타냄) …에게, …에 대하여
- Мне до тебя нужда(просьба).

  나는 너에게 일(부탁)이 있다.
- Он большой охотник до грибов.

  그는 버섯을 매우 즐긴다.
- Он до денег жаден.

  그는 돈 욕심이 많다.
- У меня просьба до директора.

  나는 지배인에게 부탁할 말이 있다.


• до времени(= до поры до времени)  당분간(은), 한동안은
- Невыясненность финансовых средств Японии
  препятствует до времени решению каких бы то ни было
  экономических вопросов.

  일본 재정의 불투명성이 당분간은 어떠한 것이든 경제적인
  문제들을 결정하는 것을 저해하고 있다.


• до глубины души  마음속 깊이, 매우 간절하게
• до дна  끝까지, 모두, 밑바닥까지
• до и после  한동안
• до известного момента  일정한 시기·순간까지
• до известной степени  어느 정도(까지)

　　　→известный 참조

---

- до каких(또는 которых) пор  어느 때까지, 언제까지
- до конца  ① 끝까지, 최후까지 ② 철저하게, 완전히, 아주, 깡그리, 몽땅
- до конца дней  죽을 때까지, 죽는 날까지
- до конца своих дней  자기의 마지막 생까지, 자기가 죽는 날까지
- до крайности  극한까지, 극단적으로
- до минимума  최소한으로
- до настоящего времени  현재까지, 오늘날까지
- до настоящего момента  현재까지, 지금까지
- до нашего времени  오늘에 이르기까지
- до нашей эры  기원전 (= до н. э.)
- до наших дней  현대까지
- до невероятности  믿기 어려울 만큼, 놀라울 정도로, 극도로
- до невозможности  참지 못할 정도로
- до некоторой степени  어느 정도(까지)
- до нынешнего вечера  오늘 저녁까지
- до определённой степени  일정 정도까지, 일정한 정도로
- до основания  밑바닥까지, 깡그리, 완전히, 철저히
    - потрясти (разрушить) что до основания …을 철저하게 흔들어 놓다 (파괴하다)
- до отказа  꽉 차게, 완전히, 빼곡히
    - наполнить шкаф одеждами до отказа 장에 옷을 빼곡히 채우다

- до поры до времени  당분간(은), 한동안(은)
- до последнего  끝까지, 마지막까지
- до последнего времени  최근까지, 현재까지, 지금까지
- до последней возможности  끝까지, 힘 닿는 데까지
- до последней крайности  최후의 극한까지
- до последней минуты  마지막 순간까지

- до последней степени  극도로, 완전히
  - Я устал(а) до последней степени.
    나는 극도로 피곤하다. (나는 녹초가 되었다)


- до росы  이른 새벽에
- до самого низу  제일 아래까지
- до сего времени(= до сих пор)  지금까지, 이때까지
- до сегодняшнего дня  오늘까지, 지금까지
- до сей поры  이때까지, 지금까지, 이 시간까지
- до сих пор  지금까지, 이때까지
  - До сих пор ещё находится эта дорога.
    지금까지 이 길은 여전히 남아있다.


- до такой степени  그런 정도로, 그렇게까지
- до тех пор  그때까지
- до тех пор, пока …  …하는 동안(은), …할 때까지(는)
  - Ждите до тех пор, пока я буду прочитать эту книгу.
    내가 이 책을 다 읽을 때까지(다 읽는 동안) 기다리십시오.


- до тех пор, пока не …  …(하지) 않는 한(은), …할 때까지
  - Я не буду смотреть телевизор до тех пор, пока ребёнок не спит.
    나는 아기가 잠들지 않는 한(잠들 때까지) 텔레비전을 보지 않겠다.
  - Он повторял стихи до тех пор, пока не запомнил их наизусть.
    그는 시를 암송할 때까지 반복하여 읽었다.


- до того  그 정도로
- до того времени  그때까지

- до того времени, когда … …할 때까지는
- до того(,) как … …전에 이미(= перед тем(,) как…)
  - Я уже знал её до того, как вы с ней познакомились.
    당신이 그녀와 알게 되기 전에 나는 이미 그녀를 알고 있었다.
  - Он приехал за три дня до того, как она уехала.
    그는 그녀가 떠나기 3일 전에 도착하였다.
  - До того как мы переехали в Сеул, мы жили в Пусане.
    서울로 이사오기 전에 우리는 부산에서 살았다.

- до того, что … …할 정도로, 어찌나 …인(한)지
  - Он кричал до того, что охрип.
    그는 목소리가 쉴 정도로 외쳤다. (그는 너무 소리쳐서 목이
    쉬었다)

- до того ~, что … 너무나도 ~하여 …이다
  - Он был до того слаб, что не мог двигаться.
    그는 너무나도 쇠약하여 움직일 수도 없었다. (그는 움직일 수 없을
    정도로 쇠약하였다)
  - Она была до того напугана, что даже не плакала.
    그녀는 너무 놀라 울지도 못하였다. (그녀는 울지도 못할 정도로
    놀랐다)

- до тонины(= до тонкости) 아주 상세하게, 아주 세밀하게
- до ужаса 겁날 정도로
- до упора 끝까지
- до чего 얼마나
  - До чего интересная книга!
    얼마나 흥미로운 책인가!

- добрая привычка 흔히 하는 습관

- доброе правило  흔히 하는 식·규칙·법
- доброе старое время  옛날, 과거
- добрый обычай  흔히 하는 풍습
- доверенное лицо  (어떤 일을) 위임받은 사람, 대리인
- довести до сведения  알리다, 통보하다
- довести до сознания  인식시키다
- договор займа  차용계약(서), 대여금계약(서)
- договор куплипродажи (жилого дома)  (주택) 매매계약
- договор о ненападении  불가침조약
- дождливое время  비가 오는 시기, 우기
- доильная машина  (목장) 착유기
- доильная установка  (목장) 착유장치
- доильное оборудование  착유설비, 착유시설
- доильный зал  (목장에서) 젖 짜는 장소, 착유실
- должен(должна, должно, должны) быть …  …해야만 한다
- должно (+미정형동사)  …하여야만 한다, …할 필요가 있다
- должно быть  틀림없이, 필시
- должным образом  적절하게, 마땅한·상응하는 방법으로
- допускать ошибку  실수하다, 틀리다, 오류를 범하다
- допустим  가령 …라고 한다면, …라고 가정하면
  - Допустим, что это так.
    가령 그렇다고 하자(치자).

- дорогой ценой  값비싼 대가를 치르고, 많은 노력·희생을 치르고
- дорожить кем-чем  …를 귀중히 여기다, (돈·시간 등을) 아끼다
- достаточно сказать, что …  (자신의 주장들을 강조할 때)…라고
  말하는 것으로(도) 충분하다
- достаточно, чтобы …  …하는 것으로 충분하다
- достать из-под земли(= достать со дна морского)
  어디에 있든지 기어코 찾아·얻어 내다

- достаться на долю кого-чего  …의 것이 되다, …의 소유가 되다
  - Те выгоды достанутся на долю корейского правительства.
    그 이익들은 한국정부의 몫이 될 것이다.
  - На его долю досталась дача.
    별장은 그의 것이 되었다.

- достойный чего  …할 만한 가치가 있는
- доступное изложение  알기 쉬운 서술
- доход  수입  비교) расход 지출
- друг возле друга  가지런히, 나란히
- друг друга  서로서로
- друг другом  서로서로
- друг другу  서로서로
- друг за другом  연이어(나란히)
- друг на друга  서로서로
- друг от друга  서로서로
- друг относительно друга  서로 간에
- друг с другом  서로서로
- другим путём  다른 방법으로, 다른 길로
- другими словами  달리 말하면, 다른 말로 하면
- другое(또는 иное) дело  (술어로) 다른 문제다, 문제가 다르다
- дух времени  시대정신
- душа радуется  매우 기쁘다
- душа ушла(또는 уходит) в пятки  무서워서 바짝 얼어버리다,
  무서워서 얼이 빠지다
- душой и телом  몸과 마음을 다 바쳐
- дышать полной грудью  마음껏 숨을 쉬다

E

- едва  ① …하자마자, 방금 ② 약간 ③ 겨우, 간신히
- едва ли(= вряд ли)  …  (아마도) …할 수 없을 것이다,
    …하지 못할 것이다, …하지 않을 것이다
- едва ли есть надобность говорить, что …  (자신의 주장을
    강조할 때)…를 말·언급할 필요는 없을 것이다
- едва ли не …  아마도 …인 듯하다(= чуть ли не …)
    - Он был едва ли не актёром.
      그는 아마도 배우였던 것 같다.


- едва лишь …  …하자마자
- едва не …  하마터면·거의 …할 뻔하다
    (= чуть не … 또는 чуть было не …)
    - Она едва не упала.
      그녀는 하마터면 넘어질 뻔하였다.
    - Если дружба наша едва не была нарушена, то причина
      тому – коварные люди.
      만일 우리의 우의가 훼손될 뻔하였다면, 그 원인은 간특한 자들
      때문입니다.


- едва только …  …하자마자
    (= как только, лишь только, чуть только, едва лишь)
    - Он заснул, как только лёг.
      그는 눕자마자 잠들었다.
    - Лишь только рассеется туман, мы поедем.
      안개가 걷히자마자 우리는 떠날 것이다.


- едва только …, как …  하자마자 바로
- единое целое  하나의 통일체
- еле  ① 약간, 조금 ② 겨우, 간신히, 억지로(еле-еле는 같은 뜻이나
    의미가 더 강함)

- Еле-еле душа в теле.
  숨이 겨우 붙어있다. (간신히 살아있다)


- если бы… (강한 욕망을 표시) …라면, …하다면
- если бы ~, а то … (강한 욕망을 표시) ~라면 …일·할 것이다
- если бы не … 만일 …이 아니라면
- если вообще … 적어도 …한다면
- если говорить с кем-чем, то … кем-чем과 관련하여 말한다면
  …하다·이다
- если даже … 비록 …일 지라도(= даже если)
  - Если даже придёт, он не может помочь.
    비록 그가 온다 해도 도움을 주지 못할 것이다.
  - Даже если он не придёт, всё равно я пойду.
    비록 그가 오지 않는다 해도 나는 가겠다.


- если (и) не ~, то(또는 так) … ~는 아니지만 그러나 …하다·이다,
  ~는 아닐지라도 …하다·이다
  - Эта мебель, если не изящна, то удобна.
    이 가구는 세련되지는 않을지라도 쓰기에는 좋다.


- если(또는 когда, раз) так … 만일 그렇게 …하다면
- если так, то… 만일 그렇다면 …(할 것)이다


- если ~, то …
① (조건을 나타내며) 만일 ~라면 …(할 것)이다
  - Если ты придёшь, то я уйду.
    네가 온다면 나는 나가겠다.
  - Если он не поидёт, то я тоже не пойду.
    만일 그가 가지 않는다면 나도 가지 않겠다.

② (보통 조사 и, же, даже 등과 함께) ~일·할지라도,
  비록 ~일·할지라도 …이다·하다

  - Если даже он не разрешит, то всё равно я пойду.
    비록 그가 허락하지 않을지라도 나는 가겠다.

  - Их действие может казаться нам если и не очень опасным,
    то во всяком случае нежелательным.
    그들의 행동이 우리를 매우 위험하게 하지는 않을지라도
    어쨌든지간에 바람직하지 않은 것이다.

③ (보통 а, и와 함께 강조의 의미로) 만일 …라면, …한다면

  - А если он не поидёт, то все будут остаться.
    그가 가지 않는 한 모두 가지 않고 남을 것이다.

• если то …   만일 …하다면, 만일 …라면
• если то так, тогда …   만일 그렇다면 …하다·이다
• если только …   만일 …이기만 하다면

  - если только возможно   가능하기만 하다면

• если только не …   …하지만 않는다면, 단지 …가 아니라면
• если я не ошибаюсь  (삽입어로) 내 생각이 틀리지 않는다면
• естественная вещь  물론, 응당, 당연한 일
• естественное дело  물론, 당연한 일

  - Это естественное дело.
    이것은 당연한 일이다.

• естественные науки  자연과학
• естественным образом  물론, 당연히(= естественно)
• есть такое дело  ① 동의합니다, 그렇게 합시다 ② 그런 일이 있다,
  사실이다
• ещё более  더욱더
• ещё больше  더욱더

- (ещё) во чреве матери  이 세상에 태어나기 전에,
  어머니 뱃속에 있을 때
- ещё лучше  더욱 좋게
- ещё меньше  더 적게
- ещё недавно  얼마 전(까지는)
- ещё раз  한 번 더, 다시 한 번
- ещё хуже  더 안 좋게
- ещё хуже, хуже того  더욱더 안 좋은 것은, 더욱더 나쁜 것은

- ёмкость(또는 объём) памяти  (전기전자에서) 기억용량

Ж

- жгучий вопрос  당면한 문제, 초미의·긴급한 문제
  (= больной вопрос)
- железный занавес  철의 장막
- женатая(또는 женатой)  결혼한 사람(여자일 경우)
  - Она женатая.
    그녀는 결혼한 사람이다.

- женатая жизнь(또는 женатое положение)  결혼생활(남자에
  대하여 씀)
- женатый(또는 женатого)  결혼한 사람(남자일 경우)
- женатый на ком  …에게 장가간, …와 결혼한
  - Он женат на моей дочери.
    그는 내 딸과 결혼하였다.

- женская половина  여성
- женить кого на ком  …에게 장가보내다
  - Он женил своего сына на спокойной девушке.
    그는 자기 아들을 얌전한 처자에게 장가보냈다.
    → отдать кого за кого  시집보내다

- жениться на ком  …에게 장가가다, …에게 장가들다
  - жениться по любви  연애결혼하다
  - жениться на девушке  처녀에게 장가들다, 처녀와 결혼하다
  - жениться на ком по расчёту  …와 정략(이해관계를 가지고)
    결혼을 하다
    → выйти замуж за кого  시집가다
    → замужем 참조

- жёлтая(белая, чёрная) раса  황(백, 흑)인종
- живой рукой  곧바로, 재빠르게, 잽싸게

(= живым духом, живым манером)

- живой рукой сделать что ···을 잽싸게 해내다


• живым словом рассказать  생동감 있게 이야기하다
• жидкий аргумент  빈약한 논거, 빈약한 근거
• жидкое топливо  액체연료

비교) твёрдое топливо  고체연료

• жил-был(격에 따라 жила-была, жили-были, был-жил, была-жила, были-жили)  옛날 옛적에 ···가 살고 있었는데

- жил-был художник один  옛날에 화가가 한 명 살고 있었는데


• (жить) в ладу(또는 в ладах) с кем  ···와 의좋게·화목하게 (살다)
• (жить) душа в душу  사이좋게 (지내다)
• жить полным домом  풍족하게 살다

Ж

3

# • за   대격과 조격을 동반하는 전치사로 다음과 같은 용법으로 사용됨

## Ⅰ. (+ 대격)

① (동작이 진행되는 방향을 나타냄)

　　…의 뒤로·밖으로·너머로·저쪽으로

- уехать за реку  강 저쪽으로 떠나다
- выйти за дверь  문 밖으로 나가다
- поставить за шкаф  옷장 뒤에 세워놓다
- спрятать за спину  등 뒤에 감추다

② (동사 сесть, усесться, стать 등과 함께 위치를 가리킴)

　　…의 곁에·옆에

- сесть за стол  책상에 앉다
- сесть за рояль  피아노에 앉다
- стать за пульт управления  조종대에 서다

③ (동사 засесть, сесть, усесться 등과 함께 시작될 어떤 행동을
나타냄) …을 하려고

- сесть за книгу  책을 읽으려고 앉다
- усесться за вычисление  자리에 앉아서 계산을 시작하다

④ (어떤 정도나 수량이 넘는 것을 나타냄) …을 넘다· 초과하다

- Уже за полночь.

　벌써 자정이 넘었다.

- Ему далеко за сорок.

　그는 마흔이 훨씬 넘었다.

- Мороз уже за двадцать градусов.

　추위는 이미 영하 20도를 넘었다.

⑤ (거리·간격의 크기를 나타냄) …떨어진 곳에서, …거리에서

- за пятнадцать километров от города

　도시에서 15km 떨어진 곳에서

- метров за десять отсюда

　이곳으로부터 10m 가량 떨어진 곳에서

---

⑥ **(어떤 행동이나 사건이 다른 행동이나 사건보다 선행함을 나타냄)** …전에
- за неделю до моего отъезда  내가 떠나기 일주일 전에
- за два дня до праздника  축제 이틀 전에

⑦ **(어떤 행동이 진행되는 기간을 나타냄)** …동안, …기간에
- выучить текст за полчаса  30분 동안 본문을 암기하다
- за последнее время  최근에, 요즈음
- заработок за год  1년치 임금

⑧ **(어떤 동작이 미치는 대상을 가리킴)** …을, …에
- взять кого за руку  …의 손을 잡다
- задеть за крышу  지붕을 스치다

⑨ **(동사 взяться, приняться 등과 함께 행동의 도구나 수단 또는 시작되는 어떤 작업이나 일을 나타냄)** …을, …에
- взяться за перо  펜을 들다, 붓을 들다, 쓰기 시작하다
- приняться за дело  일에 착수하다

⑩ **(동사 бояться, волноваться, беспокоиться, радоваться 등과 함께 어떤 감정을 야기시키는 대상을 나타냄)** …에 대하여
- беспокоиться за товарища  동무에 대하여 걱정하다
- радоваться за товарища  동무의 일을 기뻐하다
- бояться за него  그가 어떻게 될까 봐 두려워하다

⑪ **(동사 отвечать, ручаться 등과 함께 책임질 대상을 나타냄)** …에 대하여
- отвечать за неудачу  실패한 데 대하여 책임지다
- ручаться кому за успех  …에게 성공할 것을 보증·담보하다

⑫ **(행동의 목적을 나타냄)** …을 위하여
- бороться за объединение Родины  조국통일을 위해 투쟁하다
- За ваше здоровье! (술자리에서) 당신의 건강을 위하여 (듭시다)!

⑬ **(옹호나 찬성 등의 대상을 가리킴)** …을 찬성·옹호하여
- голосовать за предложение  제안에 찬성 투표하다
- заступиться за него  그를 옹호하다, 그를 두둔하다

---

⑭ **(부사적으로 사용되어) 찬성·옹호하여, 긍정하여**

- двадцать пять за, два против  찬성 25, 반대 2
- О нём можно сказать и за, и против.
  그에 대하여 긍정적으로 말할 수도 있고 부정적으로 말할 수도 있다.
- Большинство было за.
  대다수가 찬성하였다.

⑮ **(어떤 행동의 동기·근거·이유·원인을 나타냄) …에 대하여, …때문에, …으로 인하여**

- наказать за проступок  나쁜 짓을 하였기 때문에 벌을 주다
- благодарить за внимание  돌보아준 데 대하여 감사를 드리다
- Извините за опоздание.
  늦어서 미안합니다.

⑯ **(값이나 보수·대가를 나타냄) …을 받고·주고**

- сделать за деньги  돈을 받고 하다
- продать за полцены  절반 값을 받고 팔다
- купить за полцены  절반 값을 주고 사다
- платить рубль за книгу  책 값으로 1루블을 지불하다
- плата за свет  전기 사용료

⑰ **(대신하여 행동함을 나타냄) …를 대신하여, …의 대리로**

- работать за товарища  동무를 대신하여 일하다
- работать за директора завода  공장 지배인의 대리로 일하다

⑱ **(어떤 것으로 접수·인정·간주되는 대상을 가리킴) …으로**

- принять за правило  규칙으로 채택하다·삼다
- считать за знакомого  아는 사람으로 생각하다

⑲ **(몇 사람이 할 것을 혼자서 한다는 뜻을 나타냄) …몫을, …할 양을**

- есть за двоих  두 사람 몫을 먹다
- работать за четверых  네 사람 몫을 일하다

㉑ (동사 выйти, выдать, сватать 등과 함께 결혼 대상자(남자)를 가리키며, 동사 свататься와 함께 청혼 대상자(여자)를 가리킴) ···에게

- выйти замуж за кого ···에게 시집가다
- свататься за кого (남자 측에서 여자에게) 청혼하다

## Ⅱ. (+ 조격)

① (동작이 진행되는 장소를 가리킴)
  ···의 뒤에서·밖에서·너머에서·저쪽에서

- жить за рекой 강 건너편에 살다
- остановиться за дверью 문밖에 멈춰서다

② (동사 сидеть, стоять 등과 함께 가까운 위치를 나타냄)
  ···의 곁에·옆에

- Сидеть за столом.
  책상에 앉아있다.

③ (행동의 수단이나 도구 또는 어느 누가 하고 있는 행동이나 일 자체를 가리킴) ···을 하면서

- Сидеть за книгой.
  책을 읽으며 앉아있다. (앉아서 책을 읽는 중이다)
- Они сидят за шахматами.
  그들은 장기를 두며 앉아있다.
- Я оставил её одну за чтением письма.
  나는 편지를 읽고 있는 그녀를 혼자 남겨두었다.

④ (어떤 행위의 뒤를 따라 진행됨을 나타냄) ···의 뒤에서·뒤를 따라

- идти за ним 그의 뒤를 따라가다
- Повторяйте за мной.
  나를 따라 반복하시오.

⑤ (어떤 행동·현상·사물의 순차적인 교체를 나타냄) ···다음에는, ···이 있은 뒤에는, 뒤따라

- читать книгу за книгой 책을 한 권 한 권 읽어나가다
- За горем приходит радость.

슬픔 뒤에는 기쁨이 온다.
- За дождями наступила жара.
  비가 온 후에 더워졌다.
- За мартом идёт апрель.
  3월 다음에는 4월이 온다.
- Я за вами.
  (줄·순서 등에서) 나는 당신 다음이다.

⑥ **(시간과 행동이 진행되는 환경을 나타냄) …할 때에, …을 하면서**
- застать его за столом  식사 중에 그를 만나다
- заснуть за работой  일하다가 잠들다
- Это он говорил мне за завтраком.
  그는 아침식사를 할 때에 그것을 나에게 말하였다.
- Он сейчас за работой.
  그는 지금 일하는 중이다.

⑦ **(주의나 관심, 행동 등의 대상을 가리킴) …의 뒤를, …을**
- следить за ходом событий  사건이 진행되는 과정을 주시하다
- ухаживать за больным  환자를 보살피다, 환자를 간호하다
- следить за чистотой  청소상태를 살펴보다

⑧ **(데리고·가지고 와야 할 대상을 가리킴) …을 가지러·데리러**
- идти за водой  물을 길러 가다
- послать кого за доктором  의사를 데리러 …를 보내다

⑨ **(원인을 나타냄) …때문에, 까닭에, …원인으로**
- за неимением сведений  정보가 없기 때문에
- За темнотою трудно было рассмотреть.
  어두워서 알아보기 힘들었다.

⑩ **(소유, 소속, 관할 등을 나타냄) …의 것으로, …의 관할하에**
- Победа будет за нами.
  승리는 우리 것이 될 것이다.
- Он пока числился за мной.
  그는 임시로 나에게 소속되었다.

⑪ (…을 할 책임이 있는·빚지고 있는 인물을 가리킴) …할 의무가
있다, …을 하여야 한다, …에게 책임이 있다
- За тобой ещё две книги.
너는 아직 책 두 권을 주어야 한다.
(네가 빚진 책이 아직 두 권 남았다)
- За тобой долг.
너에게는 빚이 있다.
- За мной долг.
나에게는 빚이 있다.

⑫ (어떤 행동이나 상태의 도래를 좌우하는 인물 또는 대상을 가리킴)
…에 달려있다·의존된다
- Слово за вами.
당신이 말할 차례다.
- Дело за материалами.
문제는 재료(자료)에 달려있다
- Очередь за вами.
당신 차례다.

⑬ (어떤 고유한 특성을 가진 인물, 장소, 기관 등을 표시함) …에게
- За ним есть дурная привычка.
그에게는 나쁜 버릇이 있다.

⑭ (남편이 되는 인물을 가리킴) …한테 시집가서
- Сестра моя за профессором истории.
내 누이는 역사학 교수에게 시집갔다.

⑮ (공식문건의 외적특징을 나타냄) …이 있는
- письмо за подписью председателя  위원장의 서명이 있는
서신

Ⅲ. 부사와 명사로도 쓰임

① (술어로) 찬성·동의하다
- Кто за?
누가 찬성합니까?

② (명사로) 찬성

    – за и против  찬성과 반대, 찬반

- за время чего  …동안에, …기간에
- за все последствия  모든 결과에 대하여
- за вычетом кого-чего  …를 제외하고, …를 빼놓고
- за глубокую старость  아주 늙을 때까지, 아주 오랫동안
- за долю секунды  순식간에, 눈 깜짝할 사이에
- за единицу чего  …를 단위로(하여)
- за единицу измерения  측정단위로
- за и против  가부, 찬성과 반대
- за исключением кого-чего  …을 제외하고
  - Пойдут все, за исключением больных.
    환자를 제외하고 모두 갈 것이다.

- за исключением того, что …  …을 제외하고
- за истечением чего  (시간, 기간 등) …이 지나서,
  …이 지났기 때문에
- за короткий период  짧은 기간 동안에, 단기간에
- за круглым столом  원탁 형식으로
- за малым дело стало  하찮은·대수롭지 않은 것 때문에 일이 잘
  안 된다
- за милую душу  기꺼이, 자진하여
- за начало  시작하기 위해, 시작으로
- за небольшим исключением  약간을 제외하고,
  약간을 예외로 하고
- за неимением кого-чего  …이 없어서, …이 없기 때문에
- за несколькими исключениями  몇몇을 예외로 하고는,
  몇 개를 제외하고는
- за один  함께, 동시에, 일제히

---

- за один оборот  (기계 등의) 1회전 동안에
- за один ход  (기계 등의) 1행정(行程)에, 1행정(行程) 동안에
- за (одним) походом  …하는 김에, …하는 길에, 겸사로
- за один присест  앉은자리에서, 단숨에, 단번에
- за один раз  한번에, 한번으로, 단숨에
- за основу чего  …에 근거하여, …에 기초하여
- за последнее время  최근에, 요즈음
- за последние годы  최근(동안)에
- за последние три с лишним года  최근 3년여 남짓 동안에
- за пределы чего  …를 넘어서, …의 범위를 넘어서,
      …의 한도를 벗어나서
- за пределами чего  …의 한도(범위)를 벗어나서
- за равное время  같은 시간 동안에, 동일한 시간 동안에
- за рамки чего  …의 범위를 벗어나
- за редким исключением  드문 경우를 제외하고·예외로 하고
- за рубежом  외국에서
- за сим  이 다음에, 금후(= засим)
- за счёт кого-чего  …의 비용(돈)을 이용하여, …을 이용하여
- за так  공짜로, 무료로, 거저
- за тем чтобы …  …하기 위하여
- за то что …  …때문에
- за ~ до того(,) как …  …하기 (이미) ~전에
    - Он приехал за три дня до того, как она уехала.
      그는 그 여자가 떠나기 3일 전에 도착했다.

- за ходом кого-чего  …의 과정을, …의 움직임을
- за цикл  기계 등의(일정하게 반복되는 작업의) 1회전·주기 동안에,
      1회전 하는데
- за это время  이 때에, 이 시기 동안에
- заботиться(позаботиться) о ком-чём  염려하다, 걱정하다,

**배려하다, 보살피다, (어떤 일이 잘되게 하려고) 신경쓰다**

- заботиться о своём здоровье  자기 건강에 유의하다
- заботиться о детях  아이들을 보살피다
  * 일반적으로 안심이 되지 않아 속을 태운다는 뜻의
    불안·근심하다는 беспокоиться, волноваться 등을 씀)

• **заботиться(позаботиться) (+미정형동사)  …을 하려고
  하다·애쓰다·마음먹다**

  - Он не заботился открыть дверь.
    그는 문을 열려고 하지 않았다.

• **зависеть от кого-чего  …에 종속되다, …에 의존하다,
  …에 달려있다**

  - все зависящие от меня меры  나에게 달려있는 모든 조치들
    (즉, '내가 취해야 할 모든 조치들'을 의미함)
  - Успех дела зависит от нас.
    사업의 성과는 우리들에게 달려있다.

• **завтрашний день  내일; 가까운 앞날, 미래**
• **задолго до чего  …(하기) 훨씬 전에**
• **задолго до того, как …  …(하기) 훨씬 전에**
• **задолженность  빚, 채무(= долг)**
• **зажать(또는 замазить, заткнуть) рот кому  …의 입을 막다,
  말을 못하게 하다**
• **заинтересованное лицо  관계자**
• **зайти в тупик  곤경에 빠지다, 난처하게 되다**
• **зайти далеко  지나치다, 한도·분수를 넘다**

  - Дело зашло далеко .
    일이 한도를 넘었다. (지나치게 심각해졌다)

---

- зайти слишком далеко  너무 지나치다, 과도하다
- заказать что  …을 예약하다; 맞추다
    - заказать билет  표를 예약·예매하다
    - заказать ресторан  레스토랑을 예약하다
    - заказать костюм  양복을 맞추다

- заключать в себе  포함하다, 담다, 내포하다
    - Пакет заключал в себе письмо.
      꾸러미 속에 편지가 담겨 있었다.

- заключаться в чём  …이다, …에 있다; …로 되어 있다
    (= состоять в чём)
    - Вопрос заключается в следующем.
      문제는 다음에 있다.
    - Дело заключается в отсутствии необходимых сведений.
      문제는 필요한 정보가 없다는 데 있다.

- заключаться в том, что …  …(하는 데)에 있다
- заключаться в том, чтобы …  …하게끔 하는 데 있다
- заключительное слово  결론
- закон об иностранных инвестициях  외국인 투자에 관한 법
- закон спроса  (경제학) 수요법칙
      비교) закон предложения  공급법칙
- законный процент  (경제에서) 법정이율, 법정이자
- законодательная власть  입법부, 입법권력
- закрыть(закрывать) глаза на что  …을 모르는 체하다,
      …을 (알고도) 외면하다
- заимствовать  차관을 도입하다, (돈을) 빌리다
- займ(= заём)  차관
- закрытое акционерное общество(약어  ЗАО)  (증권거래소에

---

상장하지 않은) 주식회사, 비상장 주식회사
- заложить основу чего ⋯의 토대·기초를 닦다
- замести след(또는 следы) 발자국·흔적·증거물을 없애버리다
- замужем 시집간
- замужем за кем ⋯에게 시집간
    - Она замужем за моим другом.
      그녀는 내 친구와 결혼하였다.
    - Она замужем.
      그녀는 결혼한 여자다.
    - Она была два раза замужем.
      그녀는 두 번 결혼하였다.

- занять положение ⋯ ⋯한 입장을 갖다·취하다
- заострить внимание на чем (그 무엇에) 주의를
  날카롭게·긴장되게·집중되게 하다
- заполнить(заполнять) декларацию (세관·세무 신고서 등)
  신고서에 기입하다
- заполнить(заполнять) таможенную декларацию
  세관신고서에 기입하다
- зарубить (себе) на носу(또는 на лбу, на стене, в памяти)
  똑똑히 기억해 두다, 머리에 새겨 두다
    - Заруби мои слова в памяти!
      내 말을 똑똑히 기억해 둬라!

- заработная плата(= зарплата) 급여, 월급
- заслужить благодарности 감사받을 만하다,
  감사받을 만한 가치가 있다
- заставить(заставлять) кого-что (+미정형동사) ⋯에게 ⋯하게
  하다, 강요하다, 부득이 ⋯하게끔 하다

- Её слово заставило его уехать.

  그녀의 말이 그를 떠나게 하였다.

- Никакие прошения не заставили её уехать.

  어떠한 요청도 그녀가 떠나는 것을 막지 못하였다.

- заставить(заставлять) признать … …를 인정하게 하다
  (즉, 인정해야만 한다는 뜻)
- заставить(заставлять) себя  억제하다, 참다
- затем, чтобы … …하기 위하여
- заходите(또는 приходите) в гости  (술어로)자주 놀러 오세요
- заявить протест  항의하다
- заячья душа  겁쟁이
- земельная собственность  토지소유
- зимний период  겨울철, 동절기
- знай(또는 знай себе)  아랑곳하지 않고, 뻗대고
- знать все входы и выходы  훤히 꿰뚫고 있다, 손금 보듯 잘 알다
- знать грамоте  읽고 쓸 줄 알다
- знать меру  삼가다, 도를 넘지 않다, 절제하다, 겸손하게 행동하다
- знать про себя  자기만 알다, 비밀로 간직하다
- знать своё место  자신의 위치를 알다, 겸손하게·격에 맞게
  행동하다
- знать свою роль  자기가 할 일·역할을 알다
- знать себе цену  자기의 가치·능력을 알다
- знать совесть  겸손하게·양심적으로 행동하다
- знать толк(또는 прок) в чём  (사물의 본질, 지식의 분야를)
  이해하다, 파악하다
- знать цену кому-чему  …의 가치를 알다·올바르게 평가하다
- зондировать почву  (…할 가능성이 있는지를) 미리 알아보다,
  미리 탐지하다, 미리 타진해 보다

И

• и без того  ① 이 외에도, 게다가 ② 그렇지 않아도

    ① –И без того молодёжь участвует в этом соревновании.

        이 외에도 청년들이 이 경기에 참가하고 있다.

    ② –Ливневые дожди усугубляют и без того тяжёлое

        состояние корейского села.

        폭우는 그렇지 않아도 어려운 상황에 있는 한국의 농촌을

        어렵게 만들고 있다.

     –Не плачь, и без того грустно.

       울지 마라, 그렇지 않아도 마음이 심난한데.

• и более  그 이상(으로)

• и в этом случае  이 경우에(도)

• (и) вместе с тем  그와 동시에, 이와 함께

• и всё такое (прочее)  (기타)등등

• и впередь будет …  장차 …일(할) 것이다

• и выше  그 이상(으로)

• и есть  사실, 그렇다

• и ~, и …  (긍정문에서 사용됨) ~도 …도

   – Он и пьёт, и курит.

     그는 술도 마시고 담배도 피운다.

   – У него есть и опыт, и знания.

     그는 경험도 지식도 있다.

• и многие другие  많은 다른 것도, 등등

• и потому  그 때문에, 그러므로, 따라서

   – Мне некогда, и потому не могу прийти.

     나는 여유가 없기 때문에 올 수 없다.

• и прочее(약어  и пр.)  (기타) 등등

• и речи быть не может  말조차 할 수 없다, 엄두도 낼 수 없다

- и так  그렇지 않아도 이미
  - Я не пойду с ним, я и так устал(а).
    나는 그와 함께 가지 않겠다. 그렇지 않아도 나는 이미 지쳤다.


- и так далее(약어 и т. д.)  등등
- и так (и) иначе(= и так и так)  이렇게도 저렇게도,
  어떻게 해서든지, 온갖 방법으로
- и так и так(= и так и этак)  이렇게도 저렇게도, 어떻게 해서든지,
  온갖 방법으로
- и то  그것도, 게다가
  - Осталось одно яблоко, и то гнилое.
    사과가 한 개 남았는데 그것도 썩은 것이다.


- (и) то и всё  이러저러한 것, 이것저것
- и то сказать  (삽입어로) 그것도 그럴 것이, 사실 말이지
- и тому подобное(약어 и т. п.)  기타 등등
- и тот и другой  (긍정문에서 사용) 이것이나 저것이나 모두
  (…이다)
- играть в футбол(волейбол, баскетбол)  축구(배구, 농구)를
  하다
- играть в шахматы  장기를 두다
- играть на бирже  주식투기를 하다
- играть на гитаре  기타연주를 하다, 기타를 치다
- играть на интерес  돈을 걸고 노름을 하다
- играть на пианино  피아노를 연주하다·치다
- играть роль  (규정어 없이) 중요한 역할을 하다, 큰 영향력이 있다
- играть роль кого-чего(또는 какую)  영향을 끼치다; (연극·영화
  등에서) …의 역할을 맡다
- идёт дождь  비가 내린다, 비가 온다
- идёт(또는 падает) снег  눈이 내린다

- идиом  관용어, 관용구
- идти(또는 пойти, поехать 등) в гости  초대를 받거나 만나보려고·손님으로 가다, 놀러가다
- идти(또는 пойти) в дело  적용되다, 이용되다, 사용되다
- идти(прийти, спешить) на выручку  구원하러·도와주러 가다(오다, 서두르다)
- идти(또는 пойти) навстречу  ① чему  촉진시키다, 재촉하다 ② кому-чему  …에 응하다, …에 호응하다 ③ кому  …를 마중 나가다
- идти под дождь  비를 맞으며 가다
- идти против совести  양심을 어기다
- идти своим путём  독자적으로 행동하다, 독자적인 길을 걷다
- идти шаг в шаг с кем  …와 보조를 맞추어서·발을 맞추어 걷다

- из  생격을 동반하는 전치사로 다음과 같은 용법으로 사용됨
① (내부로부터 밖으로의 이동을 나타냄) …로부터, …에서
  - выйти из дому(из лесу)  집에서(숲속에서) 나가다·나오다
  - достать из кармана  호주머니에서 꺼내다
  - извлечь пулю из раны  상처에서 탄환을 빼내다
  - прийти из города  도시로부터 도착하다·오다
  - вытащить рыбу из воды  물속에서 물고기를 끌어내다
  - смотреть(выглянуть) из окна  창문에서 보다
  - вырыть из земли  땅속에서 파내다
  - стрелять из пулемёта  기관총을 쏘다
  - поезд из Сеула  서울발 열차
② (범위·경계를 벗어나는 것, 한계를 넘어서는 것을 나타냄) …에서
  - вырасти из платья  (자라서·커서) 옷이 몸에 맞지않다
  - потерять из виду  시야에서 놓쳐버리다
  - пропасть из виду  시야를 벗어나다, 시야에서 사라지다
  - вывести из строя  대열에서 이탈시키다; (기계·설비를) 고장내다

- вывести из глубокой задумчивости  깊은 명상에서 깨어나게
  하다
- вывести из равновесия  균형을 잃게 하다
- изгладиться из памяти  기억에서 사라지다
- выйти из употребления  사용하지 않게 되다, 폐지·폐기되다
- выбиться из сил  힘이 다하다, 기진맥진해지다
- выйти из терпения  인내심을 잃다, 참지 못하고 화를 내다
- выйти из себя  자제력을 잃다
- Река вышла из берегов.
  강물이 범람하였다.

③ (출처, 유래를 나타냄) …에서

- узнать из газет что (또는 о чём)  신문지상에서 …을(…에 대해)
  알다
- сведения из достоверных источников  출처가 믿을 만한
  정보, 신뢰할 만한 출처에서 나온 정보
- цитата из романа  장편소설에서 뽑은 인용문
- Из этого ясно, что он неправ.
  이것으로 그가 옳지 않다는 것이 명백해진다.
- Это вытекает из того, что вы сказали.
  이것은 당신이 말한 데서 나오는 결론이다.


• из века в век  수 세기에 걸쳐, 대대로
• из вторых(또는 третьих) рук  간접적으로


• из-за  생격을 동반하는 전치사로 다음과 같은 용법으로 쓰임
① …뒤로부터, …뒤에서
- выскочить из-за двери  문 뒤에서 뛰어나오다
- смотреть из-за двери  문 뒤에 숨어서 보다
- Солнце вышло из-за облаков.
  구름 사이에서 해가 나왔다.

- Из-за гор показалась луна.

  산 저편에서 달이 떠올랐다.

## ② (앉아 있는 곳) …에서

- встать из-за стола  식탁에서 일어나다

## ③ (이유를 나타냄) …으로(= по поводу чего)

- поссориться из-за пустяков  시시한 일로 다투다

- Я не хочу спорить с вами из-за этого.

  나는 이런 것으로 당신과 말다툼을 하고 싶지않다.

## ④ (원인을 나타냄) …때문에

- из-за вас  당신 때문에

- из-за ничего (пустяков)  공연히, 쓸데없는 일로

- не слышать из-за шума  소란해서 들리지 않다

- Мы не могли выйти из-за дождя.

  우리는 비가 와서 외출할 수 없었다.

- Из-за деревьев не видно озера.

  나무가 앞을 가리어(나무 때문에) 호수가 보이지 않는다.

- Ничего не вижу из-за тумана.

  안개 때문에 아무것도 보이지 않는다.

- Всё это из-за тебя.

  이것은 다 너 때문이다. (네 탓이다)

## ⑤ (목적·동기를 나타냄) …을 노리고

- жениться из-за денег  돈을 노리고·돈 때문에 결혼하다

- из-за кого-чего  …때문에, …로 인하여

- из-за того, что …  … 하기 때문에, …로 인하여

- из конца в конец  여기저기로, 사방으로, 처음부터 끝까지

- из первых рук (узнать, получить сведения)  (중개인을 통하지
  않고) 직접·곧바로 (정보를 알다·받다)

- из рук в руки 또는 с рук на руки (передать, перейти)  직접
  (전하다, 넘어가다)

- из рук вон (плохо 또는 плохой)  대단히 나쁘다, 전혀 쓸모없다
- из ряда вон выходящий  뛰어난, 탁월한
- из отсюда следует, что …  이로부터 …라는 결론이 나온다
- из пятого в десятое  순서 없이
- из расчёта  계산하여, 고려하여
  - распределить деньги из расчёта два рубля на человека
    한 사람당 2루블씩 계산하여 돈을 분배하다

- из этого следует, что …  이로부터 …라는 결론이 나온다
- избаловать чем  …을 받는 데 습관·버릇이 되게 하다
  - Он избалован ласковым вниманием дома.
    그는 집에서 귀여움을 받는 데 습관이 되어있다.

- избежать кого-чего  ① 피하다, 회피하다 ② 면하다, 면제하다
  ① - избежать знакомых  아는 사람들을 피하다
     - избежать встречаться  만나는 것을 피하다
  ② - Ни один преступник не избежит наказания.
     범죄자는 한 사람도 처벌을 면할 수 없다.

- избирательная кампания  선거운동
- избирательная система  선거제도
- избирательное право  선거권
- избирательный закон  선거법
- избирательный округ  선거구
- известить заблаговременно  사전에 통보하다
- известное дело  (술어로) 뻔한 일이다, 당연한 일이다
- известный
① 잘 알려져 있는, 잘 알고 있는
  - известное дело  뻔한 일이다, 당연한 일이다, 물론이다

- в известном смысле 사실상, 실제로, (이미) 주지하다시피

  → в известном смысле 참조

- Вебер, известный уже корейскому правительству.

  베베르는 한국 정부에 이미 잘 알려져 있다.

## ② 유명한, 저명한, 인기가 있는

- известный роман 유명한 장편소설
- известный спортсмен 유명한 운동선수
- известный писатель 저명한 작가

## ③ (이미) 정해진, 확정된, 일정한

- известная гарантия (이미) 정해진 보장, 일정한 보장
- известное число (이미) 정해진 수(인원), 일정한 수(인원); (수학) 기지수(既知數)
- в известном порядке 일정한 순서 질서로, 일정한 방법으로
- в известный час 정해진 시간에, 일정한 시간에
- при известных условиях 일정한 조건에서

## ④ 어느 정도의, 얼마간의, 어떤

- в известной мере 어느 정도(로), 일정 정도(로)
- в известной степени 어느 정도(로)
- в известных случаях 어떤 경우에는
- до известной степени 어느 정도까지
- После известного колебания он наконец решился.

  어느 정도(얼마간)의 동요 끝에 그는 드디어 결심하였다.


- известным образом 어느 정도(로), 일정 정도(로)

  (= в известной мере)
- извлечь(извлекать) вывод 결론을 이끌어내다
- извлечь(извлекать) из положения 입장을 표명하다, 입장을 드러내다
- извлечь(извлекать) пользу(= выгоду) 이익을 내다, 이득을 보다, 유리하게 하다

- извлечь(извлекать) урок  교훈을 얻다
- извне  밖으로부터, 외부로부터
    - помощь извне  외부로부터의 원조
    - Опасность грозит извне.
      외부로부터 위험이 닥쳐온다.


- излить(изливать) душу кому(или перед кем)  …에게 마음속에 있는 생각을 토로하다
- изложить в немногих словах  요약하여 기술·서술·말하다
- измерить взглядом(= взором, глазами) кого
      …를 건방지게·거만하게 위아래로 훑어보다
- измерить(или исчислить) время  시간을 재다·계산하다
- измерить на глаз  눈대중으로 재다
- изо всех сил(= изо всей силы)  전력을 다하여, 있는 힘을 다하여
- изо дня в день  매일매일, 날마다, 나날이
- изображать из себя  …인 체하다, …로 자처하다
    - Этот человек изображал из себя беспристрастие и справедливость.
      이 사람은 공명정대한 체하였다.
    - Он изображал из себя учёного.
      그는 학자인 체하였다·학자를 자처하였다.


- изображать собою  …이다·하다, (스스로) 나타내다
    - Наш путь изображал собою зигзаги.
      우리가 걷는 길은 갈지자 모양이었다·구불구불하였다.


- из-под  생격을 동반하는 전치사로 다음과 같은 용법으로 쓰임
① 아래로부터, 밑으로부터, …로 부터
    - вылезть из-под стола  탁자 밑에서 기어나오다
    - из-под земли  지하로부터, 땅속에서

**И**

- выдвинуть(вытащить) из-под кровати чемодан  침대 밑에서 트렁크를 끄집어내다
- высунуть голову из-под одеяла  이불 밑에서 머리를 내밀다

## ② (도시와 마을의) 근방에서, 근처에서

- Он родом из-под Сеула.
  그는 서울 근방 출신이다.
- Он приехал из-под Киева.
  그는 키예프 근방에서 왔다.

## ③ (해방·이탈을 나타냄) …에서

- освободить из-под стражи  경비대를 철수시키다
- выйти из-под влияния  영향에서 벗어나다

## ④ '…을 넣었던'이라는 의미를 나타냄

- бутылка из-под молока  우유를 넣었던 병
- банка из-под варенья  잼이 들어 있던 통

## ⑤ '…을 하고 남은'이라는 의미를 나타냄

- рассол из-под огурцов  오이를 절이고 남은 소금물


- из-под носу  바로 코밑에서, 바로 눈앞에서
- из-под палки  강제로, 억지로
- или скорее  십중팔구는, 필시
- именем кого-чего  …의 이름으로
  - именем революции  혁명의 이름으로


- имени кого-чего  …라는 이름의, …를 기념하는
  - театр имени Горького  고리끼 극장


- именная акция  기명주식
- иметь в виду кого-что  …를 염두에 두다, 고려하다, 생각하다
  - Он говорит о тебе, а на самом деле имеет в виду меня.

그가 너에 대해 말하고 있지만 사실은 나를 염두에 두고 하는
말이다.

- Имей в виду, что придётся отвечать.
  책임져야 한다는 것(책임이 따른다는 것)을 고려하여라.

- иметь в мыслях **что**  …를·라고 생각하다
- иметь в предмете **кого-что**  …를 염두에 두다·생각하다,
  (차지하기 위해) …을 노리다

  - Он имеет в предмете получить это место.
    그는 이 지위(자리)를 노리고 있다.

- иметь вид  …의 모양(모습)을 하고 있다, …처럼 보이다
- иметь дело **с кем-чем**  …와 관계를 맺다·가지다, …와 상대하다
- иметь задачу(또는 цель)  …을 과제(목적)로 삼다
- иметь задачей(또는 целью)  …을 과제(목적)로 삼다
- иметь зуб **на**(또는 **против**) **кого**  …에게 앙심을 품다,
  불만을 가지다
- иметь место  있다, 일어나다, 존재하다, 발생하다
- иметь(또는 держать) на примете **кого-что**  …을 알다,
  …을 염두에 두다, …에 관심을 가지다, …을 주목하다
- иметь на счёту  (전리품·득점으로) 가지고 있다
- иметь последствием  결과를 초래하다
- иметь предпочтение **перед кем-чем**  …보다 (우월한) 이점이
  있다
- иметь применение  이용되다, 사용되다
- иметь преимущество **перед кем-чем**  …보다 훨씬 우월하다
- иметь(또는 держать) сердце **на кого**  …에 대해 불만·노여움을
  품다, 원망하다
- иметь силу  효력을 가지다
- иметь сложное строение  구조가 복잡하다

- иметь что в своих руках  …을 자기 관할하에 두다,

  …을 장악하다
- иметься в виду  고려되고 있다, 예상·예정되고 있다,

  염두에 두고 있다
- импорт  수입(= ввоз)
- импортная(экспортная) декларация  수입(수출) 신고서
- иначе говоря  달리 말하면, 즉
- иначе нельзя  다르게는·달리는 될 수 없다
- иначе обстоит дело  사정이 다르다
- иначе стоит дело с кем-чем  …의 경우와는 문제가 다르다
- иначе, чем …  …와는 달리, …와는 다르게
- инвестировать  투자하다(= вложить)
- инвестиция(=вклад, инвестирование)  (경제에서) 투자
- инвойс  국제무역용어로 수출하는 측이 수입하는 측에게 보내는

  수출상품의 내용, 가격, 수량 등을 적은 목록을 지칭함. 세관통과

  시에 제출해야 하는 필수서류임. 영어의 invoice를 러시아어로

  표기한 것임


- Индекс ММВБ  ММВБ지수. ММВБ는 러시아의 증권거래소인

  'Московская межбанковская валютная биржа'의 약어임.

  러시아 화폐인 루블을 단위로 하여 주가지수를 표시함


- Индекс РТС  РТС지수. РТС는 러시아의 증권거래소인

  'Российская Торговая Система'의 약어임. 루블을 미화인

  달러로 환산하여 주가지수를 표시함
- инкубационный(또는 латентный) период  (병의) 잠복기
- иного рода  다른, 다른 종류의

  * такого рода, этого рода 등과 마찬가지로 격변화하지 않고

    이 형태로만 쓰임
- иной, нежели(또는 чем) …  …보다 다른

- иной раз  가끔, 때때로, 드문드문
- иностранная инвестиция  외국(인) 투자
- интеллектуальные ресурсы  지적자원
- интересы дня  눈앞의 관심사
- инфляция  인플레이션, 물가상승
- иными словами  다른 말로 하면(= другими словами)
- исказить(또는 извратить) факты  사실을 왜곡하다
- искать вчерашнего дня  (이미 사라진 것 또는 찾을 수 없는 것을 찾느라고) 헛수고하다
- исключая кого-чего  …을 제외하고, …이외에
  - все, исключая одного  한 사람을 제외하고 모두
  - все, не исключая и детей  아이들도 포함하여 모두

- исключить  (исключён, исключена, исключено의 형태로) (도저히) 불가능하다
  - Это исключено.
    이것은 있을 수 없는 일이다. (이것은 있을 수 없다)
  - Такой выход исключён.
    그런 출구는 있을 수 없다.
  - Возможность такого случая исключена.
    그런 일이 생길 가능성은 없다.

- исполнительная власть  행정부, 행정권력
- исполняющий  (обязанности кого와 함께) …의 대리
  - исполняющий обязанности генерального консула
    총영사 대리

- испытать(испытывать) влияние  영향을 받다
- испытать(испытывать) на себе  (직접) 몸으로 체험하다

– Я на себе испытал(a), что такое голодание.
나는 굶주림이 어떤 것인지 몸으로 체험하였다.

- испытать(испытывать) притяжение  …에 끌리다
- исходить из предположения, что …  …라는 가정에
  기초·근거하다
- исходная точка  시발점, 출발점
- исходящий остаток  (회계, 예금, 경리등에서) 현재잔액
- исходя из этой точки зрения  이러한 관점에서 보면·볼 때
- исходя из этого  이에 입각하면, 이에 근거할 때
- исходя из того соображения  이러한 상황에 근거할 때
- исчисление вероятностей  확률계산
- исчисление попадания  (군사) 명중(확)률

K

- **к (ко)** 여격을 동반하는 전치사로 다음과 같은 용법으로 사용됨

① **(운동·이동방향을 나타냄)** …(의 쪽)에, …을 향하여, …으로

- ходить от дома к дому  이집저집 다 돌아다니다

- плыть от острова к острову  이 섬에서 저 섬으로 수영하다

- вернуться к работе  일터로 돌아오다

- Эти обычаи восходят к древности.
  이 풍습들은 고대로부터 내려온다.

- Я иду к другу.  나는 친구에게 간다.

- Приходи ко мне.  나에게 오라.

- Идите к доске.  칠판 앞으로 나오세요.

② **(접근·도착·접촉·고정·부착을 나타냄)** …의, 곁에, …의 곳에, …에

- подойти к доске(телефону)  칠판(전화) 곁으로 가다

- приближаться к городу  도시에 접근하다

- прислониться спиной к стене  벽에 등을 기대다

- прикрепить ручку к двери  문에 손잡이를 달다

- привязать верёвку к забору  울타리에 밧줄을 매다

- прибить объявление к стене  벽에 공고를 (풀로) 붙이다

- плечо к плечу  어깨를 나란히 하고

- рука к руке  손에 손을 맞잡고

- лицом к лицу  얼굴을 바싹 맞대고

- Поезд подошёл к станции.
  열차가 역에 도착하였다.

③ **(부름·호소가 향해지는 사람을 나타냄)** …에게

- обращение к молодёжи  청년들에게 보내는 호소문

- обратиться к соседу  이웃사람에게 말을 걸다

- пригласить друга к себе домой  친구를 자기 집에 초청하다

- обратиться к прохожему за помощью  지나가는 사람에게
  도움을 요청하다

- письмо к отцу  아버지에게 보내는 편지

- У меня к вам просьба.

  나는 당신에게 부탁이 있다.

④ **(바꾸는 방향, 방위, 주위의 대상을 나타냄) …쪽으로 향하여, …쪽에·으로, …에·를**

- повернуться спиной к стене  담 쪽으로 등을 돌리다
- стоять спиной к окну  창문 쪽으로 등을 돌리고 서있다
- лежать головой к двери  머리를 문 쪽으로 돌리고 누워있다
- прислушаться к разговору  이야기를 귀담아 듣다
- Австралия лежит к юговостоку от Азии.

  오스트레일리아는 아시아의 남동쪽에 위치해 있다.

- Деревня расположена к северу от города.

  농촌은 도시의 북쪽에 있다.

⑤ **(이행을 나타냄) …(에)로**

- переход от капитализма к социализму  자본주의에서 사회주의로의 이행

⑥ **(첨가·덧붙임을 나타냄) …에**

- к двум прибавить три  2에 3을 더하다
- А тут к беде ещё беда.

  그런데 여기서 곤란한 일이 겹쳤다.

- присоединить село к городу  (시골)마을을 도시에 통합시키다

⑦ **(소속·참가를 나타냄) …에**

- принадлежать к профсоюзу  노동조합에 속하다
- присоединиться к большинству  다수파에 합류하다, 다수에게 붙다
- Кит относится к классу млекопитающих.

  고래는 포유류에 속한다.

⑧ **(태도·관계·관련을 나타냄) …에 대한, …와**

- его отношение ко мне  나에 대한 그의 태도
- любовь к искусству  예술에 대한 사랑
- вкус к литературе  문학에 대한 취미

К

---

- доверие к товарищам  동무들에 대한 신뢰
- тяготеть к искусству  예술에 마음이 끌리다
- Он очень добр к нам.
  그는 우리에게 대단히 친절하다.

⑨ **(비율을 나타냄) …에 대하여**
- Четыре относится к шести как два к трём.
  4:6은 2:3에 상응한다. (4:6은 2:3과 마찬가지다)

⑩ **(때를 나타냄) …경에, …무렵에, …직전에**
- Дело было к вечеру.
  그것은 저녁 무렵의 일이었다.
- К утру у него был готов план.
  아침 무렵에 그의 계획이 완성되었다.
- к концу путешествия  여행이 끝날 무렵에
- к двум часам прийти на заседание  2시경에 회의장에
  도착하다

⑪ **(목표, 목적을 나타냄) …하기 위한·위하여, …에게**
- готовиться к экзамену  시험준비를 하다
- подготовка к севу  파종준비
- готовность к полёту  비행준비(상태)
- стремиться к великой цели  위대한 목표를 향하여 나아가다
- переодеться к обеду  오찬에 가려고 옷을 갈아입다
- обращаться к врачу  의사에게 병을 보이다

⑫ **(착수하는 것을 나타냄) …에**
- приступить к работе  일에 착수하다

⑬ **(용도를 나타냄) …용의**
- подарок ко дню рождения  생일선물
- печенье к чаю  차에 받쳐 먹는 과자, 차와 함께 먹는 과자
- приложение к журналу  잡지의 부록
- упражнение к первому уроку  제1과의 연습문제
- предисловие к книге  책의 머리말

- эпилог к роману  소설의 맺는 말

- средства к жизни  생활비, 생활수단

- купить хлеба к обеду  점심에 먹을 빵을 사다

⑭ **(적합함을 나타냄) …에**

- пригодный к употреблению  사용하는 데 알맞은

- годный к военной службе  군복무(군생활)에 적합한

- подобрать перчатки к костюму  양복에 어울리는 장갑을
  고르다

- Он одет не к месту.
  그는 장소에 어울리지 않게 옷을 입었다.

⑮ **(적응을 나타냄) …에**

- приучить к терпению  인내력을 키우다

- привыкнуть к холоду  추위에 익숙해지다

⑯ **(재능을 나타냄) …에 대한**

- иметь склонность к математике  수학을 좋아하다

- развивать способность к музыке  음악에 대한 재능을
  발전시키다

⑰ **(경향을 나타냄) …에로**

- тенденция прибыли к понижению  이윤의 감소경향

⑱ **(징조를 나타냄) …의(일어날)**

- погода к дождю  비가 올 날씨

- Это к войне.
  이것은 전쟁의 징조이다.

- Это к дождю.
  이것은 비가 올 징조이다.

- Это к счастью.
  이것은 좋은 징조이다.

• **к вашему сведению  당신이 알도록·이해하게(하기 위해),
  당신이 참고하도록·참고하게 하기 위해**

- к делу!(또는 ближе к делу!) (술어로) 본질을 말하세요!
- к довершению сего  게다가
- к лицу кому  …에게 알맞다, 어울리다
  - Эта куртка вам к лицу.
    이 점퍼는 당신에게 어울린다.
  - Так поступать вам не к лицу.
    그렇게 행동하는 것은 당신에게 어울리지 않는다.

- к настоящему времени  오늘날, 현재
- к несчастью  불행하게도
- к примеру  실례로, 예를 들면
- к примеру сказать  예를 들면, 예를 들어 말하자면
- к примеру говоря  예를 들면, 예를 들어 말하면
- к слову пришлось(또는 придётся)  말을 듣고보니 생각이 난다
- к слову сказать  덧붙여 말하면
- к сожалению  유감스럽게도
- к старости(= под старость)  늙어 가면서, 노인이 되면서
  - К старости он стал дальнозорким.
    그는 늙어 가면서 노안이 되었다.

- к тому времени  그때에, 그 무렵에
- к тому же  게다가, 더욱이
- к удивлению  놀랍게도
- к этому времени  이 시기에, 이때에
- кадастровый номер  (부동산 등기부등본에서) 지번, 토지대장 지번
- каждый раз  매번
- каждый раз, как …  …할 때마다 항상·늘
  - Эта история повторялась каждый раз, как она приезжала.
    이 사건은 그녀가 올 때마다 늘 반복되었다.

- кажется

① ( по-видимому) 아마도, …것 같다

- Кажется, он не придёт.
  아마도 그는 오지 않을 것 같다.

② (무인칭으로) …라고 생각되다

- (Мне) кажется, что я вас где-то уже видел(а).
  나는 어디선가 이미 당신을 본 적이 있는 것 같다.

③ …같이·듯이 생각되다, …한 듯하다(как казалось로 쓰일 때도 있음)

- Мне казалось, что она хочет что-то сказать.
  내가 보기에는 그녀가 무엇인가 말하려는 듯하였다.

- казалось бы …라고 생각·판단된다, …인 것 같다, 얼핏 보기에 …것 같다 (кажется와는 달리 казалось бы는 때로는 사실과 어긋나는 것을 나타내기도 함)

- Это было, казалось бы, неважное событие, но такое, от которого изменилась вся его жизнь.
  그것은 얼핏 보기에는 대수롭지 않은 사건 같았지만 사실은 그것으로 하여 그의 인생이 뒤집힌 사건이었다.

- как 부사, 조사, 접속사로 다음과 같은 용법 등으로 사용됨

① (방법, 양태, 정도를 나타냄) 어떻게, 어느 정도, 어느 만큼

- Как это называется по-русски?
  이것은 러시아어로 어떻게 부릅니까?

- Как мне пройти на станцию?
  역으로 어떻게 가야 합니까?

- Как долго вы изучаете русский язык?
  당신은 러시아어를 배운지 얼마나 됩니까?

- Как долго он живёт здесь?
  그가 여기서 산지 얼마나 됩니까?

② **(감탄을 나타냄) 정말, 참말로, 얼마나**

- Как жарко!

  정말 덥구나!

- Как красиво!

  얼마나 아름다운가!

③ **(비유를 나타냄) …과 같이, …처럼**

- белый как снег 눈처럼 흰

- твёрдый как камень 돌처럼 단단한

- широкий как море 바다같이 넓은

- Снег блестел, как серебро.

  눈이 은빛처럼 빛났다.

④ **(동일비교를 나타냄) …처럼, …같이(또는 так же(,) как…의 형태로 쓰임)**

- Он, как и ты, опоздал на собрание.

  그는 너처럼 회의에 늦었다.

- Я, как и вы, считаю, что он очень талантлив.

  나는 당신과 마찬가지로 그가 대단히 재능이 있다고 생각한다.

- Язык не мыслим вне культуры, как культура немыслима вне языка.

  문화를 떼어 놓고 언어를 생각할 수 없는 것처럼 언어를 떼어 놓고 문화를 생각할 수 없다.

- Саша, так же как и Лена, стремится к освоению новейшей техники.

  사샤는 레나와 마찬가지로 최신 과학을 습득하려고 노력한다.

⑤ **(видеть, слышать, смотреть, слушать, наблюдать, следить, видно, слышно와 함께 종속문과 결합하며) …(하)는 것을**

- Я видел, как он уходил.

  나는 그가 가는 것을 보았다.

– Я услышал, как он вошёл.

나는 그가 들어오는 소리를 들었다.

– Студенты слушают, как читает преподаватель.

대학생들은 교사가 읽는 것을 듣고 있다.

– Они смотрят, как танцуют балерины.

그들은 발레리나들이 춤추는 것을 보고 있다.

– Он чувствовал, как краснеет.

그는 자기 얼굴이 빨개지는 것을 느꼈다.

– Было слышно, как вдали шумит.

멀리서 파도치는 소리가 들려왔다.

⑥ (как ни…, как бы ни … 의 형태로 양보의 뜻을 나타냄) 아무리
…하여도, …하지만(= хотя)

– Как ни странно, но это правда.

아무리 이상하다고 하여도 이것은 사실이다.

– Как он ни торопился, всё же опоздал.

그는 매우 서둘렀지만 어쨌든 늦었다.

⑦ (не так, не такой와 함께 부정적인 비교를 나타냄)
…와 같이 (않다)

– Я не такой, как он.

나는 그와는 다르다. (나는 그와 같은 그런 사람이 아니다)

– Он не такой способный, как его брат.

그는 형처럼 유능하지 못하다.

⑧ (так же, столько же, такой же와 함께 동일함을 나타내는
비교) …와 같은

– Он работает так же, как другие.

그는 다른 사람들처럼 일하고 있다.

– Моё пальто такое же тёплое, как и ваше.

내 외투는 당신 외투처럼 따뜻하다.

– Он мне столько же дорог, как родной брат.

그는 나에게 친형제처럼 소중하다.

⑨ (또는 так, (точно) так же와 함께 사용함) …대로, …그대로

- Давайте, как я вам говорю.
  내가 말하는 대로 합시다.

- Делайте так, как вам сказано.
  당신에게 말해진 대로 하시오.

⑩ (자격을 나타냄) …(으)로서

- Я вам советую как приятель.
  나는 친구로서 당신에게 조언한다.

- Он был известен как художник.
  그는 화가로서 유명하였다.

⑪ (시간을 나타냄) …의 시간에, …때에

- Как вернёшься, позвони мне.
  돌아오(가)면 나에게 전화해라.

- Как пойдёшь, зайди ко мне.
  떠날 때 나에게 들러라.

⑫ (в то время를 선행사로 하여 동시성을 나타냄) …(바로) 그때에

- Он вошёл в то время, как мы читали.
  그는 우리가 (책을) 읽고 있는 바로 그때 들어왔다.

⑬ ( ~, как…; не успел ~, как …; едва только ~, как …;
только (что) ~, как …형태로) ~하려고 할 (바로) 그때 …하다

- Я хотел уже выйти из дому, как дверь открылась.
  내가 집에서 나가려고 할 때 문이 열렸다.

- Не успел я сесть, как мне пришлось снова встать.
  겨우 앉자마자 나는 또 다시 일어나야만 하였다.

- Он только что хотел заговорить, как в дверь постучали.
  그가 말을 하려고 할 바로 그때 문을 두드리는 소리가 났다.

⑭ (판단에 의거하여 삽입어로 쓰임) …에 의하면, …바와 같이

- как видно  보는 바와 같이

- как известно  알려진 바와 같이

- как передаёт агентство  통신보도에 의하면

---

- как я уже сказал вам  이미 당신에게 말한 바와 같이

- как видите  보는 바와 같이

- как потом узнал  후에 안 바에 의하면

- как говорится  이야기되는 바와 같이

⑮ (흔히 уже, вот와 함께 경과된 시간을 나타냄) …한 때로부터, …한지

- Уже десять дней, как он болен.
  그가 아픈지 벌써 열흘이 된다.

- Прошёл год как мы виделись.
  우리가 만난 때로부터 1년이 되었다.

- Вот уже два года, как он уехал.
  그가 떠난지 벌써 2년이 되었다.

- как без рук без кого-чего  …없이는 꼼짝달싹할 수 없다, …없이는 아무것도 할 수 없다

- как более вероятное  보다 실현가능성이 있는 것으로(서), 보다 개연성이 있는 것으로서

- как бог на душу положит  생각나는 대로, 되는대로, 제멋대로

- как будто …(가상적 양태를 나타냄) 마치 …처럼, …하기라도 하듯이, …한 것 같다, …한 듯하다

  (= как бы, как будто бы, словно как, точно как, вроде как)

  - Мы начали беседовать, как будто век были знакомы.
    우리는 마치 옛날부터 아는 사이처럼 이야기하기 시작하였다.

  - Мне сегодня как будто лучше.
    오늘은 내 건강(기분)이 좀 나은 것 같다.

- как будто бы …  마치 …처럼, …하기라도 하듯이

- как бы …  마치 …처럼, …하기라도 하듯이

- как бы не …  ① (걱정·두려움을 표시함) 혹시나 …하지 않을까, …할까봐 ② (독립적으로 쓰일 때) …하지 않았으면 좋겠는데

① – Боюсь, как бы не стал он браниться.

그가 욕설을 퍼붓지 않을까 걱정된다.

– Я боюсь, как бы завтра не было дождя.

내일 비가 올까 봐 걱정된다.

② – Как бы этого не случилось.

그런 일은 없었으면 좋겠는데.

- **как бы не так!** (술어로) 천만의 말씀, 어림도 없다
- **как бы ни …** 아무리 …하여도, 아무리 …할 지라도

(= как ни …, хотя)

- Я буду ждать тебя, как бы поздно ты ни пришёл.

나는 네가 아무리 늦게 와도 기다리겠다.

- **как бы ни было трудно** 아무리 힘들어도(= чего бы ни стоило)
- **как бы то ни было(또는 стало)** 어쨌든, 하여튼지 간에, 무조건

- Как бы то ни было, все эти разнообразные и часто противоречащие сведения показывают лишь, что несмотря на все уверения в противном, до полного успокоения страны ещё далеко.

어쨌든 모든 이런 소식들 간의 차이와 종종 있는 모순됨은 서로 간의 상반된 확언들에도 불구하고 나라의 완전한 평온은 여전히 멀었다는 점을 보여주는 것이다.

- **как бы это сказать(= как (вам) сказать)** (적당한 표현이 생각나지 않을 때) 글쎄, 뭐라고 말해야 좋을(는)지
- **как было намечено** 예정한 대로, 계획한 대로

- создать парк как было намечено 예정한 대로 공원을 조성하다

- как было отмечено  언급·지적된 바와 같이

- как вдруг  갑자기, 별안간

- как видите  (대화·설명 중에) 보시다시피, 아시다시피

- как видится  (삽입어) 아마 십중팔구는 …인 것 같다

- как видно  (대화·설명 중에) 알 수 있는 바와 같이,
  보이는 바와 같이

- как видно, что …  …에서 알 수 있는 바와 같이,
  …에서 보이는 바와 같이

- как всегда  언제나, 항상

- как говорится  말하자면, 이른바, 이를테면, 소위
  - Комментарии, как говорится, излишни.
    말하자면 설명이 필요없다.

- как душе угодно  마음대로, 원하는 대로

- как если бы …  마치 …처럼, 마치 …듯이

- как есть  전혀, 완전히, 정말, 틀림없이
  - Как есть ничего не досталось.
    전혀 아무것도 손에 넣지 못했다.

- как ещё  웬만한 정도가 아니다, 심하다(= ещё как)
  - Он любил баловаться, ещё как.
    그는 장난치기를 좋아하였는데 그것도 웬만한 정도가 아니었다.

- как (же) иначе  (말·대화에서) 어떻게 다르게 될 수 있겠는가
  (즉, 다르게 될 수 없음을 의미함)

- как и …  …와 같이, …와 마찬가지로
  - Он, как и ты, опоздал на собрание.
    그는 너와 마찬가지로 모임에 늦었다.

К

- как и в случае чего   …의 경우와 마찬가지로
- как и прежде   이전과 마찬가지로, 종전과 같이
- как и при чём   …에서와 마찬가지로
- как и следовало ожидать   기대·예견한 대로,
  기대한 바와 마찬가지로
- как известно   알려진 바와 같이
- как иногда говорят   가끔 (사람들이) 말하듯이, 가끔 말해지듯이,
  가끔 말하는 것처럼
- как когда(= когда как)   때·상황에 따라 다르다,
  때·상황에 따라 다르게
- как кому(= кому как)   사람마다(에 따라) 다르다,
  사람에 따라 다르게
- как можно   가능한 한, 할 수 있는 한
- как можно ближе   가능한 한 가까이
- как можно было бы …   어떻게 …라고 하겠는가
  (…라고 할 수 없다)
- как можно долее   될 수 있는 한 오래
- как можно лучше   가능한 한 더 잘
- как можно ожидать   예상할 수 있는 것처럼,
  예상할 수 있는 바와 같이
- как можно скорее   가능한 한 빨리
- как например   예를 들면
- как не бывало   마치 존재하지 않았던 것처럼;
  (술어로) 흔적도 없이 사라지다
- как нельзя (+비교급)   더할 나위 없이
    - как нельзя более   더할 나위 없이 좋게, 극도로 좋게
    - как нельзя лучше   더할 나위 없이 좋게; (술어로) 더할 나위 없이
      좋다
    - как нельзя хуже   더할 나위 없이 나쁘게; (술어로) 더할 나위
      없이 나쁘다

---

- **как не надо (+부사 비교급)** 더할 나위 없이 훌륭히, 최고로
  - Всё шло, как не надо лучше.

    모든 일이 더할 나위 없이 훌륭히 잘 되어갔다.

- **как ни ⋯** 아무리 ⋯하여도, 비록 ⋯할지라도

  (= как бы ни ⋯, хотя)
  - Как ни прошу, не идёт.

    아무리 부탁해도 오지 않는다.
  - Как он ни торопился, всё же опоздал.

    그는 매우 서둘렀지만 어쨌든 늦었다.
  - Как ни торопись, всё равно не успеешь.

    네가 아무리 서둘러도 어쨌든 제 시간에 도착하지 못한다.

- **как ни в чём не бывало** 아무 일도 없었던 것처럼, 시치미를 떼고
  - Саша виноват, а он сидит себе, как ни в чём не бывало.

    사샤는 잘못을 해놓고 아무 일도 없었던 것처럼 앉아 있다.

- **как ни ~, но(또는 так и) ⋯** 아무리 ~해도 (그러나, 여전히) ⋯하다
  - Как ни странно, но это правда.

    아무리 이상할지라도 이것은 진실이다.

- **как ни(또는 не) есть** 어떻게 해서라도(= как-нибудь)
- **как ни странно** 이상하지만, 이상할지라도
- **как-нибудь** 어떻게 해서라도
- **как никак** 결국, 어쨌든, 여하튼 간에
- **как никогда** 그 어느 때보다도 더욱
- **как никогда не было** 그 어느 때도 존재하지 않은 바와 같이, 그 어느 때도 있지 않았던 것으로서
- **как обыкновенно** 평소와 마찬가지로

- как обычно  일반적으로, 보통, 대개
- как одну копейку  몽땅, 한 푼도 남김없이
- как по маслу  순조롭게
- как по нотам  순조롭게
- как попало  되는대로
- как правило  흔히, 일반적으로
- как принято говорить  이를테면, 말하자면
- как раз  ① 바로, 마침 ② (술어로) 딱 맞다, 안성맞춤이다
  ③ 순식간에, 눈 깜짝할 사이에, 자칫하면
- как раз в этот момент  바로 이 순간에, 바로 이때에
- как раз во  때마침, 제때에
- как раз во время  때마침, 제때에
- как скоро  (접속사) ① …하자마자, …때에(= как только)
  ② …하면, …하기만 하면(= если только)
- как следствие  따라서, 결과적으로
- как следует  요구되는 바대로, 훌륭히, 제대로, 충분히, 응당히
- как следует из чего  …에서 알 수 있는 바와 같이
- как ~, так и …  ① ~뿐만 아니라 …도 역시, ~처럼
  ② (시간) …하자 곧
  ① - как теперь так и в будущем  지금은 물론 미래에도,
      지금은 물론 앞으로도
    - Как сегодня, так и завтра я буду занят(а).
      나는 오늘뿐만 아니라 내일도 바쁘다.
    - Планы Янг-кы-така были своевременно раскрыты и как
      он, так и соучастники его захвачены и преданы суду.
      양기탁의 계획은 적시에 발각되었고 그뿐만 아니라 그의
      공모자들도 체포되었고 재판에 넘겨졌다.
  ② - Как он вернулся, так и заснул.
      그는 돌아오자마자 곧 잠이 들었다.

- **как так**  (술어로) 의아한 감을 표시함

    (Как так? 어떻게 그럴 수가 있나요?)
- **как таковой**  그 자체로서, 그 특성으로 보아


- **как-то**

① **그럭저럭, 어쩐지 이상하게도, 어떤 방법으로든지(= как-нибудь)**

    - Он как-то сумел уладить дело.

        그는 그럭저럭 일을 처리할 수 있었다.

    - Жена как-то не доверяла мужа.

        아내는 어쩐지 남편을 믿지 않았다.

    - Мне как-то не по себе.

        나는 어쩐지 기분이 나쁘다.

    - Он как-то ухитрился сделать это.

        그는 어떻게 해서든지 멋있게 이것을 해냈다.

② **언젠가, 한번은(= однажды, когда-то)**

    - Я как-то раз был(a) у него.

        나는 언젠가 그의 집에 들렸던 적이 있다.

③ **어떤식으로, 어떤 방식으로**

    - Посмотрим, как-то он нас встретит.

        그가 우리를 어떤 식으로 맞이하는지 보자.

④ **(열거할 때) 즉, 예컨대(= а именно, например)**

    - все предприятия, как-то  строительные, текстильные,

        полиграфические  모든 기업체들, 예컨대 건설, 방직,

        인쇄기업소들


- **как-то раз**  (언젠가) 한번은
- **как только**  …하자마자, …하면 곧

    - Он уехал, как только кончилось собрание.

        그는 회의가 끝나자 곧 (차를 타고) 떠났다.

– Я позвоню тебе, как только он придёт.

그가 오면 곧 너에게 전화를 하겠다.

- **как только бы …**  …하기만 하면 곧
- **как ~ ,то…**  ① 일단 ~하면 …하다 ② ~해서 …하다,
  **~때문에** …하다

  ① – Как зарубил что себе в голову, то уж ничем его не
  пересилишь.

  일단 그렇다고 마음 먹으면 그 어떤 것으로도 그의 마음을 돌려
  세울 수 없다.

  ② – Как они больше других понимают, то они и больше
  страдают.

  그들은 남들보다 더 많이 알아서 걱정도 더 많다.

- **как уже сказано**  이미 언급된 것처럼, 이미 언급된 바와 같이
- **как это бывает**  가끔 있는 일로(서), 가끔 일어나는 일인 것처럼
- **как это делается**  (일반적으로) …하는 것처럼, (일반적으로)
  **수행되는 것처럼**
- **как явствует из чего**  …로부터 명백한 바와 같이
- **каким образом**  어떤 방법으로, 어떻게(= как)

- **как-нибудь**  ① 어떻게 해서든지, 어떻게 해서라도(= как-либо)

  – Надо как-нибудь помочь ему.

  어떻게 해서든지 그를 도와야 한다.

  **② 되는대로 대충, 이것저것**

  – Он всё делает как-нибудь.

  그는 모든 일을 대충대충 해버린다.

  – Мы всё учились понемножку чему-нибудь и как-нибудь.

  우리는 이것저것 다 조금씩 배웠다.

③ 아무 때나, 어느 때고(= когда-нибудь)

- Я как-нибудь зайду.
  아무 때나 한 번 들르겠다.
- Зайдите ко мне как-нибудь на будущей неделе.
  다음 주에 아무 때나 나한테 들르십시오.


• как-никак  어쨌든, 어찌되었든 간에, 반드시

(= всё таки 또는 как бы то ни было)

- Как-никак, а работа удалась.
  어쨌든지 간에 일은 잘 되었다.


К

• каков(а,о,ы) (бы) ни  …든지 간에, 어떤 것이든·어떠하든지 간에
• какой (бы) ни  ① 그 아무리 …해도 ② 그 어떤 것도, 모두 다
• какой бы ни было  (어떤 것이든, 아무리) …한다 하더라도
• какой бы то ни был(또는 было, стало)  어떠한 것이라도

- Он открыто заявлял, что предписал своим чиновникам и
  людям, а также и полиции, избегать какого бы то ни было
  насилия.
  그는 자신의 관료들과 사람들, 마찬가지로 경찰들에게 어떠한
  것이든 학대를 삼가라고 명령하였다고 공개적으로 발표하였다.
* 머리말에서 밝혔듯이 какой가 какого로 바뀜에 유의. 이는
  избегать가 кого-чего를 동반하는 동사이고 насилие가
  중성명사이기 때문에 насилия로 서로 규정하며 함께 격변화한
  것임
- На самом суде он отказался дать какие бы то ни было
  показания, говоря, что этот суд не корейский, а японский,
  а потому он считает себе в праве ничего не отвечать на
  задаваемые ему по существу дела вопросы и не желает и
  не будет отвечать.
  재판정에서 그는, 이 재판이 한국의 것이 아니라 일본의 것이고

그렇기에 그는 그에게 주어지는 질문의 본질에 대해 전혀 답하지 않을 권리가 있다고 생각하기에 답하기를 원하지 않고 답하지 않을 것이라고 말하면서, 실제로 어떠한 것도 진술하기를 거부하였다.

> \* дать показания  진술하다, 증언하다, показания가
> 복수이므로 какие에가 됨에 유의

- каков(а,о,ы) ни (на) есть  **어떤 것이라도, 어떤 것이든 (좋으니)(= 
какой ни (на) есть)**
- какой-либо  **어떤, 아무거나**
- какой ни (на) есть  **어떤 것이라도, 어떤 것이든 (좋으니)**
  - Возьмите меня в какую ни на есть бригаду.
    어느 작업반이라도 좋으니 넣어주십시오.
    > \* 격변화에 유의, 대격의 в가 앞에서 대격으로 수식함으로
    > какой와 бригада가 상호 격변화함

- какой-нибудь  **① 어떤, 아무거나(= какой-либо) ② 보잘 것 없는, 
하찮은 ③ (수량) 기껏해야, 불과**
- какой-никакой  **어떠한 것이라도(= какой бы то ни стало)**

- какой-то  **① 어떤 ② …와 비슷한, …와 같은 ③ (수량) 기껏해야, 
불과 ④ 보잘것없는, 하찮은 ⑤ (성질·특징이 명확하지 않을 때) 
어떠한**
  > \* каков ни (на) есть, какой ни (на) есть, какой-либо, 
  > какой-никакой 등의 문구는 아래에 기술한 예에서 알 수 있는 
  > 바와 같이 앞 뒤에서 규정 또는 수식하는 전치사와 명사에 의해 
  > 함께 격변화되는데 каков, какой만 변화됨에 유의. 단 какой-
  > никакой는 какой와 никакой가 전치사와 수식하는 명사에 
  > 의해 동일하게 함께 격변화함
  - какова весна  이(그) 봄

---

- Читайте какую-нибудь книгу  아무 책이든 읽으세요

- какие-нибудь слухи  그 어떤 소문들

- какое-нибудь решение  어떠한 결심

- Читайте какую бы то ни было книгу.
  어떤 책이든 읽으세요.

- какой-никакой журнал  어떤 잡지라도

- какие-никакие новости  그 어떠한 소식들이라도

- в каких-то условиях  그 어떠한 조건들하에서

  * каков, какой, кой, никакой, такой, таковый 등은 다른
    관용적 어구에서도 위와 같이 앞뒤에 규정되는 전치사와
    명사에 의해 격변화된다는 점에 유의할 것

К

- какой угодно  어떠한 것이든지

- капитальная ломка  대규모의 변혁·변화

- кассовый ордер  (회계, 경리에서) 출납전표

- кем бы то ни было  어느 누구에 의해서든지

- класть(또는 положить) глаз на кого  ···에게 눈독을 들이다,
  ···에게 관심을 가지다

- класть основание  기초를 이루다

- класть(또는 положить) под сукно что  (신청서, 청원서, 공문
  등을 서랍 등에 넣어두고) 처리하지 않다, (그냥 받아서) 놓거나
  넣어두고 있다, (받아 놓고) 잊어버리다

- ко времени  기한 내에, 제 기한에

- когда бы ни ···  그 어느 때든지, 어느 때라도

- когда бы то ни было  어느 때든 상관없이(어쨌든)

- когда(또는 если, раз) так  그렇다면

- когда-нибудь  아무 때나, 아무 때나 한 번, 어느 한때

- когда угодно  언제든지

- кой раз  드문드문, 가끔

- коль (бы)  만일 ···한다면(= коли)

---

- коль скоро  ···하자마자
- комиссионный процент  수수료
- коммерческая компания  상업회사
- конечная цель  최종목적·목표, 궁극적 목적
- конкурентоспособность  경쟁력
- конституционный суд  헌법재판소
- концов не найти  오리무중이다, 알 길이 없다, (무엇이 원인인지, 누가 나쁜지) 실마리를 잡지 못하다
- концы в воду  (잘못·범죄의) 흔적을 지워버리다, (나쁜 일·실패의) 흔적이 조금도 남지 않다, 또는 '세상에 출현한 흔적을 남기지 못한 채 사물·현상이 사라져 버리는 것'을 의미함
- кончаться в бесконечности  (수학, 물리학)무한대로 끝나다, 무한대로 되다
- координировать что(또는 что с чем)  협력시키다, 조절·조정하다, 일치시키다, 연계시키다
- координационный  협력의, 조절의, 조정의
- коренным образом  근본적으로, 근원적으로
- кормиться(또는 перебиваться) христовым именем  걸식하다, 빌어먹다
- короткая память  잊어버리기를 잘 하는 것, 기억력이 짧은 것
- короче говоря  간단히 말하면, 간략하게 말하면
- косвенным образом  간접적으로
- котировка  (일반적으로 상품, 유가증권, 외화 등의) '시세'를 의미하나 증권과 관련하여 쓰일 때는 주로 '주가(지수)'를 의미함(= фондовый индекс 또는 биржевой индекс)
- который раз  몇 번
- крайние меры  최후·극단·비상·결정적인 수단 또는 대책
- кредиторская задолженность  (회계·부기에서) 미지급금, 갚아야 할 돈

  →дебиторская задолженность

- кривить душой  양심을 속이다, 비양심적으로 행동하다, 거짓말하다
- кризис денежного обращения(= кризис денежного оборота) (경제에서) 유동성 위기
- кризис ликвидности(= кризис денежного обращения) (경제에서) 유동성 위기
- критическая точка  (물리학) 한계점
- кроме как …  …외에는, …을 제외하고는(= сверх кого-чего)
  - Ничего я не покупаю, кроме как книги.
    나는 책 이외에는 아무 것도 안 산다.

- кроме того  그 외에, 게다가, 또한
- круглый год  1년 내내
- круглый день  하루 종일, 온종일
- кстати сказать  덧붙여 말하는데, 말이 난 김에 말하자면
- кто бы ни  그 누구가 …든지(지라도)
- кто бы то ни был  누구든지, 누구라도
- кто есть кто  ① 누가 누구인가 ② 인명사전
- кто ни (на) есть  누구든지, 누구라도 좋으니
- кто угодно  누구든지
- куда более  훨씬 더 많다
- куда бы то ни было  어디로 가든 상관없이(어쨌든)
- куда лучше  훨씬 더 좋다
- куда следует  가야 할 곳으로
- куда угодно  어디로든지
- культурная революция  문화혁명
- купить что кому  …에게 주려고 …를 사다
  - Я купил(а) носки Маме.
    나는 엄마에게 드리려고 양말을 샀다.

Л

- **лежать в основе** чего ···의 기초를 이루다, ···의 토대가 되다
  - В основе этого романа лежит глубокая мысль.
    이 소설의 근저에는 심오한 사상이 있다.

- **лечиться от простуды** 감기치료를 받다
- **лечиться сном** 수면치료를 받다
- **лечь в основу** чего ···의 기본·기초가 되다
- **либо ···, либо ···** ···든지 (또는) ···든지
  - По той дороге приводится путешествовать либо в китайской телеге на быках, либо пешком.
    그 길을 따라 황소들이 끄는 중국식 짐마차를 이용하든지 또는 걸어서 이동해야만 한다.

Л

- **ликвидность** (경제) 유동성(= денежное обращение, денежный оборот; 영어의 Liquidity에서 옴)
- **линия огня** 화선, 가장 어렵고 위험한 장소
- **лицензия** ① (사업, 기업 등의) 허가증, 라이센스(license)
  ② (문서 등의) 인증, 공증
- **лицом к лицу** ① 마주하고, 얼굴을 맞대고
  ② (바로) 맞서 있는, 직면한
  ② – стоять лицом к лицу с опасностью 위험에 직면하다

- **личная собственность** 개인재산, 개인소유
- **лишить(лишать) возможности** 가능성을 박탈하다
- **лишить(лишать) жизни** 죽이다
- **лишить(лишать) себя** 스스로 박탈하다, 스스로 상실하다
- **лишить(лишать) слова** 발언권을 박탈하다
- **лишиться(лишаться)** кого-чего ···을 잃어버리다, 상실하다, 빼앗기다
- **лишь только ···** ① 겨우, 간신히 ② ···하자마자( как только ···)

- ложиться спать  잠자리에 들다, 잠자다
- лучше всего  그 누구·무엇보다도 더, 가장, 제일; (술어로) 가장 좋다, 제일 낫다
- лучше всех  (사람일 경우에 쓰임) 가장, 제일, 가장 훌륭하게; (술어로) 제일 낫다
- лучше поздно, чем никогда  (속담) 전혀 안 하는 것보다는 늦어도 하는 편이 낫다
- лучше(또는 вернее, точнее) сказать  좀 더 정확하게 말하여
- лучше чего  …보다 좋다, …보다 낫다
- лучше, чем …  …보다 좋다, …보다 낫다
- львиная часть  큰 몫, 가장 크고 가장 좋은 부분
- льгота  ① 값을 깎아주는 것, 할인
  ② (조세, 군역 등의) 면제, 혜택, 특권

M

- мало (кто, что, где, когда와 함께 '많지 않음, 몇몇 곳, 드문 경우'를 표현함)
    - мало кто 일부 사람들
    - Мало кто знает об этом.
      이것을 알고 있는 사람은 별로 없다.
    - Я мало где бывал(а).
      나는 가본 곳이 적다.

- мало (кто, что, какой, где, когда에 ли가 함께하여 '온갖, 다양한, 많은, 여러·많은 곳, 자주'를 나타냄)
    - Мало ли что говорят люди.
      사람들이 별의 별 말을 다 할 수 있지. (즉, 사람들이 온갖 말을 다 한다는 뜻임)
    - Мало ли какие дела бывают.
      무슨 일인들 없겠는가. (즉, 온갖 다양한 일들이 있다는 뜻임)

- мало вероятий, чтобы … …할 가능성은 거의 없다
- мало вероятным 실현 가능성이 적은, 개연성이 적은
- мало ли что 중요하지 않다, 소용이 없다
- мало не 하마터면
- мало по малу 조금씩, 천천히
- мало того 그뿐만 아니라, 그 밖에, 게다가
- мало того, что … …하는 외에(도)
- мало чем 극히 적게
- масса народа 인민대중
- материальная часть (군사에서) 장비, 기구, 자재
- материальная часть артиллерии 포(관련)장비, 포(관련)기구
- материальные ресурсы 물질자원
        비교) интеллектуальные ресурсы 지적자원
- межевание (공식적으로 허가증을 소지한 자(기관)가 행하여 법적

효력을 갖는 토지측량의 경우에 한해서만 쓰임) 토지경계측량;
동사는 межевать

- Сделали межевание землей.
  (공공기관에서 나와서) 토지경계측량을 하였다.

- между делом  …하던 김에, 겸사로
- между жизнью и смертью  생사의 기로에서
- между нами говоря  우리끼리 얘기지만
- между прочим  ① 더욱이, 심지어, 게다가, 그런데 ② 겸사겸사로,
  …하는 김에 덧붙여
- между прочими  개중에는, 많은 것들 중에는
- между собой  서로 간에, 서로서로
- между тем  이에 더불어, 이와 함께, 한편, 한편으로는, 그런데,
  그런데 사실은, 그러는 사이에

- между тем как …  (대조·대비를 나타냄) 그런데 한편, 그런
  반면에, …하는데 한편, …하는 동안, …하는 사이에
  (= в то время как …)

- Он уехал, между тем как она осталась.
  그는 떠났으나 그녀는 남았다.

- международный валютный фонд(약어 МВФ)
  국제통화기금(IMF)
- международный суд  국제재판소
- международные золотовалютные резервы  외환보유고
- менее вероятным  실현 가능성이 보다 적게, 개연성이 보다 적게
- менее всего  가장 적게, 가장 …하지 않은; 전혀 …하지 않다
- менее, нежели …  …이하로, …보다 적게
- менее чего  …이하로, …보다 적게
- менее чем …  …이하로, …보다 적게
- менее, чем …  …이하로, …보다 적게

- **ментальность** (문화적인) 정서, 심리
  - русская ментальность 러시아인의·러시아적인 정서·심리
  - корейская ментальность 한국인의·한국적인 정서·심리

- **меньшая половина** 소수, 작은 부분
- **меньше всего** 가장 적게
- **меньше всех** 가장 적게·작게, 가장 적다·작다
  - Он старше меня, а я меньше всех.
    그는 나보다 나이가 위인데, 내가 가장 어리다.

- **меньше чего** …보다 적다
- **меньше, чем** … …보다 적다
- **меньше, чем следовало** 예상했던 것보다 적게
- **менять своё имя** 개명하다
- **места не столь отдалённые** 유형지, 유배지
  (대개 Сибирь를 가리킴)
- **месячный доход** 월 수입
- **мёртвый инвентарь** 농기구
- **мёртвые души** 죽은 넋·혼

- **мимо** 부사 또는 생격을 동반하는 전치사로 쓰이며 용법은 다음과 같음
- Ⅰ. (부사) 지나가서, 옆을 지나서; 빗나가게
  - мимо пролететь 날아서 지나가다
  - ударить мимо 헛때리다
  - стрелять мимо 빗맞히다
  - попасть мимо (탄환 등이) 빗맞다
  - Он прошёл мимо.
    그는 옆을 지나갔다.

- Тайфун прошёл мимо.

  태풍이 다른 데로 지나갔다.

## II. (+ 생격)

① ···옆을, ···곁을, ···옆·곁을 지나서

- Поезд проехал мимо станции.

  기차는 정거장을 지나갔다.

② (방향이) 빗나가게, 빗맞게

- попасть мимо цели  (탄환 등이) 빗맞다

③ 피하여, 위반하여; 거슬러서, 다르게

- мимо закона  법에 위반되게, 법을 위반하여

- Всё идёт мимо его воли.

  모든 일이 그의 뜻과는 다르게 진행되고 있다.

M

- мимо рта прошло(또는 пролетело)  바라던 것을 얻지 못하다, 놓쳐버리다

- минувший  과거의, 지나간

  - минувшим летом  지난 여름에

  - минувшие дни  지난날

  - 1 Сентября минувшего года  지난해 9월 1일

  - 1 Сентября сего года  올해 9월 1일

- мировая революция  세계혁명
- мировой финансовый кризис  세계 금융위기
- много раз подряд  연속적으로
- многосторонний(двухсторонний) договор

  다자간(양자 간) 조약
- моё(твоё 등) дело маленькое  나는 (너는 등) 책임이 없다, 부차적이다
- моё (твоё 등) дело сторона  나는 (너는 등) 관계없다

- может быть(＝ быть может)  아마 …일지도 모른다, 아마도
- можно сказать  말하자면, 이른바
- можно утверждать что  …를 확언·확증할 수 있다
- можно утверждать, что …  …라는 것을 확언·확증할 수 있다


- мол  (다른 사람이 말하여 알은 것을 전달할 때 사용함)
  - Они сказали, что он, мол, не знал этого.
    그들은 그가 이것을 모르고 있었다고 말하였다.
    (즉, 이 말을 하는 본인도 '그가 이것을 모르고 있었다'는 것을 다른
    사람으로부터 들어서 알고 있다는 의미가 내포됨)
  - Скажи ему; она, мол, не приехала.
    그녀가 오지 않았다고 한다고 그에게 전해라.
    (마찬가지로 '그 여자가 오지 않았다'는 것을 누군가로부터 들어서
    알고 있다는 의미가 내포됨)


- муниципальная собственность  (시·주·도 등의 지방자치단체가
  소유한) 공유재산
- мочь (+미정형동사)  …할 수 있다

H

- **на** 대격과 전치격을 동반하는 전치사로 다음과 같은 용법으로 사용됨

## Ⅰ. (+ 대격)

① **(표면·평면에로 향한 운동을 나타냄) …위에, …위로, …의 표면으로**

- положить книгу на стол  책을 상 위에 놓다
- сесть на стул  의자에 앉다

② **(위쪽으로의 움직임을 나타냄) …위로**

- влезть на дерево  나무 위로 기어오르다
- сесть на пароход  기선에 오르다, 기선을 타다
- сесть на лошадь  말에 오르다, 말을 타다
- сесть на автобус  버스를 타다

③ **…에 꽂다, 꿰다, 끼우다**

- насадить червяка на крючок  낚시에 지렁이를 끼우다
- нанизать бисера на нитку  구슬을 실에 꿰다
- наколоть на шляпу цветы  모자에 꽃을 꽂다

④ **…에게 입히다, 입다, 씌우다, 쓰다, 감다**

- надеть на ребёнка пальто  아기에게 외투를 입히다
- натянуть на себя кафтан и сапоги  외투를 입고 장화를 신다
- натянуть перчатку на руку  손에 장갑을 끼다
- надеть шляпу на голову  머리에 모자를 쓰다
- набросить шинель на плечи  외투를 어깨에 걸치다
- наложить повязку на рану  상처에 붕대를 감다

⑤ **(일·책임·의무 또는 대상 등을 나타냄) …에게, …앞으로, …의 이름으로**

- взять на себя ответственность  자기가(스스로) 책임지다
- свалить вину на кого  …에게 죄를 씌우다
- наложить запрет на ввоз чего  …의 수입을 금지시키다
- записать книгу на брата  형(동생)의 이름으로 책을 예약하다·등록하다

- письмо на имя директора 지배인 앞으로 보내는 편지
- послать посылку на имя кого ⋯의 앞으로 소포를 보내다
- На него было возложено руководство работами.
  사업을 지도할 책임이 그에게 맡겨졌다.

⑥ **(움직임이 향하는 장소·공간을 나타냄)** ⋯으로, ⋯에
- вернуться на Родину 귀국하다
- выйти на улицу 거리로 나가다
- поступить на химический факультет 화학부에 입학하다
- Я скоро поеду на завод.
  나는 곧 공장으로 가겠다.

⑦ **(지명 산악지대, 강, 바다, 섬인 경우 전통에 따라 на를 쓰는 것과 в를 쓰는 것이 정해져 있음)** ⋯에, ⋯에로
- отправиться на Украину 우크라이나로 출발하다
  (그러나 'ехать в западную Украину'로 지역의 일부분을
  나타낼 때는 в를 씀)
- поехать на Волгу 볼가 강으로 떠나다
- отправиться на Кавказ 카프카스로 떠나다
- лететь на Алтай(Памир) 알타이(파미르 고원)로 비행기를 타고
  떠나다
- отправиться на Кубу(Кипр, Камчатку) 쿠바(키프로스,
  캄차트카)로 떠나다·향하다

⑧ **(일, 직장 또는 그 장소를 나타냄)** ⋯에, ⋯에로
- идти на работу 일하러·직장에 가다
- прийти на лекцию 강의에 오다
- идти на свадьбу 결혼식에 가다
- идти на обед 점심식사하러 가다
- послать делегацию на съезд 회의에 대표단을 파견하다

⑨ **(ум, мысль, память идти, приходить와 결합하여)**
  **머릿속·마음·생각에**
- прийти на ум 머리에 떠오르다, 생각이 나다

- Пришли на память вчерашние рассказы.
  어제 이야기들이 머릿속에 떠올랐다.

⑩ **(움직임이 향한 대상을 나타냄)** **…쪽으로, …방향으로**

- наметить ружьё на цель  총을 목표에 겨누다
- Поскакали мы на выстрел.
  우리들은 총소리가 울리는 쪽으로 말을 타고 달려갔다.

⑪ **(향한 방향을 나타냄)** **…쪽으로, …로 향한**

- ехать на запад(север)  서(북)쪽으로 가다
- окна на восток(юг)  동(남)쪽으로 난 창문들
- дверь на улицу  거리 쪽으로 난 문
- поезд(дорога) на Сеул  서울로 가는 기차(도로)

⑫ **(높이·척도를 나타냄)** **…에로, …에**

- подняться на большую высоту  아주 높은 곳에 오르다
- погрузиться на большую глубину  매우 깊은 곳에 빠지다

⑬ **(접촉·충돌·우연한 상봉·일을 나타냄)**

- налететь на столб  기둥에 부딪치다
- натолкнуться на интересную мысль  흥미로운 생각이 문득 떠오르다
- наскочить на забор  담장에 마주치다

⑭ **(대상을 나타냄)** **…을, …에**

- посмотреть на него прищуренными глазами  그를 실눈으로 바라보다
- указать на здание  건물을 가리키다
- Произвёл на Петра громадное впечатление.
  표트르에게 커다란 인상을 주었다. 표트르는 큰 인상을 받았다.

⑮ **(походить, похожий 등과 함께 비슷한 것을 나타냄)…와, …을**

- Он похож на отца.
  그는 아버지를 닮았다.
- Она походила на взрослую.
  그녀는 어른같다.

⑯ **(동사 переменить, поменять, променять와 결합하여 교체하는·바꾸는 것을 나타냄) …으로**

- менять крупные деньги на мелочь  큰돈을 잔돈으로 바꾸다
- поменять кожанку на хлеб  가죽점퍼를 빵과 바꾸다

⑰ **(기간·시간·순서 등을 나타냄) …으로, …동안, …사이에, …에, …에야 (비로소)**

- отпуск на месяц  한 달간의 휴가
- положение на первое марта  3월 1일 현재의 상황
- отложить на завтра  내일로 연기하다
- перенести экзамены с пятого на шестое июня  시험을 6월 5일에서 6일로 연기하다
- на Новый год  새해에
- на день рождения  생일날에
- на Рождество  성탄절(크리스마스)에
- на Пасху  부활절에
- На 20-е августа назначены экзамены.
  시험은 8월 20일로 예정되었다.
- Дайте мне книгу на несколько дней.
  책을 며칠 동안 빌려주십시오.
- Это была ночь с одиннадцатого на двенадцатое января.
  이 일은 1월 11일과 12일 사이의 밤에 있었다·일어났다.
- Они вернулись только на следующее(또는 другое) утро.
  그들은 다음 날 아침에야 돌아왔다.
- На следующий же день они поехали в город.
  그들은 그 다음 날에야 도시로 떠났다.

⑱ **(특징 또는 대상을 나타냄)**

- цены на рис  쌀값
- Бабушка на ухо крепка.
  할머니는 가는귀가 멀었다.

- Он хромает на правую ногу.

  그는 오른쪽 다리를 전다.

- Он способен на всё.

  그는 모든 일에 재주가 있다.

- Он мастер на все руки.

  그는 모든 것을 재치있게·능란하게 해낸다.

- Он скуп на слова.

  그는 말수가 적다.

⑲ **(움직임의 목적을 나타냄) ···을 위하여, ···하려고, ···용으로,**
   **···을 알아내려고·밝히려고**

- поехать на курорт на отдых  요양소에 휴양하러 가다

- отрез на пальто  외투용 옷감

- расходы на содержание  생활비

- расходы на военные нужды  군사비

- материя на юбку  치마 천(옷감)

- испытание на прочность  강도시험

- писать диссертацию на кандидата филологических наук

  언어학 박사학위 논문을 쓰다

- учиться на врача(инженера)  의사(기사)가 되려고 공부하다

- работать на сестру день и ночь  누이를 위하여(때문에)

  밤낮으로 일하다

- бороться не на жизнь, а на смерть  사생결단을 하고·죽을

  각오로 싸우다

- врагам на страх  적들에게 공포를 주려고, 적을 위압하려고

- На это нужно время и умение.

  여기에는 시간과 능력이 요구된다.

⑳ **(행동의 원인·근거를 나타냄) ···하여, ···때문에, ···에 즈음하여**

- принять подаяние на бедность  가난해서 동냥을 받다

- пожертвовать на бедность  가난을 동정해서 희사하다

- пьесы, писанные на известные случаи  알려진 사건들을

근거로 하여 쓴 희곡들

- стихи на смерть  서거(사망)에 즈음하여 (쓴) 시

㉑ **(행동의 특징·모양을 나타냄) ···(만)으로, ···식으로, ···에, ···에로, ···으로**

- верить на слово  말만 듣고 믿다

- на новый лад  신식으로

- на прежний манер  이전(기존) 식(방법)으로

- на старинный лад  옛날 식·낡은 식·구풍으로

- перейти на другую тему  다른 주제로 넘어가다

- перевести статью с корейского языка на русский  한글 논문을 러시아어로 번역하다

- сдать экзамен на отлично  시험을 최고 성적(5점)으로 통과하다

- учииться на пятёрки  전 과목을 최고 성적(5점)으로 공부하다

- Он говорил по-сибирски на 'о'. 그는 시베리아식으로 'o'를 발음하며 말했다.

- Он ловил на слух. 그는 소리만 듣고도 알아차렸다.

㉒ **(на свежую голову, на голодный 또는 пустой желудок의 형태로 조건·환경을 나타냄) ···으로, ···때에**

- приняться за уроки на свежую голову  정신이 맑을 때 공부하다

- На пустой(또는 голодный) желудок плохо спится. 배가 고플 때는 잠이 오지 않는다.

㉓ **(회답, 영향, 작용을 나타냄) ···에 대한, ···에게**

- ответ на вопрос  질문에 대한 대답

- На этот вопрос трудно ответить. 이 질문에는 대답·답변하기 힘들다.

- ответить на письмо  (편지에) 회답하다

---

**РУССКИЕ ИДИОМЫ**

- влиять на детей(учеников) 어린이들(학생들)에게 영향을 주다
- оказать воздействие на людей 사람들을 감화시키다,
  사람들에게 영향을 주다

㉔ (요구·권리·수요 등을 나타냄) …의, …에의

- спрос на книги 책에 대한 수요
- подписка на журнал(газету) 잡지(신문) 구독예약·신청
- право на труд(отдых, образование) 노동(휴식, 교육)의 권리
- получить патент на что …의(에 대한) 특허를 받다

㉕ (…에 의거·의지함을 나타냄) …에, …으로

- опираться на палку 지팡이에 의지하다, 지팡이를 잡다
- жить на свою пенсию 연금으로 살다
- определить растояние на глаз 눈으로 거리를 측정하다
- петь на слух (악보 없이 반주를) 듣고 노래하다
- очень молодой на вид человек 외모로는 매우 젊어 보이는
  사람

㉖ (수량, 한도를 나타냄)

- бег на сто метров 100m 달리기
- купить книги на двадцать рублей 책을 20루블어치 사다

㉗ (예정·분량을 나타냄) (몇 사람) 분의, …용의, …을 위한

- комната на двоих 2인실
- обед на пятьдесят персон 50명 분의 점심
- На всех яблок не хватит.
  사과가 모든 사람에게 다 돌아가기에는 모자란다.

㉘ (분배, 할당을 나타냄) …당

- пять человек на тысячу 1천 명당 5명
- один делегат на триста тысяч населения 인구 30만 명당 한
  명의 대표
- по пять рублей на человека 한 사람당 5루블씩
- по две книги на каждого учащегося 매 학생당 책 두 권씩

㉙ (곱하기, 나누기에서) …을, …으로

– Если умножить пять на три, будет пятнадцать.

5에 3을 곱하면 15이다.

– Если разделить шесть на два, будет три.

6을 2로 나누면 3이다.

㉚ **(수량의 차이) …보다, …만큼**

– Он старше(моложе) меня на семь лет.

그는 나보다 7살 위(아래)다.

– Он пришёл на десять минут раньше.

그는 10분 전에(빨리) 왔다.

– Восемь на два меньше, чем десять.

8은 10보다 2가 작다.

– Я опоздал(а) на поезд на три минуты.

나는 3분 늦어서 기차를 못 탔다.

(나는 기차 출발시간에 3분 늦었다)

㉛ **(두 방향의 치수·길이를 나타냄)**

– комната площадью шесть на десять метров  가로 6m 세로 10m 넓이의 방

㉜ **(무게·분량의 기준을 나타냄) …단위로, …(으)로**

– продавать на вес(метры)  무게(미터)로 팔다

㉝ **(전체에 미치는 것을 나타냄) …에(떨치는); …미치는**

– слава на весь мир  전 세계에 떨친(빛나는) 영광·명성

– прославиться на весь мир  온 세계에 영광·영예·명성을 떨치다·빛내다

– шуметь на весь дом  온 집안이 울리도록(떠나가도록) 떠들다

## II. (+ 전치격)

① **(표면·위에서 진행되는 움직임을 나타냄) …에, …에게**

– сидеть на стуле  의자에 앉아있다

– лежать на кровати  침대에 누워있다

– стоять на улице  거리에 서 있다

H

---

- написать слово на доске  칠판에 단어를 쓰다
- держаться на воде  물 위에(표면에) 떠 있다
- На ней новые туфли.
  그녀는 새 신을 신고 있다.
- На пальце у неё было дорогое кольцо.
  그녀는 값진 반지를 손가락에 끼고 있었다.
- На руках у него кожаные перчатки.
  그는 가죽장갑을 끼고 있다.

② **(분담, 부담, 책임을 나타냄) …에게, …에**
- Весь дом на ней.
  온 집안 일을 그녀가 맡고 있다.
- На нём лежит ответственность.
  그에게 책임이 있다.
- Всё бремя лежало на нём.
  모든 부담이 그에게 지워져 있었다.
- Вина лежит только на ней.
  잘못은·죄는 그녀에게만 있다.

③ **(움직임이 이루어지는 장소, 공간, 분야 등에서)**
**(내부의 위치를 나타냄) …에서**
- выступать на съезде  대회에서 토론하다(연설하다)
- уиться на геологическом факультете  지질학부에서 공부하다
- работать на заводе(또는 фабрике)  공장에서 일하다

④ **(지역, 강, 호수, 바다 등) …에서, …가에, …기슭에**
- жить(отдыхать, купаться, ловить рыбу) на озере
  호수(가)에서 살다(휴식하다, 수영하다, 물고기를 잡다)
- жить на море  바닷가에서 살다
- Город стоит на реке.
  도시는 강가에 위치해 있다.
- Вырос он на севере(востоке).
  그는 북쪽에서(동쪽에서) 자랐다.

⑤ **(산, 섬, 반도)** …위에, …에서

- жить на острове  섬에서 살다
- на острове Исландия  아이슬랜드 섬에서
  (그러나 острово를 빼면 'в Исландии'로 됨)
- на Корейском Полуострове  한반도에서
- на мысе Доброй Надежды  희망봉에서

⑥ **(하늘, 천체)** …위에, …에

- Есть ли жизнь на Марсе?
  금성에 생명(체)이 존재하는가?
- На небе светило яркое солнце.
  하늘에는 밝은 태양이 비치고 있었다.

⑦ **(고유한 지명)** …위에, …에서

- на Руси  루시에서
- жить на Кавказе(Алтае, Украине, Урале) 카프카즈(알타이, 우크라이나, 우랄)에서 살다
  (그러나 'в западной Украине'임에 유의)

⑧ **(방위를 나타냄)** …에서

- на юге страны  나라의 남쪽에서
- Солнце восходит на востоке.
  해는 동쪽에서 떠오른다.
- Он живёт на севере города.
  그는 도시의 북쪽에서 살고 있다.

⑨ **(높이·깊이를 나타냄)** …에, …에서

- находиться на высоком уровне  높은 수준에 있다
- Самолёт летит на большой высоте.
  비행기가 고공에서 날아가고 있다.
- Подводная лодка находилась на большой глубине.
  잠수함은 대단히 깊은 곳에 위치하고 있었다.

⑩ **(눈앞에 있는 장소를 나타냄)** …앞에서

- не на словах, а на деле  말로만이 아니라 실제로

Н

- Всё это произошло на моих глазах.

  이 모든 것은 내 눈앞에서 일어났다.

- На людях он оживлялся.

  사람들 앞에 서면 그는 혈기왕성해지곤 했다.

⑪ (ум, душа, сердце, совесть 등과 함께 특성·감정의 상태를 나타냄) …(마음)으로·에서

- На сердце становилось всё тяжелей и тяжелей.

  마음이 점점 더 무거워졌다.

- У меня радостно на душе.

  내 마음은 기쁘다.

- У вас только смех на уме.

  당신의 마음은 웃음으로 가득 차 있다.

⑫ (지위·상태를 나타냄) …에서, …에 …으로

- находиться на излечении  치료 중에 있다

- провести весь день на воздухе  종일 밖에서 보내다

- быть(оказаться) на свободе  자유로운 몸이 되다

- быть на хранении в банке  은행에 보관되어 있다

⑬ (움직임에 집중·주의를 기울이는 것을 나타냄) …에

- сосредоточить внимание на ораторе  연설자에게 주의·관심을 집중하다

⑭ (시간을 나타냄)

  ㉮ (기간 또는 기간의 한시점) …에

- на этой неделе  이번주에

- на прошлой(следующей) неделе  지난주(다음주)에

- на перемене  (다음 수업시간까지의) 휴식시간에

- на праздниках(каникулах)  축제(방학)에

⑮ (на скаку, на бегу, на ходу, на лету 등으로 진행 중의 한 시점을 나타냄) …중에, …하는 중인

- коня на скаку остановить  달리는 말을 멈추어 세우다

- на бегу  달음박질하면서, 달릴 때에

- вскочить в трамвай на ходу  달리는 전차에 뛰어 올라타다
- подстрелить птицу на лету  날아가는 새를 쏘아 떨어뜨리다

⑯ **(행동의 모양, 특징을 나타냄) ···으로**
- идти на цыпочках  발끝으로 걸어가다
- лежать на спине  등을 대고 눕다, 반듯하게 눕다
- плавать на спине  배영을 하다
- ползти на животе  엎드려 기어가다
- прыгать на одной ноге  한 발로 깡총깡총 뛰다

⑰ **(지탱물, 기반, 지지를 나타냄) ···으로, ···에 의지해서, ···위에, 밑에·안에 댄(붙인)**
- мост на понтонах  배다리(너벅선들로 놓은 다리)
- стоять на ногах  양다리로 서 있다(그저 '서 있다'는 의미임)
- дверь на петлях  경첩으로 단 문
- матрас на пружинах  용수철이 달린 매트리스
- тележка на роликах  롤러가 달린 밀차
- пальто на меху  털가죽을 (안에) 댄 외투
- сапоги на мягких подошвах  말랑말랑한 신발창을 댄 장화

⑱ **(교통수단) ···타고, ···으로**
- поехать на пароходе  기선을 타고 가다
- спешить на лыжах(санях, коньках)  스키(썰매, 스케이트)를 타고 급히 달리다
- ехать на автобусе(трамвае, поезде)  버스(전차, 기차)를 타고 가다
- на самолёте  비행기로(를 타고)
- На чём ты обычно ездишь на работу?
  너는 직장에 보통 무엇을 타고 다니니?

⑲ **(도구, 수단, 재료, 원료, 언어수단을 나타냄) ···을, ···으로, ···에**
- играть на рояле(скрипке, гитаре)  피아노(바이올린, 기타)를 연주하다
- жарить картошку на масле  기름에 감자를 튀기다(볶다)

H

- варенье на сахаре  설탕으로 잰 잼
- развести на воде  물에 용해시키다
- книга на русском языке  러시아어로 쓰인 책
- говорить(писать) на русском языке  러시아어로 말하다(쓰다)
- Двигатель работает на бензине.
  원동기는 휘발유로 움직인다.

⑳ (원인·근거를 나타냄) …로써, …로
- На этом он заработал десять рублей.
  이것으로 그는 10루블을 벌었다.
- разориться на картах  도박으로 파산하다

㉑ (마감을 나타냄) (이것)으로, (여기)에서
- Сегодня на этом закончим.
  오늘은 이만합시다. (오늘은 이것으로 끝냅시다)

㉒ (같은 명사가 반복되어 무한히 많은 것을 나타냄) 또, …투성이의
- гора на горе  산 또 산, 연이어진 산
- ошибка на ошибке  결함(오류)투성이
- яма на яме  구덩이 투성이(사방에 구덩이가 파져 있다)
- дыра на дыре  구멍 투성이(온 군데 구멍이 뚫어져 있다)

• на базе чего  …에 근거하여, …에 기초하여
• на век  영원히
• на вечные времена  영원히
• на вид кого-чего  …의 외견상으로는, …의 겉보기에는
• на взгляд  보건대, 보매
• на воздухе  밖에서(= наружи)
• на время  일시적으로
• на всегда  영원히
• на все сто  아주 잘, 100% 만족하게
• на (все) сто процентов  아주 잘, 100% 만족하게
• на все сто двадцать  최고로 (만족하게), 아주 잘

- на всех парах  (기차 등이) 전 속력으로, 한눈팔지 않고,

  전력을 다하여
- на всё есть время  (술어로) 모든 일에는 때가 있다

  (= всему своё время)
- на всякий раз  만일의 경우를 생각·고려하여, 만일의 경우를

  대비하여
- на всякий случай  만일의 경우를 생각·고려하여, 만일의 경우를

  대비하여

  - На всякий случай позвольте сообщить вам свой адрес.

    만일의 경우를 생각하여 당신에게 내 주소를 알려드리겠습니다.

- на выбор  취향에 따라 골라잡으라고·선택하도록

  - на ваш выбор  당신이 좋을 대로
  - предоставить кому что на выбор  ~을 …의 선택에 맡기다

Н

- на глаз  눈대중으로
- на глазах  눈앞에서
- на голову выше кого(= головой выше кого)  …보다 훨씬

  우월하다
- на деле  경험적으로, 현실적으로, 실제로
- на день  하루를 기한으로
- на день рождения  생일날에
- на дню  하루에
- на днях  ① 수일 전에, 며칠 전에 ② 며칠 안에, 조만간

  ①–На днях прибыл сюда из Сеула кореец господин Пак.

    며칠 전 이곳으로 서울에서 한인 박 씨가 도착하였다.

  ②–Она на днях приедет.

    그녀는 며칠 안에 온다. (도착한다.)

- на договорных началах  협약에 기초·의거하여

- на долгое время  오랫동안, 장기간 동안
    - Он вряд ли будет ослаблен настолько, чтобы отказаться на долгое время от своей мечты.
    아마도 그는 장기간 동안 자신의 꿈을 포기할 정도로 약해지지는 않을 것이다.


- на долю кого-чего  …의 운명으로, …의 운명적으로
- на другой день  내일, 다음 날
- на душу населения  인구 한 사람당
- на единицу чего  …로 (하는) 단위당, …를 단위로 하여
    - на единицу веса  무게 단위당, 무게를 단위로 하여


- на заказ  주문하여
- на закате  저녁에, 저녁무렵에; 말기에
- на закате чего  …의 말기에, 끝무렵에
- на заре  새벽에; 여명기에, 초기에
- на заре чего  …의 초기에
- на живую руку  서둘러서
- на имя кого  (우편물 등의) …에게 보내는
- на иных началах  어떤 식으로든, 어떤 방법으로든
- на исходе чего  ① …의 끝(무렵)에 ② 어떤 물건이 얼마 남지 않았음을 의미함
    ① - на исходе весны  봄의 끝 무렵에
    ② - Уголь на исходе.
        석탄이 떨어져 간다. (석탄이 얼마 남지 않았다)
      - Бензин на исходе.
        휘발유가 떨어져 간다.


- на каждом (всяком) шагу  매 걸음마다, 계속해서, 가는 곳마다
- на какой конец  어떠한 목적으로

- На какой конец он это делает?
  그는 어떤 목적으로 이것을 합니까?


• на какой основе  ···에 근거하여, ···에 기초하여
  - на прочной основе  공고한 기반하에, 공고하게
  - на справедливой основе  공정하게
    → на основе чего 참조


• на каком основании  ···에 근거하여, ···에 기초하여
  - на этом основании  이에 기초하여·따라서
  - на законном основании  법에 근거하여, 합법적으로
  - На каком основании вы это утверждаете?
    무엇을 근거로 당신은 이것을 주장합니까?
    → на основании чего 참조

Н

• на крайний случай(= в крайнем случае)  극단적인 경우에,
  극단적인 경우를 생각·고려하여
• на круг  평균적으로, 대략 계산하여
• на лад  순조롭게
• на лету  ① 비행 중에, 날아가면서 ② 바삐, 황급히, 서둘러, 즉시
  ②-Офицер на лету отдал приказание.
    장교는 서둘러 명령을 내렸다.


• на месте  ① (직장 등의) 자기 자리에(서) ② 현지에서
  ①-Сейчас он на месте?
    지금 그는 (자기) 자리에 있습니까?
  ②-Офицерам будет поручено произвести необходимые
    изыскания на месте.
    현지에서 필요한 조사수행이 장교들에게 위임될(맡겨질)
    것이다.

- на многие годы  여러 해 동안
- на многие миллиарды лет  수십억 년 동안
- на много лет  오랫동안, 오랜 기간
- на мой взгляд  내 견해·생각으로는
- на надлежащем месте  적절한 장소·위치에, 적재적소에
- на началах чего  …의 원칙에서, …의 기반하에
- на некоторое время  얼마 동안, 한동안
- на несколько дней  며칠 동안
- на несколько порядков  몇 배로, 몇 배 정도
- на нет  영으로 만들다, 무효화시키다
- на Новый год  새해에
- на новый лад  신식으로
- на носу  바로 코앞에 (닥치다)
- на ночь  하룻밤(동안)
- на общности чего  …의 공통성으로, …의 공통성에
  - основать(основывать) на общности интерессов  이익의 공통성(공동의 이익)에 기초하다·의거하다

- на общих основаниях  공통의 기반하에서, 동등하게, 대등하게
- на одно лицо  아주 유사한, 구별할 수 없는, 같은
- на основании чего(또는 на каком основании의 형태로)  …에 근거·기초하여
  - говорить на основании личного опыта  개인적인 경험에 기초하여 말하다
  - на законном основании  법에 근거하여, 합법적으로
    → на каком основании 참조
  - Надо сделать это дело на основании соглашения.
    이 일은 합의에 기초하여 행해져야만 한다.

- на основе чего (또는 на какой основе의 형태로)
  ···에 근거·기초하여
  - приобретать знания на основе опыта 경험에 기초하여
    지식을 습득하다
  - на справедливой основе 공정하게
  - на основе договорённости 합의에 기초하여
    → на какой основе 참조

- на память ① 기념으로 ② 속뜻 없이, 빈말로, 건성으로
  ① - дать(подарить, взять, получить) на память 기념으로
    주다(선물하다, 갖다, 받다)
  ② - рассказывать на память 빈말을 하다
    - знать на память 건성으로 알다
    - выучить на память 건성으로 외우다

- на память о ком-чём ···을 기념하여, ···의 기념으로
  → в память чего (또는 о ком-чём) 참조
- на памяти чьей ···가 기억하고 있는 바에 의하면
  - на памяти истории 유사 이래

- на пару с кем ···와 한 조로, ···와 함께
  - работать на пару с кем ···와 한 조가 되어 일하다

- на Пасху 부활절에
- на паях 공동출자로, 각자 비용·몫을 분담하여
  - компания на паях 공동출자 회사

- на первое время 가까운 장래에, 얼마 안 있어, 곧
- на первое место 일 순위로(에), 첫 번째로(에)

Н

- на первый взгляд  우선 생각되기로는, 처음 보아서는,
  척 보아서는, 첫인상으로는
- на первый раз  처음으로, 처음
  - На первый раз я его видел(а).
    나는 이번에 처음으로 그를 보았다(만났다).

- на первый случай  먼저, 우선, 당장
- на первых порах  처음에, 처음에는
- на полном серьёзе  심각·신중하게, 진지하게, 심각하게
- на полном ходу(= полным ходом)  전속력으로
- на потом оставить(또는 отложить, перенести)  뒤로(다음으로)
  미루다·연기하다

- на почве чего  …에 근거한, …때문에, …으로 인한
  (= на какой почве)
  - бессонница на почве переутомления  과로로 인한 불면증

- на правах кого-чего  …로서, …의 자격으로
  - на правах частного лица  개인의 자격으로

- на практике  실제로(는), 실제에 있어
- на предмет чего  …하기 위하여, …을 목적으로
  - на предмет получения разрешения  허가·승낙받기 위하여

- на прежний манер  이전(기존) 식(방법)으로
- на протяжении чего  …동안·기간에
  - на протяжении долгого времени  오랜 시간(장기간)에 걸쳐

- на прошлой неделе  지난주에
- на пути чего  …의 길에(서), …의 과정에(서), …의 도중에(서)

- Важное значение Корейского Полуострова расположено на пути навигационных линий северной зоны Дальнего Востока.
  한반도의 중요성은 극동 북쪽 지역 항로에 위치해 있다는 것이다.

- на равных правах  동등하게, 평등하게
- на рассвете  동틀 무렵에, 동이 트자마자(= чуть свет), 새벽에
- на редкость  드물게, 드물게도
- на Рождество  성탄절(크리스마스)에
- на рубеже чего  …의 경계에서
- на руку кому что  …에게 …이 알맞다·유리하다·적당하다
- на ряду с другими  연이어서, 계속해서, 일련의
- на самом деле  실제로(는), 사실(은)
- на свежую память  기억이 있을 때, 잊어버리기 전에
- на своей стороне  그 자체로서, 그 자체의 측면에서
- на своём месте  제자리에서; 자신의 처지·상황에 맞는 위치에서
- на свой образец  자기 식으로
- на свой счёт  자기 부담으로, 자기 돈으로
- на сей раз  이번에는, 이 경우에는
- на сие  이에, 이에 따라, 이로 인해
- на склоне(또는 на старости) лет  말년에, 늘그막에
- на следующей неделе  다음 주에
- на следующий день  다음 날, 다음 날에
- на словах  ① 구두로, 말로 ② 입으로만, 말로만
  ② - не на словах, а на деле  말로만이 아니라 실제로

- на случай чего  …의 경우를 고려하여, …의 경우에 대비하여
  - взять зонт на случай дождя  비가 올 경우를 대비하여 우산을 지니다

H

- на смену кому-чему （прийти, появиться 동사 등과 함께）
  ···의 교대로, ···의 후임으로, ···를 교체·대체하여
  - На смену пару пришло электричество.
    전기가 증기의 자리를 대체하였다.


- на срок  일시적으로, 잠시
- на старинный лад  옛날 식·낡은 식·구풍으로
- на столбцах газет(журналов)  신문(잡지)에
- на страже  지켜 서서, 보초 서서
- на счёт кого-чего  ···덕택으로; ···의 돈으로, ···를 이용하여;
  ···와 관련하여, ···에 대하여(서는)
- на том случае, если ···  ···한 경우를 고려하여
- на тонну  톤당
- на тот конец  그러한 목적으로
- на тот предмет, если ···  만일 ···의 경우에는, 만일 ···할 때에는
- на уровне чего  ···의 수준에서, ···의 정도에서
- на фоне чего  ···를 배경으로 하여, ···의 조건하에
- на худой конец  적어도, 하다못해(= по крайней мере);
  최악의 경우에(도)(= в худшем случае)
- на шаг от чего(또는 до чего)  ···로부터·에서 매우 가까이(에)
- на этих днях  최근에
- на этой стадии  이 단계에서
- на этом основании  이에 근거하여
- на этот(또는 сей) конец  이러한 목적으로
- на этот(또는 тот, сей) предмет  이와 관련하여서(는),
  이 일(사안)에 대해서(는)
- на этот(또는 сей) раз  이번에는
- на этот счёт  이와 관련하여(서는), 이에 관해서(는)
- наводящий вопрос  유도질문

- над (надо) 조격을 동반하는 전치사로 다음과 같은 용법으로 쓰임(첫 글자가 р, 또는 л로 시작되는 단어 앞에서, 즉 надо рвом, надо лбом. 그리고 надо всем, надо всеми, надо мной 등으로 사용됨)

① (장소를 표시함) …위에, …위에서
  - над столом  책상 위에
  - над нашими головами  우리들의 머리 위에
  - Над городом пролетал самолёт.
    비행기가 도시 상공을 날아갔다.

② (매우 가까이 있는 것을 나타냄) …위에, …이 보이는
  - над долиной реки  강 골짜기 위에
  - Мой дом стоит над озером.
    우리 집은 호수 가까이에(보이는 곳에) 있다.

③ (우위·우월성을 나타냄) …에 대한, …을
  - господствовать над городом  도시를 지배하다
  - победа над кем-чем  …에 대한 승리

④ (복수조격과 함께 특성·속성을 나타냄) …중에서, …에서
  - стать песней над песнями  노래들 중에서 제일 좋은 노래가 되다

⑤ (행동의 대상을 나타냄) …을, …에 대하여
  - работать над вопросом  문제를 연구하다
  - работать над словарём  사전 편찬작업을 하다
  - Не спрашивай, над чем задумываюсь я.
    내가 무엇을 생각(고민)하고 있는지 묻지 마라.

⑥ (감정·태도를 나타내는 동사와 결합하여) …에 대해, …을
  - смеяться над кем-чем  …을 놀려 주다·비웃다
  - сжалиться над кем-чем  …을 가엾게·불쌍히 여기다


- над уровнем моря  (측량에서) 해발
- надлежащий размер  정확한 치수·크기

---

- надлежащим образом  적절하게, 마땅한·상응하는 방법으로
- надлежащие власти  해당당국, 해당부처
- надлежит кому-чему 또는 (+미정형동사)  당연히 …해야만 한다,
  …하지 않으면 안 된다

- надо быть  ① 아마·보건대 …이다
  - Собрались, надо быть, все, ждать больше некого.
    아마 모두 다 모인 것 같다, 더 이상 기다릴 사람이 없다.
  ② (+чему) (자연현상에 대하여) 아마 반드시 …할 것이다
  - Надо быть дождю.
    아마 반드시 비가 올 것이다.

- надо думать(또는 полагать)  (삽입어로) 그렇지요,
  물론 그렇고 말고, 물론이지요
- надо думать, что …  …를 염두에 둘 필요가 있다,
  분명(필시) …할 것이다
- надо заметить, что …  …를 알아야만 한다,
  …를 깨달을 필요가 있다
- надо(또는 пора) и честь знать  끝낼 때가·갈 때가 되었다
- надо отметить, что …  …를 지적·언급할 필요가 있다
- надо полагать, что …  …를 염두에 둘 필요가 있다,
  분명(필시) …할 것이다
- надо прибавить, что …  …를 첨언·부언할 필요가 있다
  - Надо прибавить, что даже он способен.
    그는 능력도 겸비하였다는 점을 부언할 필요가 있다.

- надо признать …  …를 인정할 필요가 있다, …를 인정해야 한다
- надо признать, что …  …를 인정할 필요가 있다,
  …를 인정해야 한다
- надо сознаться  (삽입문으로) 인정·자인하건대

- надо сознаться, что … …를 인정·자각·자인해야(만) 한다

   (= нельзя не сознаться, что …)
- надо, чтобы … …하게끔 하는 것이 필요하다
- надоесть кому-чему 또는 (+ 무인칭형)  싫어지다, 귀찮아지다;

   (정치세력 등에 대해) 지치다·싫증나다
   - Мне надоело читать.

     나는 읽기가 싫어졌다.
   - Он мне надоел.

     나는 그가 귀찮아졌다. (나는 그가 싫어졌다)
   - Надоело смотреть.

     보는 게 싫어졌다·싫증났다.


- назвать по имени  이름을 부르다
- назначить комиссию  위원회를 구성하다
- наибольшее благоприятствование  (외교에서) 최혜국 대우
- наилучшим образом  가장 훌륭한 방법으로, 가장 좋게는
- найти общий язык  타협책을 찾아내다, 합의를 보다
- налагать на что пошлину  …에 대한 세금을 부과하다
- налить в бутыль масло через воронку  깔때기를 사용하여 병에

   기름을 따르다·넣다
- налог на добавленную стоимость(약어  НДС)  부가가치세
- налог на доходы  소득세
- налогообложение  세금을 부과하는 것, 과세
- наложить(накладывать) руку(또는 лапу) на что  …을 취하다,

   …을 갖다, 정복하다, 복속시키다
- намного меьше  훨씬 적다, 많이 적다
- нанести кому ответный визит  …를 답방하다
- напасть на мысль  갑자기 생각이 떠오르다
- написать письмо  편지를 쓰다
- напиться(또는 нарезаться) как сапожник  곤드레만드레 취하다

- напомнить кому о ком-чём или кому что ① ···에게 ···를 상기시키다, 회상시키다, 주위를 환기시키다
    - напомнить о прошлом  과거를 상기·회상시키다
    - Он напомнил мне о книге.
      그는 나에게 책을 잊지 않도록 주의를 주었다.
- напомнить кому о ком-чём или кому что
  ② ···이 생각나게 하다
    - Поездка в родные места напомнило мне о детстве(또는 детство).
      고향지역 여행은 나로 하여금 어린 시절이 생각나게 했다.

- напоминать кого-что  (···를 닮아서) ···를 떠오르게 하다, 생각나게 하다
    - Он напоминает свою мать.
      그는 (그의 어머니를 닮아서) 그의 어머니를 생각나게 한다.
    - Она напоминает своего отца.
      그녀는 (그녀의 아버지를 닮아서) 그녀의 아버지를 생각나게 한다.
      *  불완료체 미정형동사인 напоминать의 현재형으로만 쓰이며 '닮아서' 떠오르게 한다는 점에 유의. 그러나 누구를 닮았다는 표현으로는 'похоже на кого'가 자주 쓰임
      → похоже на кого 참조

- направить шаги  떠나다, 가다
- напротив того  그(이)와는 반대로, 그(이)에 반하여
- напрячь(напрягать) внимание  주의를 집중하다, 주목하다
- напрячь(напрягать) все свои мысли  머리를 짜내어 생각하다
- напрячь(напрягать) все свои силы  전력을 다하다, 온 힘을 다하다
- наравне с кем-чем  ···와 나란히, ···와 동일하게, ···와 동등하게
- наращивание вооружений  군비증강

Н

- **нарицательная стоимость акции** 주식의 액면가격
- **наряду с кем-чем** ① (권리·조건이) 동등하게, …과 나란히 ② …과 동시에, …과 함께 ③ …과 대등하게, …과 비슷하게
  - Женщины у нас работают наряду с мужчинами.
    우리나라에서는 여성들이 남성들과 동등하게(동등한 권리를 갖고) 일한다.
  - Наряду с русским я знаю ещё английский язык.
    나는 러시아어와 함께 영어도 알고 있다.
  - Он выступает наряду с лучшими спортсменами.
    그는 최고의 선수들과 대등하게 경기를 한다.

- **наряду с этими** 이것(그것)과 동시에(함께)
- **насильственным образом** 강제로, 강제적인 방법으로
- **насколько возможно(= по возможности)** 가능한 한, 될 수 있는 한
- **насколько известно** 알려진 한, 알려진 것처럼
- **насколько мне известно** 내가 아는 한은, 내가 아는 바로는
- **насколько мог(ла)** 가능한 한, 될 수 있는 한, 할 수 있는 한
  - Она говорила насколько могла громко.
    그녀는 가능한 한 큰소리로 말했다.

- **насколько (и) ~, настолько (же) …** (대조·대립을 나타냄) ~한 그 만큼·정도로 (반대로) …하다
  - Насколько положительна она, настолько её брат пассивен.
    그녀는 적극적인 데 비하여 그녀의 동생은 그만큼 소극적이다.

- **насколько это следует из кого-чего** …에서 알 수 있는 바와 같이

- настолько, насколько … (정도·수준을 나타냄) …할 수 있는 한 (최대로)
  - настолько, насколько возможно 가능한 한 (최대로), 할 수 있는 데까지
  - Я помогу вам настолько, насколько смогу.
    내가 할 수 있는 한 최선을 다해 당신을 돕겠습니다.

- настолько (же) …, насколько (и) ~ (대조·대립을 나타냄) ~한 만큼·정도로 (반대로) …하다
  (= насколько (и) ~, настолько (же) …)
  - Настолько её брат пассивен, насколько положительна она.
    그녀는 적극적인 데 비하여 그녀의 동생은 그만큼 소극적이다.

- настолько ~, что(또는 чтобы) … …할 정도로 (그 만큼) ~하다, ~하여 …하다
  - Было настолько так темно, что я нечего не видел(а).
    내가 아무것도 볼 수 없을 정도로 너무 어두웠다.
  - Он был настолько умён, что сразу всё понял.
    그는 모든 것을 바로 이해할 정도로 영리했다.
  - Он вряд ли будет ослаблен настолько, чтобы отказаться на долгое время от своей мечты.
    그는 아마도 장기간 동안 자신의 꿈을 포기할 정도로 약해지지는 않을 것이다.

- ~ настолько, чтобы не… ~이므로(하기 때문에) …하지 않는다
  - Он умён настолько, чтобы не вдаваться в крайности.
    그는 현명하기 때문에 극단적으로 빠지지는 않는다. (극단적으로 행동하지는 않는다)

- настоящее время  현재
- настоящее имя  본명
- настоящим образом  진정으로, 본격적으로; 충분히
- наступательная политика  공격적인 정책
- научно-техническая революция  과학기술혁명(약어 НТР)
- находка века  세기적인 발견
- находить применение  이용되다
- находиться в изгнании  추방되다, 유배 살이를 하다
    - Оба принца находились в изгнании в Японии.
      두 왕자는 일본에서 유배 생활을 하였다.

- находиться в полном соответствии с чем
    …와 완전히 일치하다
- находится в противоречии с чем  …와 모순되다
- находиться (또는 стоять) в связи с кем-чем
    …와 연계·연결·관계되다
    - Корейские телеграфы находятся в связи с китайскими
      сухопутными телеграфами.
      한국의 전신은 중국의 육로 전신선과 연결되어 있다.

- национальный доход  국민소득
- начало (всех) начал  근본 원인
- начать с дела  본질적인 것부터 시작하다, 중요한 것부터 시작하다
- начиная с кого-чего  …로 시작하여
    - начиная с этого года  금년부터 시작하여

- начиная с кого-чего, кончая кем-чем  …로 시작하여 …로
    끝나기·마치기까지
- наше время  현대
- нащупать почву для чего  …의 가능성을 찾다·타진하다

---

- не (+на…ся 형태의 동사와 함께) 아무리 …해도…싫지
  않다(질리지 않다)
  - Мать на сына не насмотрится.
    어머니는 아들을 아무리 보아도 계속 보고만 싶었다.
  - Он не мог наслушаться их, не мог наговориться с ними.
    그는 그들의 말을 아무리 많이 들어도 듣기 싫지 않았고 그들과
    아무리 이야기해도 질리지 않았다.

- не без интереса  관심이 없는 것은 아니다, 어느 정도 관심이 있다
- не без основания  근거·이유가 없지 않다,
  어느 정도 근거·이유가 있다
- не без того(= пожалуй, да) (술어로) 아마 그렇겠지요,
  그런 것 같네요
  - Ты, кажется, устал(а)? / Не без того.
    너 아마 지친 것 같구나? / 그런 것 같습니다.

- не без чего  …이 없지는 않다, …이 어느 정도 있다
  - не без сожаления  좀 유감이지만
  - не без интереса  흥미가 없지는 않다
  - не без влияния  영향이 없지는 않다, 좀 영향을 받았다
  - не без участия войск  어느 정도의 군대가 참가하여(하다)

- не более …  기껏해야, 많아 봐야, …을 넘지 못하다
- не более как …  …에 다름 아닌, …에 지나지 않는
- не более и не менее как(= ни более и ни менее как) …
  …에 다름 아니라 바로, 틀림없이
- не более чем  다해야, 불과, 기껏해야; …보다 많지 않다
- не больше чего  …이하이다, …보다 크지 않다
- не больше, чем …  …보다 많지(크지) 않다

- не будет преувеличением сказать, что ⋯  ⋯라고 하여도 과언이 아닐 것이다
- не будь ⋯  만일⋯아니었더라면, ⋯하지 않았더라면
- не было случая, чтобы ⋯  ⋯한 경우는 없었다
- не быть и речи  말조차 없다, 언급조차 없다
- не в меру(= сверх меры, через меру)  지나치게, 과도하게
- не в помощь кому  ⋯에게 아무런 도움도 못 된다
- не в пример кому-чему  ⋯와는 달리, ⋯와는 다르게
  - не в пример другим  남달리, 다른 것과는 비교하지 못할 정도로
  - не в пример обычному  여느 때와는 달리, 평상시와는 다르게

- не в пример (+비교급)  아주, 훨씬
  - Мой дом не в пример лучше твоего.
    나의 집은 너의 집보다 훨씬 좋다.

- не в силу кому  ⋯에게 힘겹다, ⋯가 할 수 없다,
  ⋯가 감당하지 못하다
- не в состоянии (+미정형동사)  ⋯할 능력이 없다, ⋯할 수 없다
  - Корея, так сказать, волей неволей сделалась независимым
    государством, она оказалась не в состоянии справиться с
    новыми условиями.
    한국은 이를테면 자의든 타의든 독립국이 되었지만 새로운 상황을
    감당할 능력이 없었던 것이었다.

- не взирая на кого-что  ⋯에도 불구하고, ⋯을 무릅쓰고
- не все ⋯  모두가 다 ⋯한 것은 아니다
- не всегда  항상 ⋯한 것은 아니다
- не всюду  어디서나 ⋯한 것은 아니다
- не всякая  모든 것이 ⋯한 것은 아니다

H

- не выдерживает (никакой) критики  쓸모없다, 결함이 많다,
  성립되지 않는다
- не говоря уже(= уж) о ком-чём  …은 말할 것도 없이,
    …은 말할 필요도 없이, 당연히
    - Не говоря уже о том, что подобное действие совершенно
      не отвечает выгодам Кореи.
      그러한 행위가 한국의 이익에 전혀 부합하지 않는다는 것은 말할
      필요조차 없다.


- не годится  쓸데없다, 소용없다, 적당치 않다, 안 된다
- не давать ни отдыху, ни сроку  숨 돌릴 겨를도 주지 않다
- не далее как …  바로, 다름 아닌, …에 불과한
- не далее чего  …미만(으로)
- не далее чем …  바로, 다름 아닌, …에 불과한
    (= не далее как …)
- не дело  못 쓴다, 안 된다
- не для чего (+미정형동사)  …할 이유가 없다, …할 필요가 없다
    - Не для чего торопиться.
      서두를 필요가 없다.


- не допускать возможности(= основания)  …의 여지가 없다,
    …의 가능성이 없다
- не допускать мысли о чём  …에 대해 불가능한 것으로 간주하다,
    …이 있을 수 없는 것으로 생각하다
- не доходя чего(또는 до чего)  …에 못 미치는; …닿기 전에,
    …에 이르기 전에; …근처에서
- не жалея сил  몸·힘을 아끼지 않고, 헌신적으로
- не жалея усилий  힘을 아끼지 않고, 헌신적으로
- не жалеет чего  …을 아끼지 않다, …을 아까워하지않다

- не жалеет своей жизни  자기의 목숨을 아끼지 않다
- не жалеет денег для учёбы своего сына  자기 아들의 학업을 위해 돈을 아끼지 않다


• не за что  (감사 또는 미안을 표시하는 상대의 말에 대해) 천만에요, 별말씀을요
• не зависимо от того, как …  …에 관계없이, …와 상관없이
• не знать, куда деваться  몸둘 바를 모르다
• не ~ и не …  ~도 아니고 …도 아니다
  - Это не книга и не тетрадь.
    이것은 책도 아니고 공책도 아니다.
  - Это не золото и не серебро.
    이것은 금도 아니고 은도 아니다.


• не идти в сравнение с кем-чем  …와는 비교할 바가 못 되다
• не идти в счёт  회계에 들지 않다, 셈에 들지 않다; 고려할 대상이 되지 않다
• не из '(кто, что) не из каких' 형태로, …과 같은 사람·일은 아니다
  - Работа в магазине оказалась не из лёгких.
    가게에서 일하는 것은 쉬운 일이 아니었다.
  - Её судьба не из обыкновенных.
    그 여자의 운명은 흔히 볼 수 있는 일이 아니다.
    (즉 '기구한 운명이다'라는 뜻임)
  - Он не из тех, кто любит сидеть дома.
    그는 집에 앉아 놀기를 즐기는 그런 사람은 아니다.


• не иметь ни стыда, ни совести  염치도 양심도 없다
  - Он не имеет ни стыда, ни совести.
    그는 염치도 양심도 없다.

- **не иметь ничего общего с кем-чем**  …과 아무런 공통성이 없다
  - Слух не имеет ничего общего с реальностью.
    소문은 사실과 전혀 맞지 않는다. (소문은 사실과 전혀 다르다)

- **не иначе**  바로, 즉시, 틀림없이, 당연히; (접속사로) ① …때문에
  ② 만약 …한다면
  - Найдёшь дело, не иначе захочешь.
    네가 원한다면 틀림없이 일자리를 찾을 수 있다.

- **не иначе(,) как …**  ① …가 틀림없다, 분명 …하다 ② 다름 아닌
  …으로(처럼)
  ① - Его поведение нельзя назвать иначе, как безобразным.
    그의 행위는 고약하다고 할 수밖에 없다.
    - Не иначе как что-нибудь случилось в дороге.
    도중에 무슨 일이 일어난 것이 틀림없다.
    - Не иначе как он это сказал.
    그가 이것을 말한 것임이 틀림없다.
  ② - Он воспринял это не иначе, как отказ.
    그는 이것을 다름 아닌 거절로 받아들였다.

- **не исключая кого-чего**  …을 제외하지 않고, …을 포함하여
  - Все, не исключая и детей  아이들도 포함하여 모두

- **не исключено, что …**  …이 있을 수 있다
  - Это не исключено.
    이것은 있을 수 없는 것은 아니다.
    \* это исключено.
    이것은 있을 수 없다
  - Не исключено, что он вам поможет.
    그가 당신을 도와줄 수 없다고는 할 수 없다. (즉, 그는 당신을

도와줄 수도 있다.)

- **не к чему** (술어로) 아무 소용없다, 무의미하다
- **не ~, как …** …와는 다르다(아니다)
  - Я не могу петь, как вы.
    나는 당신처럼은 노래를 못 부릅니다.

- **не кто иной, как …** (사람에 대하여) 바로 다름 아닌 누구이다
  - Вошедший был не кто иной, как Саша.
    들어 온 사람은 바로 다름 아닌 사샤였다.
    → не что иное, как … 참조

- **не лишён** чего 쓸모가 있다,
  - …을 (일정하게) 가지고·유지하고 있다
- **не лишёно** чего 쓸모가 있다
- **не лишнее**(또는 **не лишне**) 필요하다, 쓸모가 있다
- **не лишним** 필요하다, 쓸모가 있다
  - Я считаю не лишним сообщить о вышеизложенном
    Вашему Сиятельству.
    저는 귀하께 위에 기술한 내용에 대해 알리는 것이 필요하다고
    생각합니다.

- **не мало** 적지 않다
  - Не спиши, тебе осталось не мало времени.
    서두르지 마라, 너에게 적지 않은(상당한) 시간이 남아 있다.

- **не мало лиц** 적지 않은 사람들, 상당한 사람들
  - Для этой работы может потребоваться не мало лиц.
    이 일에는 적지 않은(상당한) 사람들이 필요할 것이다.

Н

---

РУССКИЕ ИДИОМЫ

- не менее чего  ···이상, ···보다 적지않게
- не меньше, чем ···  ···보다 적지 않다
- не мешает кому (+미정형동사)  ···해야 한다,
  ···하는 것이 필요하다, ···하는 편이 좋다
- не мешало бы кому (+미정형동사)  ···해야 한다,
  ···하는 것이 필요하다, ···하는 편이 좋다
- не моего (твоего, нашего) ума дело  나는 (너는, 우리들은) 알
  수 없는 일이다, 나는 (너는, 우리들은) 아무런 관련이 없다
- не может быть(= быть не может)  그럴 수 없다, 그렇게 될 수
  없다
- не может быть сомнения в том, что ···  ···를 의심할 바 없다
- не может быть и речи  언급·말할 필요조차 없다, 당연하다
- не может не сказаться на ком-чём
  ···에 영향을 주지 않을 수 없다
- не может составить предмета споров  논쟁의 대상이 될 수
  없다(즉, 지극히 당연하다는 뜻)
  - Важное значение Корейского полуострова,
    расположенного на пути навигационных линий северной
    зоны Дальнего Востока не может составить предмета
    споров.
    극동 북쪽 지역 항로에 위치한 한반도의 중요성은 논쟁의 대상이
    될 수 없다.

- не на месте душа у кого  안절부절못하다, 가슴이 조마조마하다
- не на словах, а на деле  말로만이 아니라 실제로
- не найти концов  끝을 알 수 없다, 막연하다,
  (원인의) 실마리를 찾지 못하다
- не настолько ~, чтобы ···  (대립의 뜻) ···할 정도로 ~은 아니다
  - Он не глуп настолько, чтобы этого не понять.
    그는 이것을 이해하지 못할 정도로 어리석지는 않다.

- не находить себе места  안절부절못하다, 어쩔 줄 모르다,
  불안해 하다
- не ниже ⋯  (비교급과 함께) ⋯이상(으로)
- не один раз  여러 번, 여러 번에 걸쳐
- не оставляет сомнение  의심의 여지가 없다, 의심의 여지를
  남기지 않다
  - Это не оставляет сомнения в возможности более быстрого
    сосредоточения японских вооруженных сил.
    이것은 일본 군대가 보다 신속하게 집결할 가능성에 의심의
    여지를 남기지 않는 것이다.

- не остановиться ни **перед чем**  어떤 경우에도 멈추지 않다,
  무슨 일이 있어도 단념하지 않다
  - не остановиться ни перед какими средствами  어떤
    수단으로도 단념하지 않다, 어떤 방법으로도 멈추지 않다

- не остаться(оставаться)  (무인칭으로 또는 **кому**+미정형동사와
  함께) ⋯하지 않을 수 없다
  - Мне не остаётся ничего другого, как согласиться.
    나는 찬성하는 것 이외에는 다른 도리가 없다.
  - Не осталось без влияния.
    영향을 받지 않을 수 없었다.

- не от мира сего  생활능력이 없다, 현실과 동떨어져 있다,
  공상가다
- не отдавая себе отчёта  정확히 파악하지 못하고, 정확히
  이해하지 못하고, 분별없이, 무엇이 무엇인지 똑똑히 모르면서
- не откажусь  기꺼이 ⋯하다, ⋯해도 좋다
- не по адресу  (우편, 소포 등이)갈 곳·사람에 가지 않고, 어긋나게,
  잘못되게

---

- не по силам кому  ···가 감당하지 못하다, ···의 힘에 부치다
- не по силу кому  ···가 감당하지 못하다, ···의 힘에 부치다
- не по пути с кем  ···와 목적·지향하는 바가 다르다
- не под силу кому  ···에게 힘겹다, ···가 할 수 없다,
  ···가 감당하지 못하다
- не подать(= не показать) виду  티·기색을 내지 않다
- не подлежит сомнению, что ···  ···를 의심할 바가 없다,
  ···를 의심할 여지가 없다
  - Не подлежить сомнению, что главным факторов при
    финансировании крупного дела является, помимо
    ценности самого предприятия, правоспособность и
    надёжность лица, ведущего эту операцию.
    대규모 사업에 투자할 시에 중요한 요소들은 기업 자체의 가치가
    아니라 이 작업을 수행하는 인물에 대한 권한부여와 신뢰성이라는
    것은 의심의 여지가 없다.

- не помешает кому (+미정형동사)  ···해야 한다,
  ···하는 것이 필요하다, ···하는 편이 좋다
- не помешало бы кому (+미정형동사)  ···해야 한다,
  ···하는 것이 필요하다, ···하는 편이 좋다
- не помнить себя(흔히+от чего)  제정신을 잃다,
  (흥분·격분하여) 어찌할 바를 모르다
  - не помнить себя от гнева  분노하여 제정신을 잃다
  - не помнить себя от радости  기뻐서 어찌할 바를 모르다

- не прежде, чем ···  ···(보다) 늦게, ···(보다) 후에
- не придётся(приходится)  (кому+미정형동사와 함께 또는
  무인칭으로) ① ···해서는 안 된다, ···하지 말아야 한다
  ② ···하지 않다, ···하지 않게 되다

– Вместе с тем не приходится упускать из виду
деятельности иностранных соревнователей наших в
отношении неустроенного Корейского Полуострова.
이와 동시에 안정되지 못한 한반도에 대한 우리의 외국
경쟁자들의 활동을 간과해서는 안 된다.

– При этом не приходится упускать из виду, что они ещё
не достигли той степени культурной зрелости.
이와 동시에 그들이 아직까지는 문화적으로 성숙한 그러한 수준에
다다르지는 못했다는 것을 잊어서는 안 된다.

• не пропустить момента(또는 шанса) 기회를 놓치지 않다
• не раз 여러 번
• не раньше …보다 이르지 않게, … 이후에
  – Приходите не раньше трёх часов.
  3시 이후에 오세요.

• не расчёта 손해다, 이득이 없다
• не реже одного раза 한 번 이상
• не рука кому …에게 맞지 않다, 부적당하다, 쓸모없다
• не с того конца делать 제대로·올바로 …하지 못하다
• не с того конца начинать 시작을 올바로 하지 못하다
• не сегодня-завтра 곧, 오늘내일 사이에
• не след …해서는 안 된다, …하지 말아야 한다
  – Не след туда идти. 그곳에 가지 말아야 한다.

• не следует (+미정형동사) …는 안 된다, …해서는 안 된다
  – не следует так считать 그렇게 생각해서는 안 된다
  – не следует упускать из виду … …라는 것(점)을 간과
  해서는(잊어서는)안 된다

- не случайно  우연이 아니다, 그럴 만한 까닭이 있다
- не сметь разинуть(= открыть, раскрыть) рта  (감히 겁이나) 입을 벌리지 못하다, (겁이나서) 하고 싶은 말을 못하다
- не смог(ла) бы (+미정형동사)  …할 수 없었을 것이다
- не совсем  그리 …한 것은 아니다, 완전히 …한 것은 아니다
  - Это место не совсем удобно.
    이 장소는 그리 편안하지는 않다.
  - Я не совсем понял(а).
    나는 그리 잘 이해하지 못했다.
    비교) совсем не

- не спешить с выводами  결론(결과)을 서두르지 않다, (빨리) 결과를 내려고 서두르지 않다
- не стоит  ① (감사에 대한 대답으로) 별말씀을요(= не за что)
  ② = не стоит того
- не стоит (+미정형동사) 또는 чего  …할 가치가 없다, …할 필요가 없다
  - Эту книгу не стоит читать.
    이 책은 읽을 만한 가치가 없다.
  - Не стоит жить.
    살 가치가 없다. (살 필요가 없다)
  - Не стоит благодарности.
    감사를 받을 만한 가치가 없다.

- не стоит того  (사소한 것을 가지고) 생각할·신경 쓸 필요가 없다, 신경 쓸 가치가 없다

- не столь ~, как …  …만큼·정도로 ~하지는 않다
  - Я не столь силён(льна), как он.
    나는 그 만큼 힘이 세지는 못하다.

- **не столь ~, сколь …**  ~하기 보다는 오히려 …하다
  - Она не столь устала, сколь голодна.
    그녀는 피곤하다기보다는 오히려 배가 고팠다.
  - Он не столь силён, сколь ловок.
    그는 힘이 세다기보다는 오히려 요령이 있다.

- **не столько ~, как …**  …만큼·정도로 ~하지는 않다
  - Он не столько силён, как она.
    그는 그녀만큼 힘이 세지는 못하다.

- **не столько ~, сколько …**  ~하기 보다는 오히려 …하다
  - Он не столько устал, сколько голоден.
    그는 피곤하다기보다는 오히려 배가 고팠다.
  - Он не столько рассердился, сколько удивился.
    그는 화를 냈다기보다 오히려 놀랬다.

- **не так**  (술어로) 그렇지 않다
- **не так большой руки**  그리 중하지 않은, 그리 중요하지 않다
- **не так чтобы …**  …한 것이 아니라, …라기보다, …한 것이 아니다
- **не так давно**  얼마 전에
- **не так ~, чтобы …**  …만큼·정도로 ~하지 않다
- **не такой, как …**  …과는 다른
- **не то …, не то …**  (열거하는 사실, 현상들 가운데서 어느 것이 사실이고 어느 것이 가짜인지 분간할 수 없을 때 쓴다) …인지 …인지 (잘 모르겠다), …도 아니고 …도 아니고 (알 수 없다, 정확하지 않다), 즉 '…때문인지 …때문인지 잘 모르겠다'는 의미임에 유의할 것(= то ли …, то ли …)
  - не то дождь, не то снег  비가 오는지 눈이 오는지 모르겠다
  - Не то ветер захлопнул дверь, не то кто-то вошёл с улицы.

바람에 문이 닫힌 것도 아니고 누군가가 거리에서 들어와서
문이 닫힌 것도 아니고 (정확하지 않다, 잘 모르겠다); (좀 더
정확한 번역은) 바람 때문에 문이 닫힌 것인지 누군가가 거리에서
들어와서 문이 닫힌 것인지 정확히 모르겠다.

- **не то что(= не то чтобы, не так чтобы) ⋯ ⋯한 것이 아니라, ⋯한 것은 아니다**
  - Фотосъёмка запрещена не то что вообще.
    사진촬영이 완전히 금지된 것은 아니다.

- **не то что(또는 чтобы) ~, а(또는 но) ⋯ ~가 아니라 (오히려) ⋯이다, ~라기보다 (오히려) ⋯이다**
  - не то что ребёнок, но даже взрослый парень  어린이가 아니라 심지어 성인들이
  - В ту минуту я не то чтобы струсил(a), а немного оробел(a).
    그 순간 나는 두려웠던 것은 아니고 조금 겁이 났었다.

- **не то что(또는 чтобы) не ~, а(또는 но) ⋯ ~않을 뿐만 아니라 오히려 ⋯하다**
  - Мне кажется, что это не то чтобы не существующая проблема, но проблема достаточно несложно решаемая.
    내 생각에 이것은 중요한 문제가 아닐 뿐만 아니라 아주 간단히 해결될 수 있는 문제이다.

- **не то, что(또는 чтобы) ⋯ ⋯와는 다르게, ⋯와는 다르다, ⋯아니다**
  - Совсем не то, что думает большинство людей.
    대부분의 사람들이 생각하는 것과는 전혀 다르다.
  - Почему мы не говорим то, что думаем, и говорим не то, что думаем?

왜 우리는 생각하는 것을(생각하는 대로) 말하지 않고 생각과는
다르게 말하는가?

- Они делают не то, что им действительно хотелось бы.
  그들은 그들이 실제로 원했던 것과는 다르게 행동한다.


• не то, что(또는 чтобы) ~, а(또는 но) ⋯ ~이 아니라 ⋯이다·하다

- Традиционализм – это не то, что вы думаете, а весьма
  специфическая идеология.
  전통주의 – 이것은 (단순히) 당신이 생각하는 (그런) 것이 아니라
  매우 특수한 이데올로기이다.


• не только 뿐만 아니라(아니다), 게다가, 또한

- Это не только для вас.
  이것은 당신을 위한 것만이 아니다.
- Мы продаваем не только машины.
  우리는 자동차만 판매하는 것이 아니다.

• не только ~, но (и) ⋯ ~뿐(만)아니라 ⋯하다

- Не только дети, но и взрослые любят эту песню.
  아이들뿐아니라 어른들도 이 노래를 좋아한다.
- Во время японского владычества места советников не
  только в министерствах, но и в провинциях заняли
  японцы.
  일본인들이 차지하고 있던 시기에는 고문의 자리를 중앙부처뿐만
  아니라 지방도 일본인들이 차지하고 있었다.


• не только не ~, но и(또는 а) ⋯ ~하지 않을 뿐만 아니라(하지
않고) 오히려 ⋯이다(하다)

- Материальные затруднения у населения не только не
  понизилися, но и повышаются каждый год.


---

주민들의 물자난은 감소하지 않았을 뿐만 아니라 오히려 매년
증가하고 있다.

- Ваши дела не только не будут разлаживаться, а будут всё
только больше и больше спориться.

당신의 일들은 잘못되지 않을 뿐만 아니라 오히려 모든 것이 단지
점점 더 잘되어 갈 것이다.

• не у дел  ① 근무하지 않다, 일하지 않다 ② 무직이다

① - Волнение, раздутое находящимися не у дел
сановниками, улеглось.

업무에 임하지 않고 있던 고관들에게 팽배해 있던 동요는
진정되었다.

H

• не у места(또는 не к месту)  적당하지 못하다, 적절하지 않다,
알맞지 않다

• не уйдёт кто-что от кого  …가 …의 손아귀에서 빠져 나가지
못하다

• не упускать ни одного шанса на победу  승리할 수 있는 기회를
절대로 놓치지 않다

• не упустить(упускать) из виду(또는 из вида) что
…를 잊지 않다, …를 기억하다

- не упустить(упускать) из виду самое важное  가장 중요한
것을 잊지 않다

• не упустить(упускать) своего  (자기에게 이로운 것을) 놓치지
않다

• не хуже, чем …  …보다 나쁘지 않다

- Сегодня погода не хуже, чем вчера.
오늘 날씨는 어제보다 나쁘지 않다.

- не что другое, как … (사물에 대하여) …에 다름 아니다, 다름 아닌 …이다
  - Это не что другое, как иллюзия.
    이것은 환상에 지나지 않는다.

- не что иное, как … (사물에 대하여) …에 다름 아니다, 다름 아닌 …이다
  - Это не что иное, как ложь.
    이것은 거짓에 지나지 않는다.
  - Это не что иное, как интрига.
    이것은 음모에 지나지 않는다.

- невооружённым глазом  맨눈으로
- негоциация  무역용어로 수출과 수입 당사자 간에 합의하여 상품의 품질, 가격 등을 정하여 주문계약하는 방식을 의미함(영어의 negotiation에서 옴)
- недвижимая собственность  부동산
- недвижимость  부동산
       비교)движимость
- недалеко уйти в чём от кого  …점에서 …보다 얼마 앞서지 못하다
- нежели …  …보다(= чем)
  - Эта работа легче, нежели кажется.
    이 일은 생각보다 쉽다.
  - Сегодня теплее, нежели вчера.
    오늘은 어제보다 따뜻하다.

- незабвенной памяти  (고인을 지칭할 때 쓰임)  작고하신
       →блаженной памяти 참조
- независимо сего  이와는 별도로, 이와는 별개로

- независимо от чего  …을 막론하고,  …과는 별개로,

  …과는 상관없이

  – независимо от возраста  나이에 관계없이

    (노인이나 젊은이나 상관없이)

  – независимо от погоды  날씨에 상관없이

    (날씨가 어떻든지 간에)


- некогда  이전에, (그전에) 한때, 언젠가

  – Некогда здесь было озеро.

    한때 여기는 호수였다.


- некогда (+кому)  …할 여유가 없다, …할 시간이 없다

  – некогда ждать  기다릴 여유·시간이 없다

  – Мне сегодня некогда.

    나는 오늘 여유가 없다.

  – Ему некогда гулять.

    그는 산보할 짬이 없다.


- некоторым образом  어느 정도(는)

- нельзя (+미정형동사)  …할 수 없다

  – Их нельзя остановить.

    그들을 멈춰 세울 수 없다.

  – Этого сделать нельзя.

    이것을 할 수 없다.

  – Ничего нельзя было понять.

    무엇이 무엇인지 아무것도 이해할 수 없었다.

  – Без пищи нельзя жить.

    음식을 먹지 않고는 살 수 없다.

  – Зубы болят, даже говорить нельзя.

    이가 아파서 말조차 할 수 없다.

- Читать нельзя, так как нет света.
  조명이 없어서 읽을 수 없다.

• **нельзя (+불완료체 미정형동사)** …해서는 안 된다, 금지되어 있다
  - здесь курить нельзя  여기서 담배 피우면 안 된다
  - так делать нельзя  그렇게 하면 안 된다
  - нельзя ломать деревья в парке  공원에서 나무를 꺾으면 안
    된다
  - здесь нельзя шуметь  여기서 떠들면 안 된다

• **нельзя быть(= не может быть, быть не может)** 그럴 수 없다,
  그렇게 될 수 없다
• **нельзя закрывать глаза на то, что …** …을 모르는 체해서는 안
  된다, …을 외면해서는 안 된다
• **нельзя ~ иначе, как …** …라고 할 수 밖에 없다
  - Его поведение нельзя назвать иначе, как безобразным.
    그의 행동은 무례하다고 할 수 밖에 없다.

• **нельзя ли (+미정형동사)** …할 수 없을까요?, …하여 주시기를
  바랍니다
  - нельзя ли ей передать  그녀에게 전달해 줄 수 없는지요.
    (그녀에게 전달해 주시기 바랍니다)

• **нельзя не (+미정형동사)** …하지 않으면 안 된다, …해야만 한다
  - Нельзя не согласиться с этим.
    이에 동의하지 않을수 없다.
  - Нельзя было не засмеяться.
    웃지 않을 수 없었다.

• **нельзя не заметить** 지적하지 않을 수 없다, 지적해야만 한다

- нельзя не отметить  언급하지 않을 수 없다, 언급해야만 한다
- нельзя не признать  인정하지 않을 수 없다, 인정해야만 한다
- нельзя не признать, что …  …를 인정하지 않을 수 없다,
  …를 인정해야만 한다
- нельзя не сознаться  (삽입 문으로) 인정·자인하건대
- нельзя не сознаться, что …  …를 인정·자각·자인해야(만) 한다
- нельзя не увидеть, что …  …를 알아야만 한다,
  …를 인지해야만 한다
- нельзя сказать, чтобы …  …하다고 말할 수는 없다,
  …하다고 단정할 수는 없다
  - Нельзя сказать, чтобы он был прав.
    그가 옳았다고 단언할 수는 없다.

H

- немногим больше  조금 더 크다(많다)
- необходимо, чтобы …  …하게끔 하는 것이 필요하다·해야만 한다
  - Необходимо, чтобы он пришёл.
    그가 오도록 하게 해야만 한다.

- необходимо указать, что …  …를 언급하는 것이 필요하다, …를
  언급 해야만 한다
- непременное условие  필수조건
- неравноправные договоры  불평등조약
- несколько веков  수 세기
- несколько десятков  수십
- несколько десятков дней  수십 일
- несколько дней  수일, 며칠
- несколько лет  수년
- несколько месяцев  수개월
- несколько миллионов  수백만
- несколько человек  몇 사람

- несмотря **на что** ···에도 불구하고
  - Несмотря на сильный дождь, было тепло.
    세찬 비에도 불구하고 따뜻하였다.
  - Мы любим его, несмотря на все его недостатки.
    그에게 많은 결함이 있음에도 우리는 그를 좋아한다.
  - несмотря на все трудности 온갖 어려움에도 불구하고,
    어떤 난관에도 굴하지 않고

- несмотря даже на то, что ··· 비록 ···에도 불구하고,
  비록 ···할지라도
- несмотря на то, что ··· ···에도 불구하고, ···하더라도,
  어쨌든 간에, 아무튼 간에
  - Несмотря на то, что было поздно, он продолжал
    работать.
    그는 늦었지만(시간이 지났지만) 어쨌든 간에 일을 계속 했다.

- несмотря на это 그럼에도 불구하고
- несмотря ни на что 어떠한 일이 있더라도
- несомненно, что ··· 의심할 바 없이 ···하다·이다
- нет конца **чему** ···이 끝이 없다, ···이 끝없이 계속되다
  - Этому нет конца.
    이것은(이런 일은) 끝이 없다.

- нет никакой необходимости доказывать, что ··· ···를
  입증·증명할 필요성은 전혀 없다(즉, ···는 자명·명백한 사실이다)
- нет основания (+미정형동사) ···할 근거가 없다
- нет расчёта 타산이 맞지 않다, 이득이 나지 않다
- нет слов = слов нет(또는 нету) (술어로) 물론이다, 당연하다,
  두 말할 필요가 없다; (어처구니 없거나 황당하여) 할 말이 없다,
  기가 막히다

Н

- нет смысла (술어로) 소용이 없다, 의미가 없다
- нет сомнения (술어로) 의심할 바 없다
- нет того, чтобы … …하려 하지 않다, …할 생각도 않다
- нетрудовой доход 불로소득
- нечего говорить 명백하다, 말할 필요도 없다
- нечего опасаться 염려·우려는 없다
- нечего терять(또는 потерять) кому …에게 더 이상 잃을 것이 없다(따라서 '…에게 못할 일이 없다'는 뜻임)
- нечто вроде чего …와 같은 그 무엇, …와 같은 그 어떤 것
- нечто что-то среднее 이도 저도 아닌 것
- ни в какой (малейшей) степени не … 전혀·절대로·결코 …않는다·안 된다
- ни в каком отношении не… 어떤 면에서도 절대로·결코 …않는다·안 된다
  - Корейское правительство не считает себя связанным тому заявлению ни в каком отношении.
  한국 정부 스스로는 어떠한 측면에서도 그 선언서에 관계(구속)되지 않는다고 생각한다.
  * 직역하면, '한국 정부 스스로는 어떠한 측면에서도 그 선언서에 관계(구속)된다고 생각하고 있지 않다'이나 이런 형태의 문장은 우리말로 의역이 필요함

- ни в какую … не … 결코 …아니다, 절대로 …안 된다
- ни в коей(= ни в какой) мере не … 절대로·조금도 …않는다·안 된다
- ни в коем разе не … 절대로·그 어떤 경우에도 …않는다·안 된다
- ни в коем случае не … 절대로·그 어떤 경우에도 …않는다·안 된다
- ни в малейшей мере не … 조금도·추호도 …않는다·안 된다
- ни в чём не … 아무런 …도 없다, 전혀 관련이 없다

- ни взад ни вперёд не ⋯  앞으로도 뒤로도 안 가다, 꼼짝 안 하다
- ни в счёт не ставить **кого-что** ⋯를 전혀·아무것으로도 여기지 않다, ⋯를 무시·홀대하다
- ни во что не ставить **кого-что** ⋯를 전혀·아무것으로도 여기지 않다, ⋯를 무시·홀대하다
- ни до ни после не ⋯  앞으로는 절대로 ⋯않는다·안 된다
- ни душой ни телом не ⋯  전혀·조금도 ⋯않는다·안 된다
- ни за какие благополучия не ⋯  무슨 일이 있어도·절대로·결코 ⋯않는다·안 된다(= ни за что не ⋯)

- ни за чем  그냥, 공연히, 목적 없이
    - Он пришёл ни за чем.
      그는 그냥 왔다.

- ни за что  ① 전혀 쓸데없다, 헛된 일·짓이다
    ② 아무런 이유 없이 (= ни за что ни про что)

- ни за что не ⋯  무슨 일이 있어도·절대로·결코 ⋯않는다
    - Ни за что я не поеду.
      나는 절대로 가지 않겠다.

- ни за что на свете  어떠한 일이 있더라도
- ни за что ни про что  공연히, 헛되게, 부질없이, 아무 이유 없이
    - Он был наказан ни за что ни про что.
      그는 아무 이유 없이 처벌받았다.

- ни за что считать(또는 ценить) **кого-что** ⋯을 깔보다, 업신여기다, 하찮은 것으로 간주하다
    (= ни в счёт не ставить **кого-что**)

– Дядю в его же доме считали ни за что.

그의 집에서는 아저씨를 업신여겼다.


• ни к чему  아무 소용없다, 전혀 필요 없다

– Здесь ты ни к чему.

여기서 너는 전혀 필요 없다.


• ни мало не … 전혀, 조금도 …아니다
• ни много ни мало  더하지도 덜하지도 않고,

많지도 적지도 않게, 꼭 맞게
• ни на шаг  한 걸음도
• ни на шаг(또는 ни шагу) без кого-чего нельзя(또는 не может,

не смеет) …없이는 꼼짝 못하다
• ни на шаг(또는 ни шагу) (не отходить, не отступать) от кого-

чего …에서 한 걸음도(움직이지 않다, 물러서지 않다)
• ни на шаг не продвинуться  한 걸음도 전진하지 못하다
• ни ~, ни ~ не…  (부정문에서 사용됨) ~도 ~도 아니다

비교)и ~, и ~ (긍정문에서 사용됨)~도 ~도 …이다
• ни один не …  하나도 …않다
• ни ответа ни привета  감감 무소식이다
• ни перед чем не …  어떤 경우에도, 절대로 …않는다·안 된다

– ни перед чем не остановиться  어떤 경우에도 멈추지 않다

(무슨 일이 있어도 단념하지 않다)

(= не остановиться ни перед чем)


• ни под каким видом не …  무슨 일이 있어도 결코 …않는다·안

된다
• ни поздно ни рано  늦지도 빠르지도 않다, 적당하다
• ни при чём  ① 아무것도 얻지 못하다 ② 아무런 관련·상관없다

① - ни при чём остаться(= ни с чем остаться) 아무것도 얻지
    못하다, 소득이 전혀 없다, 알거지가 되다
② - Я тут ни при чём.
    나는 그것과 아무 상관없다.

- ни разу не ⋯  한 번도 ⋯않다(ещё 등과 함께 쓰임)
    - Императорское правительство до настоящего времени
      ни разу ещё не заявляло о своем намерении удержать за
      собою в Чемульпо, для своего Консульства, земельный
      участок.
      제국정부는 지금까지 한 번도 제물포에 자국의 영사관용
      토지구역을 확보하기 위한 자기의 의도를 주장한 적이 없다.

- ни с чем  아무 성과 없이, 빈손으로, 알몸으로 (= ни при чём)
    - ни с чем уйти  아무것도 얻지 못하고 떠나다

- ни с того ни с сего  괜히, 아무런 까닭 없이
- ни свет ни заря  이른 새벽에, 동트기 전에
- ни там ни сям  아무 데도, 아무 곳에도, 어디에도
- ни то ни сё  그저 그렇다, 좋은 것도 나쁜 것도 아니다, 보통이다
- ни тот ни другой не ⋯  (부정문에서 사용) 이것도 저것도 ⋯이
    아니다
- ни шагу назад (дальше, вперёд)  한 걸음도 물러서지 말라
    (더 나가지 말라, 전진하지 말라)
- ни шагу не сделать для кого-чего  ⋯에게 아무것도 해주지
    않다, 전혀 조치를 취하지 않다
- нижняя палата  (정치제도에서) 하원
      → верхняя палата 참조
- никак не ⋯  결코 ⋯아니다, 도저히 ⋯아니다

- Я никак не мог(ла) разобраться.

  나는 도저히 이해할 수 없었다.
- Я никак не ожидал(а).

  나는 전혀 예상하지 못했다.

- **никак нельзя  도저히 불가능하다**
- **никакой не …  결코·절대로 …아니다**
  - Они не имеют никакой связи в этом деле.

    그들은 이 일과 전혀 관계가 없다.
  - Само собой разумеется, что всё, что касается финансовых

    дел, должно быть обсуждаемо Главным Советником

    совместно с Министром Финансов и что самостоятельно

    он никакого дела решать не будет.

    재정업무와 관련된 모든 일은 책임고문이 재무부장관과 공동으로

    심의해야 하며 어떤 일도 단독으로 결정하지 않아야 함은

    물론이다.

    ＊ никакой가 수식하는 명사에 의해 격변화함에 유의

- **никогда не …  결코 …아니다, 결코 …하지 않다**
  - Он никогда не курит.

    그는 절대로 담배를 피우지 않는다.
  - Я ничего подобного никогда не испытывал(а).

    나는 그와 같은 일을 전혀 체험한·겪은 적이 없었다.

- **никоим образом не …  절대로·결코·전혀…않는다·안 된다**
- **никто не …  (어느) 누구도 …아니다·안된다**
  - ＊ никто는 никого, никому, никого, никем, ни о ком으로

    격변화하며 ничто와 마찬가지로 전치사와 결합되면 ни와

    кто가 분리되고 전치사가 그 사이에 들어감

- Никто иной (또는 другой) этого не сделает.

  다른 사람은 어느 누구도 이것을 할 수 없다.

- ни у кого не ··· (어느) 누구도 ···아니다

- ни на кого не ··· (어느) 누구도 ···아니다

- Никого нет.

  아무도 없다.

- Никому не говори!

  아무에게도 말하지 말아라!

- Ни у кого нет.

  어느 누구에게도 없다.

- Он никем не доволен.

  그는 어느 누구에 대해서도 불만이다.

- Он ни с кем не говорил.

  그는 그 어느 누구와도 말하지 않았다.

- Он ни о ком не думал.

  그는 그 어느 누구에 대해서도 생각하지 않았다.

• нисколько не ···  조금도 ···아니다, 전혀 ···아니다

- Нисколько не устал(а).

  조금도 피곤하지 않았다.

- Нисколько не отрицая серьёзности этого возражения,

  надо однако заметить следующие факты.

  이 반대의 중요성을 전혀 부정하지는 않지만 다음과 같은 사실을

  지적할 필요가 있다.

• ничего не ···  전혀 ···아니다

- Ничего не случилось.

  아무 일도 일어나지 않았다. (아무 일도 없었다)

- Ему ничего не досталось.

  그에게는 아무것도 돌아가지 않았다.

(즉, 그는 아무것도 얻지 못하였다.)

- Жизнь ничего не даёт без труда.

  인생은 노력없이 아무것도 주지 않는다.

  (즉, 인생은 노력 없이 아무것도 얻을 수 없다.)

• ничего не иметь против того, чтобы …

  …에 대해 아무런 반대가 없다

• ничего не надо  전혀 필요가 없다

• ничего не нужно  전혀 필요가 없다

• ничего не остаётся, как …  …할 수밖에 없다

• ничего не стоит (+미정형동사)  ① …할 가치가 전혀 없다

  ② …하기 매우 쉽다

  ① – Эту книгу ничего не стоит читать.

    이 책은 읽을 만한 가치가 전혀 없다.

  ② – В такую тёмную ночь ничего не стоит скрыться от

    противника.

    그런 캄캄한 밤에는 적의 눈을 피하기가 아주 쉽다.

• ничего нет общего с кем-чем  (또는 не иметь ничего общего

  с кем-чем 형태로) …와 아무런 공통점이 없다

  - Между ними ничего нет общего.

    그들 사이에는 공통점이 전혀 없다.

  - Слух не имеет ничего общего с реальностью.

    소문은 사실과 전혀 맞지 않는다.

• ничего подобного не …  (그러한 것·그와 유사한 일을) 전혀

  …아니다

  - Я раньше ничего подобного не испытывал(а).

    나는 이전에 그와 같은 것을 전혀 체험한·겪은 적이 없었다.

- ничем-ничего не ⋯   전혀 ⋯ 아니다, 아무 것도·조금도 ⋯아니다
- ничто другое, как ⋯   ⋯에 불과하다, ⋯에 지나지 않는다,
    ⋯에 다름 아니다
- ничто иное, как ⋯   ⋯에 불과하다, ⋯에 지나지 않는다,
    ⋯에 다름 아니다
- ничто не ⋯   그 어느것도·무엇도 ⋯아니다

  \* ничто는 ничего, ничему, ничто, ничем, ни о чём으로
    격변화하며 전치사와 결합되면 ни와 что가 분리되고 전치사가
    그 사이에 들어감

  - Его ничто не интересует.
    그는 그 어느 것에도 관심이 없다.
  - Целый день я ничего не ел(а).
    종일 나는 아무것도 먹지 않았다.
  - Он ничему не верит.
    그는 아무것도 믿지 않는다.
  - Он ничем не отличается от других.
    그는 다른 사람들과 다른것·차이나는 것이 아무것도 없다.
  - Он ни к чему не способен.
    그는 아무런 능력도 없다. (그는 아무 것도 할줄 모른다.)
  - Она ни о чём не думает.
    그녀는 아무것도 생각하지 않는다.
  - ничего не стоящий  아무런 가치도 없는

- но (да) ведь  그러나, 하지만
- но зато  그러나, 그 대신
- но тем не менее  그렇지만, 그럼에도 불구하고
- новая (또는 наша) эра  서기, 기원후(약어  н.э.)
- новое слово в чём  (과학, 기술, 문화의) 최신성과
- новый шаг вперёд  새로운 전진
- ноль внимания  본체만체하다, 전혀 관심을 돌리지 않다

- норма прибыли  이윤율
- нос с носом  정면으로
  - столкнуться нос с носом  정면으로 충돌하다

- нужно (+미정형동사) кому-чему  …하게 하여야 한다, …하게끔 하는 것이 필요하다
  - Нужно быть осторожным.
    조심하지 않으면 안 된다. (경각심을 높여야 한다)
  - Нужно было сесть в автобус.
    버스에 타지 않으면 안 되었다.

- нужно кого-что 또는 кого-чего  …을 필요로 하다, …이 요구되다
  - Что вам нужно?
    당신은 무엇이 필요합니까?
  - Кого вам нужно?
    당신은 누구에게 용무가 있습니까?
  - Ему срочно нужно этот словарь.
    그는 이 사전이 당장 필요하다.
  - Мне ничего не нужно.
    나에게는 아무것도 필요없다.

- нужно, чтобы …  …하게 하여야 한다, …하게끔 하는 것이 필요하다
  - Нужно, чтобы он поехал туда.
    그가 그곳으로 가도록 해야 한다.
  - Нужно, чтобы все явились.
    모두가 다 오도록 해야 한다·올 필요가 있다.

O

- о (об, обо)  대격과 전치격을 동반하는 전치사로 다음과 같은 용법으로 사용됨

## Ⅰ. (+ 대격)

① (충돌, 접촉을 나타냄) …에, …에다, …에 대고

- удариться о камень  돌에 부딪히다
- споткнуться о порог  문턱에 걸리다
- опереться о забор  울타리에 기대다
- порезать ногу о стекло  유리에 발을 베이다
- удариться головой о столб  기둥에 머리를 찧다

② (같은 명사가 되풀이 되어) 아주 가까이, 붙어서, 가까이 맞대고

- жить бок о бок  가까운 이웃에서 살다
- лежать плечо о плечо  어깨를 맞대고 누워있다
- работать бок о бок  함께 일하다
- борт о борт  배(전면)을 맞대고
- жить стена об стену с кем  …와 벽을 맞대고 살다

③ …의 곁에

- посадить возле себя о правую сторону  …를 자기 오른쪽에 앉히다

④ …에, …때에

- о полдень(полночь)  정오에(한밤에)
- об эту пору  이 시기에
- Приходи о праздник.
  축제일에 와라.

## Ⅱ. (+ 전치격)

① …에 대하여, …에 관하여

- думать о детях  아이들을 생각하다
- на память о нашей встрече  우리의 만남을 기념하여
- узнать о приезде друга  친구가 도착했는지에 대해 알아보다
- думать о своей работе  자기 일에 대해 생각하다
- заботиться обо всех  모든 사람을 돌보아주다

- роман о русской деревне  러시아 농촌을 다룬 장편소설
- сообщение о землетрясении  지진에 대한 보도
- предложение о разоружении  군축에 대한 제안, 군축제의
- Это книга о живописи.
  이것은 회화에 대하여 쓴 책이다.

② (구성부분·부속물과 관련하여) …이 있는, …이 붙은
- стол о четырёх ножках  다리가 네 개인 책상
- дом о четырёх этажах  4층 집
- домик о двух окнах  창문이 두 개 있는 집

③ …때에, …경에
- о заре  새벽에, 동틀 무렵에
- о празднике  명절날에, 축제일에


• о двух головах  무모하게 용감한, 목숨을 내걸고 모험하는
• о сю пору  이때에, 현재까지, 이때까지
• о чём бы ни  그 무엇에 대해 …든지(지라도)
  - О чём бы ни спрашивали, он на всё отвечал отлично.
    그 어떤 것을 묻든지(물어볼지라도) 그는 척척 대답했다.


• об эту пору  이 시기에
• обе палаты  (정치제도에서) 양원(상원과 하원)
  → верхняя палата 참조
• обеспечить(подорвать) благосостояние  복리를
    보장하다(해치다, 해를 끼치다)
• облигация  채권
    비교) ценная бумага  유가증권
• обложить налогом  세금을 부과하다
• обложить пошлиной  관세(세금)를 부과하다
• обложить штрафом  벌금을 부과하다
• обман зрения  착시(현상)

О

- обмануться(обманываться) в чём (기대에) 어긋나다
  - обмануться в своих ожиданиях(надеждах) 자신의 기대(희망)와 어긋나다

- обмануться(обманываться) в расчётах 예상·기대가 어긋나다
- обмен валют 환전
- обмен веществ 신진대사, 물질대사
- обмен мнениями 의견교환
- обмен приветствиями (서로) 인사를 나누는 것
- обмениваться мнениями 의견을 교환하다
- обменная котировка 환시세, 환율시세
- обменный курс(= валютный курс) 환율
- обойтись(또는 обходиться) дорого кому ···에게 비싼 대가를 치르게 하다
- оборотный капитал 유동자본
- обработать(обрабатывать) гербицидами (농업) 제초제를 뿌리다
- обработать(обрабатывать) инсектицидами (농업) 살충작업을 하다, 살충제를 뿌리다
- обратная пропорциональность (수학 등에서) 반비례
- обратно пропорционально 반비례하다
- обращаться в бесконечность 무한대로 되다
- обрабатывающее производство 제조·가공품 생산
- обрабатывающий завод 제조·가공공장
- образ мыслей 사고방식
- обратить(обращать) внимание на кого-что ···에 주목하다, ···에 주의를 돌리다, ···에 흥미를 가지다
- обратить(обращать) чьё внимание на кого-что ···에 주목하게 하다, ···로 주의를 돌리게 하다

- обратиться(обращаться) за помощью **к кому** …에게 도움을 청하다
- обратный адрес 보내는 사람의 주소, 발신자 주소
- обсудить(обсуждать) **что** … 를 (진지하게) 토론·논의하다, …를 검토·고찰하다
    - обсудить новый проект 새로운 계획을 논의하다
    - обсудить законопроект 법안을 심의하다
    - обсудить создавшееся положение 조성·형성된 정세에 대해 논의하다

- общее образование 보통교육
- общественная собственность 사회재산, 사회적 소유
- общественное мнение 여론, 사회적 여론
- общественные науки 사회과학
- общество с ограниченной ответственностью(약어 ООО) 유한회사(有限會社)
- общие слова(= фразы) 막연한·내용이 없는 말(문구)
- общими силами(= усилиями) 힘을 합쳐, 협력하여
- объединить(объединять) в себе (자신이) 총괄하다
    - В действительности Начальник Штаба объединяет в себе все военные дела.
      참모장은 모든 군사업무를 실제로 총괄한다.

- объём поставок 공급량
- обязанный (+미정형동사) **кому-чему** …할 의무가 있는, …하지 않으면 안 되는
    - Я обязан(а) помочь ему.
      나는 그에게 도움을 줄 의무가 있다.

О

- обязанный кому-чему  ···에게 신세를 진, ···에게 은혜를 입은
    - Я вам очень обязан(а).
      당신에게 많은 신세를 졌습니다.
    - Я ему обязан(а) этим.
      이것은 그의 덕분입니다.
    - Я вам обязан(а) жизнью.
      당신은 내 생명의 은인입니다.

- овладеть собой  자제하다, 스스로를 억제하고 냉정하게 판단하다
- огосударствление  국유화 (이때의 접두사 'О'는 어떤 상태로
  변화시키는 동작을 나타냄)
    - огосударствить(огосударствлять)  국유화하다, (사회 생활
      분야에서) 국가의 역할을 강화하다

- ограничиться(ограничиваться) чем  ···하는 것으로 제한하다,
  ···로 그치다
- один-два  한둘의, 몇 개의
- один-единственный  유일한
- один-одинёхонек(= один-одинёшенек)  외롭게, 고독하게
- один в другого  한결같다
- один за другим  연이어, 연달아, 꼬리를 물고
    - Люди один за другим отправились в путь.
      사람들은 꼬리를 물고 길을 떠났다.
    - Она делает одну ошибку за другой.
      그녀는 연달아 잘못을 저지른다.

- один и тот же(одна и та же, одно и то же, одни и те же)
  동일한, 같은, 동일한 것, 같은 것
    ＊ 격변화에 유의
    - в одно и то же время  같은 시각에, 같은 시간에

- повторять один и тот же анекдот  같은 유머를 되풀이하다

- Мы желаем одного и того же.

  우리는 같은 것을 바란다.

- Это сводится к одному и тому же.

  이것은 결국 같은 것으로 된다. (이것은 결국 마찬가지가 된다)


- один конец  (술어로) 어쨌든 결과는 같다, 어쨌든 이렇든 저렇든

  마찬가지다(= всё равно)

- один на один  직접, 일대일로; 단둘이

- один лишь …  단지 …만

- один шаг от чего(또는 до чего)  매우 가까이(에)

- одна по отношению к другой  서로(간에)

- одним духом  단숨에

- одним махом(= с одного маху)  단숨에, 한꺼번에, 한번에

- одним словом  한마디로 말하면

- одно время  잠시, 일시, 한때

- одно лишь  오직, 그저, 단지

- одного порядка  같은 종류의, 같은 성질의

- односторонний договор  일방적인 계약

- одну минуту(секунду, секундочку)  (술어로) 잠시만 기다리세요

- одолеть(одолевать) себя  스스로 억누르다, 억제·자제하다

- оказалось, что …  …이 판명되었다, …이 밝혀졌다

- окзать(оказывать) влияние кому-чему  …에 영향을 미치다

- окзать(оказывать) внимание кому-чему  …에 주목하다,

  …에 관심을 갖다

- окзать(оказывать) гостеприимство кому-чему  …를 환대하다,

  …를 반기다

- окзать(оказывать) давление кому-чему  …에게 압력을 가하다,

  …에게 압박하다

- окзать(оказывать) действие кому-чему  …에 작용하다

- окзать(оказывать) доверие кому-чему   …를 신임 신뢰하다
- окзать(оказывать) медицинскую помощь кому-чему
    …를 치료하다, 의료적 도움을 주다
- окзать(оказывать) поддержку кому-чему   …를 지지하다
- окзать(оказывать) помощь кому-чему   …에게 도움을 주다,
    …에게 원조하다
- окзать(оказывать 또는 отдавать) предпочтение кому-чему
    …를 더 선호하다·좋아하다
- окзать(оказывать) содействие кому-чему   …에게 협력하다,
    협조하다
- окзать(оказывать) сопротивление кому-чему   …에 저항하다
- окзать(оказывать) услугу кому-чему   …에게 봉사하다
- окзать(оказывать) честь кому-чему   …에게 경의를 표하다,
    존경하다
- оказаться без работы  직업이 없다, 일이 없다, 실직하다
- оказаться в опасности чего  …의 위험에 처하다
- оказаться в положении кого-чего   … 의 상황·형편에 처하다
- оказаться на стороне кого-чего   …의 편에 서다
- оказаться на высоте(또는 положения, требований 등)
    …할 수 있는 수준에 있다, …할 만한 자격을 갖추고 있다
- оклад  (임금의) 기본급여
- опереться(опираться) на кого-что  ① …기대다, …에 의지하다
    ② …에 의거하다, …에 기초하다
- определённым образом  일정하게, 일정한 방법으로
- опытным путём  경험적으로, 경험적인 방법으로
- оптовая цена  도매가격
- оптовый  도매의  비교) розничный
- оптовый товар  도매상품
- оптом  도매로  비교) в розницу 소매로
- опускать занавес  (연극 등) 막을 내리다

- опустить(опускать) руки  (희망이 없고 기력을 잃어) 포기하다, 기력을 잃다, 무엇을 할 기운도 없다
- ордер на арест  영장, 체포명령서
- освободить от налога  세금을 면제하다
- ослабить(устранить) воздействие на кого-что …에 대한 영향·작용을 약화(제거)시키다
- основа основ  근본 중의 근본, 대원칙
- основой капитал  고정자본
- особое мнение  남다른 의견, 소수의견
- особенность характера  특질
- оставить без внимания что  …를 무시하다, …를 내버려 두다, 방임하다
- оставить без последствий  처리하지 않다, 내버려 두다
- оставить за собой что  …을 (자기의 것으로) 확보하다, 획득하다
  - Он оставил за собой два места.
    그는 자기 것으로 두 자리를 확보하였다.

- оставить за штатом  (정원축소 또는 기구개편으로 인하여) 정원에서 밀려나게 하다, 해임시키다
- остановиться(останавливаться) на чём  ① (…의 검토에) 시간을 할애하다, …을 언급하다 ② (일, 작업을) 그만두다, 중지하다
  - ① - Я хочу остановиться на этом вопросе.
    나는 이 문제에 대하여 말하고 싶다.
    - Я позволю себе с некоторой подробностью остановиться на положении инструкторского дела в Корее.
      저는 한국에서의 교관업무 상황에 대해 어느 정도 상세하게 말씀드리고자 하옵니다.

O

② - остановиться на сотой странице  100쪽에서 (읽는 것을)

   멈추다

   – На чём мы остановились?

   (수업을) 어디에서 멈추었습니까? (즉, 어디까지 하였습니까?)

- остаться(оставаться)  (кому+미정형동사 또는 무인칭으로) …할
  뿐이다, …하기만 하면 된다

   – Идти осталось немного.

   이제 조금만 가면 된다.

   – Мне осталось дочитать последнюю страницу.

   나는 마지막 페이지를 읽기만 하면 된다.

   – Нам остаётся только надеяться, что он ещё жив.

   우리로서는 그가 아직 살아있다고 기대할 뿐이다.

   – Мне не остаётся ничего другого, как согласиться.

   나는 찬성하는 것 이외에는 다른 도리가 없다.

- остаться в веках  후세에 영원히 남다
- остаться при своём мнении  자기의 견해를 고집하다
- остаться(또는 оказаться) при пиковом интересе  실패하다,
  아무런 소득도 없다
- остаться с глазу на глаз  단둘이 남다; 마주보다

- от  생격을 동반하는 전치사로 다음과 같은 용법으로 사용됨.
① (출발, 분리를 나타냄) …에서, …부터

   – отплыть от берега  기슭을 떠나다

   – отойти от окна  창문에서 물러나다

   – отойти от дома на несколько шагов  건물에서 몇 걸음
     물러나다

   – поезд отошёл от станции  열차가 역을 떠났다

   – отделить мясо от кости  뼈에서 살을 떼어내다

- отломить сучок от дерева  나뭇가지를 꺾다

- не оторвать глаз от книги  책에서 눈을 떼지 않다

- отвлекаться от темы  본 주제에서 벗어나다

② (위치, 시간을 나타냄) …부터

- дети от пяти лет и старше  5살 이상의 아이들

- от молодых лет  젊은 시절부터

- Почта находится далеко от нашего дома.
  우체국은 우리 집에서 멀리 떨어진 곳에 있다.

- Деревья посажены в трёх метрах одно от другого.
  나무들은 3m 간격으로 심어졌다.

③ (거리, 공간을 나타냄) ~부터 …까지

- ходить пешком от дома до института  집에서 대학까지
  도보로 통학하다

- Какое расстояние от Сеула до Пусана?
  서울에서 부산까지의 거리는 얼마입니까?

④ (시간을 나타냄) ~부터 …까지

- Я буду дома от двух часов до пяти.
  나는 2시부터 5시까지 집에 있을 것이다.

- Он работает от утра до ночи.
  그는 아침부터 저녁까지 일한다.

⑤ (나이, 수량, 정도, 종류를 나타냄) ~부터 …까지

- дети от трёх до семи  3살부터 7살까지의 아이들

- мороз от десяти до пятнадцати градусов  영하 10도에서
  15도까지의 추위

- от начала до конца  처음부터 끝까지

⑥ (출처를 나타냄) …에게서, …로 부터

- получить письмо от отца  아버지로부터 편지를 받다

- Я услышал(а) об этом от друга.
  나는 이에 대해 친구에게서 들었다.

---

⑦ **(원인을 나타냄)** ···때문에, ···로 인하여

- дрожать от холода  추워서 부들부들 떨다
- улыбаться (прыгать, петь) от радости  기뻐서 미소를 짓다
  (깡충깡충 뛰다, 노래하다)
- плакать от горя  슬퍼서 울다
- покраснеть от стыда(смущения)  부끄러워(당황하여) 얼굴이
  붉어지다
- хихикать от удовольствия  만족하여 웃다
- хохотать от малейшего пустяка  극히 보잘것없는 일로 크게
  웃다
- Курение повышает риск смерти от заболеваний сердца и
  лёгких.
  흡연은 심장과 폐의 발병으로 인한 사망 위험을 높인다.

⑧ **(해방·이탈·면제·제거를 나타냄)** ···로부터

- освободиться от зависимости  종속에서 해방되다
- избавиться от опасности  위험에서 벗어나다
- отделаться от хлопот  걱정에서 벗어나다
- спастись от смерти  죽음을 면하다
- пробудиться от сна  잠에서 깨어나다
- оправиться от испуга  공포가 가라앉다, 놀란 마음이 가라앉다
- очистить от грязи  진탕을 씻어내다

⑨ **(구별·다름을 나타냄)** ···에서, ···로부터

- отличать правду от лжи(добро от зла)  진실과 거짓
  (선과 악)을 구별하다
- отделить нужные книги от ненужных  필요한 책과 불필요한
  책을 나눠놓다

⑩ **(방어·예방·구제·치료를 나타냄)** ···에게서

- предохранять мотор от перегревания  모터의 과열을
  방지하다·막다
- предостерегать кого от опасности  ···에게 위험을

경고하다·알리다

- бумага от мухи  파리잡는 종이(끈끈이)
- лекарство(또는 средство) от головной боли(зубной боли)
  두통(치통) 약
- средство от насекомых  살충제
- Это помогает от простуды.
  이것은 감기에 효과가 있다.

⑪ **(출신·소속·대표를 나타냄) …의, …을 대표하는**
- сын от первого брака  첫 번째 결혼에서 생긴 아들
- депутат от города Пусана  부산시 의원
- человек от науки  과학자

⑫ **(부분·쓰임새를 나타냄) …의**
- пуговица от пальто  외투 단추
- ключ от двери(дома)  문(집) 열쇠
- крышка от чайника  주전자 뚜껑
- футляр от очков  안경집

⑬ **(유사·비슷함을 나타냄) …와 유사한, …과 같은**
- В нём есть что-то от учёного.
  그에게는 어떤 학자다운 점이 있다.
- В нём нет ничего от отца.
  그는 아버지를 전혀 닮지 않았다.
- В Олеге всё было от моряка.
  알렉은 모든 점이 선원다웠다.

⑭ **(날짜) …자(의)**
- письмо от первого Апреля 1990 года  1990년 4월 1일자 편지
- приказ от второго августа  8월 2일자 명령

⑮ **(주격+от+생격의 형태로 시간명사를 되풀이하여 반복·계속을 나타냄)**
- время от времени  나날이, 시간이 갈수록
- год от году  해마다

О

---

- день от дня 나날이, 날이 갈수록
- час от часу 시시각각으로


- от альфы до омеги  처음부터 끝까지
- от времени до времени  때때로, 때로는
- от всего (чистого) сердца  충심으로, 진심으로, 진정으로
- от (всей) души  진심으로, 충심으로
  - Я желаю вам успеха от души.
    나는 당신이 성공하기를 충심으로 바랍니다.


- от глубины души  충심으로
- от(또는 с) головы до пят  머리끝에서 발끝까지, 모든 점에서
- от дома к дому  이집 저집으로, 집집마다 모두
- от доски до доски(прочитать, выучить)  하나도 빼놓지 않고,
  처음부터 끝까지(읽다, 암기하다)
- от имени кого  …의 명의로, …의 이름으로
- от лица кого  …의 이름으로, …을 대표하여(= от имени кого)
  - от лица всех присутствующих  참가자 전원의 이름으로


- от полноты души(또는 сердца, чувств 등)  감개무량하여
- от природы  본래부터, 날 때부터, 천성적으로(= по природе)
- от роду  난생 (처음), 태어난 후
- от росы до росы  이른 새벽부터 밤 늦게까지
- от руки писать(рисовать)  자기 손으로 쓰다(그리다)
- от слова до слова  처음부터 끝까지 하나도 빼놓지 않고, 모두
  다(= от доски до доски)
- от слова к слову  이야기가 진척됨에 따라
- от случая к случаю  드문드문, 이따금, 간혹
- от силы  기껏해야, 잘해봐야

– Ему от силы 20 лет.
그는 기껏해야 스무살밖에 안 된다.


- отвернуть лицо  얼굴을 옆으로 돌리다; 외면하다
- ответить на письмо  회답 편지를 쓰다, 답신하다
- отдать богу душу  숨을 걷다, 죽다
- отдать в залог  저당 잡히다; (물건 등을 구매할 시에) 보증금으로
  주다
  → выкупить из залога  저당잡힌 물품을 도로 찾다
- отдать (또는 выдать) замуж кого за кого  …에게 시집보내다
  – Он выдал замуж всех своих дочерей за офицеров.
  그는 자기 딸 모두 장교에게 시집보냈다.


- отдать кого под надзор полиции  …를 경찰의 감시하에 넘기다
- отдать под власть кого  …의 권력하에 두다·넘기다
- отдать под стражу  감금시키다
- отдать под суд  재판에 회부하다·넘기다
- отдать(또는 дать) себе отчёт в чём  …에 대해 정확히 알다,
  …을 이해하다, …을 파악하다
  – отдать себе отчёт в истинном значение этого вопроса  이
    문제의 진정한 의미를 정확히 파악하다


- отдать что в аренду  …를 임대로 세놓다
  – отдать квартиру в аренду  아파트를 임대로 주다·세놓다
    (= сдаваться квартира)


- отдать что в прокат  (기계, 장비 등) …를 임대해주다·빌려주다
  → взять что на прокат 참조
- отдохнуть душой  (일정한 기간) 근심없이 지내다
- отдохнуть с дороги  여독을 풀다

О

- отказаться **от чего**(또는 미정형동사와 함께)  ① 거절하다, 거부하다 ② 관계를 끊다 ③ 부인하다, 인정하지 않다 ④ 포기하다, 단념하다
  ① – отказаться выполнить просьбу  청원을 거절하다
    – отказаться от уплаты долга отца
      아버지의 빚을 갚는 것을 거절하다
  ② – Родственники от него отказались.
      친척들은 그와의 관계를 끊었다.
  ③ – отказаться от своих слов  자기가 한 말을 부인하다
    – отказаться от своего обещания  자기가 한 약속을 부인하다
  ④ – отказаться от своего намерения
      자기 목적·기도를 포기하다
    – отказаться от своих обязанностей  자기 의무를 포기하다

O
- откладывать в долгий ящик  (마냥) 넣어두다, 오랫동안 미루다
- откровенно говоря  솔직히 말하면, 사실대로 말한다면
- открытое акционерное общество(약어  OAO)  (증권거래소에 상장한) 주식회사
      → закрытое акционерное общество(약어  ЗАО)
      (증권거래소에 상장하지 않은) 주식회사
- открытый вопрос  미해결된 문제
- открыть(또는 раскрыть) душу **кому**  …에게 속마음을 털어놓다
- откуда бы то ни было  어디에서 오든 상관없이(어쨌든)
- откуда угодно  어디서 오든 상관없이
- отличиться(отличаться) **в**(또는 **на**) **чём**  …에서 뛰어나다, …에서 뛰어난 실력을 발휘하다, …에서 공을 세우다
  – отличиться на экзаменах  시험을 우수하게 치르다

- отличиться(отличаться) **от кого-чего чем**  …점에서 …와 구별되다, …점에서 …와 차이가 있다·다르다

- отличиться(отличаться) чем …이 있다, …을 지니다,
  …을 가지다
  - отличаться хорошим голосом 아름다운 목소리를 지니다
  - отличаться особым интересом 특별한 관심을 흥미를 가지다

- отложить попечение о ком-чём 다시는 …를 염두에 두지 않다,
  다시는 …에게 염려·배려하지 않다, …에 대해 염려하지 않다
- отменить заказ 주문 예약을 취소하다
- отмерить шагами (길이 등을) 발걸음으로 재다
- отнести за счёт(또는 на счёт) кого-чего …의 탓으로
  보다·여기다
- относительно (+생격) …에 관하여, …에 대하여, …에 관한
- отныне и до века 영원히, 영원토록
- отнюдь (보통 не, нет와 함께) 결코 전혀 조금도 …아니다
- отнюдь не … 결코 …아니다, 전혀 …아니다, 조금도 …아니다
- отнять(отнимать) надежду у кого …에게서 희망을 빼앗다
- отозваться на ком-чём …에게 영향을 주다, …에게 (어떠한)
  결과가 오게 하다
- отправить(또는 послать) письмо 편지를 띄우다(보내다)
- отпустить душу на покаяние 용서하다, 내버려두다
- отрезать себе 포기하다, 단념하다, 관두다
- отсюда следует, что … 이로부터 …라는 결론이 나온다
- оттого что 이로 인하여, 이 때문에
- оттого, что … 이로 인하여 …하다, 이 때문에 …하다
- отчёт о кассе(= отчёт кассира) (회계, 경리)
  현금입출금장부(명세서·보고서)
- отчёт о прибылях и убытках (회계, 경리) 손익(계산)보고서
  → счёт прибылей и убытков (회계, 경리) 손익계산서
- отчёт о состоянии счетов (회계, 경리) 결산보고서
- очевидно, что … …이 명백하다, …분명하다

O

- очевидный свидетель  **목격자**
- очень рад(а, ы) видеть вас  **당신을 만나 뵈어서 매우 기쁩니다**
- очень рад(а, ы) с вами познокомиться  **당신을 알게 되어 매우 기쁩니다**

  ＊위 두 문장은 말하는 주체가 남성일 경우에는 рад, 여성일 경우에는 рада, 복수일 경우에는 рады를 씀
- очередная задача  **당면과제**

Ⅱ

- падение(повышение) котировок  주가의 하락(상승)
- пай  (농업) 러시아에서 집단농장의 사유화 정책으로 집단농장
  구성원이던 사람들에게 불하한 '토지지분'을 의미함
- палец о палец не ударить  손가락 하나 까딱하지 않다
- палка о двух концах  좋게도 나쁘게도 될 수 있는 것, 일장일단이
  있는 것, 한쪽으로는 대단히 유리하지만 다른 쪽으로는 큰 해를
  가져올 위험성이 있는 것
- параллельно с этим  이와 동시에, 이와 함께
- параллельно с кем-чем  …와 함께, …함과 동시에
- памятная записка  비망록
- пасть духом  낙심하다, 사기가 떨어지다
- пахать(вспахать) междурядья  (농업) 밭고랑 사이를 갈다,
  중경하다
- первая(вторая) половина дня  오전(오후)
- первое время  처음
- первое дело  가장 중요한 것·일
- первое число  초하루, 첫날
- первые шаги  첫걸음
- первый и последний  처음이자 마지막의, 단 한 번의
- первый квартал  1/4분기
- первым делом  우선, 무엇보다 먼저
- первым долгом  우선하여, 무엇보다 먼저
- перевернуть (всю) душу кому  …를 깜짝 놀라게 하다
- переводить по смыслу  의역하다
- перед лицом кого  …의 면전에서
- перед тем(,) как …  …전에 이미(= до того(,) как …)
  - Перед тем как начать эту работу, мы долго готовились.
    이 일을 시작하기 전에 우리는 오랫동안 준비하였다.

- передаточный акт  양도증서

- передать привет кому  ···에게 안부를 전하다
  - Передайте привет вашей Маме.
    당신 엄마에게 안부를 전해주세요.

- переживать за кого-что  ···를 걱정하다·염려하다
  - Он переживает за своего друга.
    그는 자기 친구를 걱정하고 있다.

- переменная величина  (수학, 물리학) 변수
- переменная облачность  (일기예보) 일정하지 않은 구름(층)
- переменная погода  변덕스러운 날씨
- переменный капитал  (경제) 가변자본
- переминаться(또는 переступать) с ноги на ногу  (직역하면 '발을 엇바꾸어 디디다', '발 둘 바를 모르다'인데, 이에서 파생되어) 어쩔 줄 몰라하다, 몸 둘 바를 모르다
- пересдавать экзамен  재시험을 치르다
- переход от количества в качество  (철학에서) 양에서 질로의 전환, 양질전환
  - закон перехода от количества в качество  (철학) 양질전환의 법칙

- переходная эпоха  과도기
- переходное время от зимы к лету  겨울에서 여름으로 넘어가는 시기
- переходный момент  과도기
- переходный период  과도기
- пир на весь мир  굉장히 성대한 연회
- план счетов  국가에서 정한 계정 코드집
  - план счетов по бухгалтерскому учету  국가에서 정한 회계계정 코드집

- плата за прокат  임대비, 빌린 값
- платёжный баланс  (경제) 국제수지
- платёжный ордер  지불명령서
- плечо к плечу  어깨를 나란히 하고
- плутовать на экзаменах  시험에서 부정행위를 하다


- по  여격, 대격, 전치격을 동반하는 전치사로 다음과 같은 용법으로 사용됨

Ⅰ. (+여격)

① (동작이 진행되는 표면을 나타냄) …을 따라, …으로, …로
   - гладить по голове  머리를 쓰다듬다
   - идти(ехать) по улице  거리를 가다(타고가다)
   - спускаться по лестнице  계단을 (따라)내려가다
   - путешествовать по стране  국내를 여행하다
   - расставить книги по полкам  책들을 책꽂이에 꽂다·세워놓다

② (по дороге, по пути의 형태로) …에 가던 중에, …도중에
   - по пути домой  집으로 가던 중에
   - по дороге в институт  대학으로 가던 도중

③ (가공대상의 표면을 나타냄) …에
   - роспись по фарфору  도자기에 그림 그리는 것
   - резьба по дереву  나무에 조각하는 것

④ (동작이 진행되는 공간을 나타냄) …안을(에서), …을 샅샅이, …여기저기를(에)
   - ходить по комнате  방안을 여기저기 거닐다
   - гулять по саду  정원을 거닐다
   - шарить по карманам  주머니를 여기저기 뒤지다
   - путешествовать по всей стране  나라안 온 곳곳을 여행하다
   - ходить по театрам  극장들을 돌아다니다
   - смотреть по сторонам  사방을 바라보다

⑤ (행동이 가해지는 대상을 나타냄) …를

- хлопнуть по плечу  어깨를 툭 치다
- хлопнуть себя по лбу  자기 이마를 탁 하고 치다
- барабанить пальцами по столу  책상을 손가락으로 똑똑 치다
- ударить по мячу  공을 차다
- удар по врагу  적에 대한 타격

⑥ …을 따라, …의 방향으로

- гладить по шерсти  털의 결을 따라 쓰다듬다
- идти по ветру  바람을 따라가다, 순풍을 타다
- плыть по течению  흐름을 따라 내려가다
- идти по следам зверя  짐승의 발자국을 쫓아가다
- идти по стопам чьим  …의 발자취를 따라가다;…를 추종하다

⑦ …대로,…을 따라,…에 상응하게,…에 부합되게

(= в соответствии с чем)

- жить по правде (옳은 것을 따라) 바르게 살다
- поехать на курорт по совету врачей  의사의 권고에 따라
  요양소로 떠나다
- по чьим поручениям  …의 부탁을 받고
- уволиться по собственному желанию  자원하여 퇴직하다
- одеваться по сезону(последней моде)  계절(최신유행)에
  맞게 옷을 입다

⑧ (판단의 근거를 나타냄) …에 의하여, …에 의하면

- судить кого по внешности  사람을 겉을 보고 판단하다
- узнать по газетам  신문을 보고 알다
- по словам свидетелей  목격자들의 말에 의하면
- по причине того, что …  …라는 이유로
- по его мнению  그의 견해에 따르면

⑨ (지시·신호를 나타냄) …에 따라

- по команде  지시에 따라
- отправиться по сигналу  신호에 따라 떠나다

## ⑩ (어떤 현상을 나타냄) …에 알맞게·어울리게

- жить по средствам  벌이·수입에 맞게 살아가다

- по ноге  발에 맞는다

- Он умён не по летам.
  그는 나이에 맞지 않게 영리하였다.

- Эта работа мне не по силам(또는 плечу).
  이 일은 나에게 힘겹다.

## ⑪ (수단을 나타냄) …의 수단으로, …로

- отправить по почте  우편으로 보내다

- ехать по железной дороге  철도로 가다

- говорить по телефону  전화로 말하다

- передать по радио  라디오로 방송하다

## ⑫ (원인을 나타냄) …때문에(= вследствие)

- отсутствовать по болезни  병 때문에 결석하다

- ошибиться по рассеянности  부주의로 틀리다

- сделать пересадку по ошибке  잘못 갈아타다

- поехать по делу  일이 있어 떠나다

- курить по привычке  습관으로 담배를 피우다

## ⑬ (활동목적을 나타냄) …을 위한

- работы по озеленению города  도시 녹화사업

- операция по овладению крепостью  요새 점령작전

## ⑭ (일부 명사와 합쳐져 행동의 방법·성질을 나타냄) …에 따라, …의 방법으로

- сказать по секрету  비밀로 말해주다

- считать по порядку  순서에 따라 세다

- купить по дешёвке  싸게 사다

## ⑮ (관계를 나타냄) …에 관하여, …의 점에서

- дядя по матери  외삼촌

- родственник по матери  어머니 쪽으로의 친척

- старший по возрасту  나이 위의, 손위의

- отличный по качеству  질적으로 훌륭한
- важный по значению  중요한 의의가 있는
- первая по высоте гора  제일 높은 산

⑯ **(활동영역·범위를 나타냄) …에 관한, …에 대한**
- занятия по истории  역사수업
- исследование по физике  물리학 연구
- друзья по фронту  전우
- друзья по службе  직장친구
- товарищ по школе(оружию, работе)  학교 때의 동무
  (전우, 직장동무)
- специалист по нефти  석유 전문가
- специалист по международным отношениям  국제관계
  전문가

⑰ **(움직임을 일으키는 정황을 나타냄) …따라, …대로**
- носиться по волнам  물결치는 대로 떠돌다

⑱ **(움직임이 진행되는 시기·연령을 나타냄) …(의 시기)에**
- Много птиц летит по весне.
  봄이면 많은 새가 날아든다.

⑲ **(같은 대상에 대한 분배를 나타냄) …마다, …에**
- разлить что по стаканам  …을 컵마다 따르다
- рассадить кого по местам  …을 각각 자리에 앉히다

⑳ **(복수명사를 동반하여 반복 또는 기간을 나타냄) …마다, …동안**
- не писать домой по месяцам  몇 달 동안이나 집에 편지를 안
  쓰다
- По воскресеньям он ходит в театр.
  그는 일요일마다 극장에 간다.
- По вечерам с моря дует прохладный ветер.
  저녁마다 바다에서 시원한 바람이 불어온다.
- По целым часам я смотрел(а) в окно на небо.
  나는 몇 시간이나 창문으로 하늘을 바라보았다.

П

㉑ **(그리움을 나타냄) …을 생각하여, …을 그리워하여**

- тоска по родине  고향생각
- скучать по друзьям  친구들을 그리워하다
- Я скучаю по тебе.
  나는 네가 보고싶다. (나는 네가 그립다)

㉒ **(같은 양의 분배를 나타냄) …(개)씩, …(얼마)씩**

- по рублю с каждого  각자에게서 1루블씩
- заплатить по пяти рублей за штуку  1개당 5루블씩 지불하다
  ㉮ 1, 5, 6, 7, 8, 9, 10, 11…20, 30, 40, 50…90은 여격을 동반함
- по одному(одной), по пяти, шести, по семи, по восьми,
  по девяти, по десяти, по одиннадцати, по двенадцати,
  по двадцати, по тридцати, по сорока, по пятидесяти; по
  девяноста(회화체임)
  ㉯ ㉮ 이외의 수사인 2, 3, 4, 90, 100, 200, 300, 400 및 двое, трое,
  четверо, пятеро, шестеро, семеро, восьмеро, девятеро,
  десятеро 등의 집합수사는 대격을 동반함
- по два(две), по три, по четыре, по девяносто, по сто, по
  двести, по триста, по четыреста, по двое, по трое, по
  четверо, по пятеро, по шестеро, по семеро, по восьмеро,
  по девятеро, по десятеро
- Дайте, пожалуйста, две тарелки по три сосиски.
  소시지 세 개씩 두 접시 주세요.
  ㉰ 특수한 결합
- по пятисот, по шестисот, по семисот, по девятисот, по
  полтора, по полторы
- по полтора рубля  1.5루블씩
- по полторы копейки  1.5코페이카씩

㉓ **(하나씩 나누는 것을 나타냄) 한 개씩**

- пить по таблетке в день  매일 약을 한 알씩 먹다
- по часу в день  매일 한 시간씩

- читать по странице в день 하루 한 페이지씩 읽다

## II. (+대격)

① **(공간적 범위를 나타냄)** …까지(до)

- прочитать с первой по пятую главу 1장부터 5장까지 모두 읽다
- Она закутана в платок по самые глаза.
  그녀는 눈 있는 데까지 수건을 푹 둘렀다.
- Вода была ему уже по грудь.
  물은 벌써 그의 가슴까지 찼었다.

② **(시간적 범위를 나타냄)** …까지(그 시간도 포함됨에 유의)

- по сей день 이날까지; 오늘까지
- с 1917 по 1991 год 1917년부터 1991년까지(1991년이 포함됨)
- со второго января по третье июля 1월 2일부터 7월 3일까지
- по день его смерти 그가 죽는 그날까지

③ **(위치를 나타냄)** …에, …쪽으로

- По левую сторону видна высокая гора.
  왼편으로 높은 산이 보인다.
- сидеть по другую сторону стола 책상 맞은 편에 앉다

④ **…을 구하러(за)**

- идти в лес по грибы 버섯을 따러 숲에 가다
- сходить по воду к колодцу 우물로 물을 길러 갔다오다

## III. (+전치격)

① **(직후를 나타냄)** …다음, …한 후 곧

- по рассмотрении 검토·검사 후
- по окончании университета 대학 졸업 후
- По окончании романа он уехал за границу.
  그는 소설을 다 쓰자 외국으로 떠났다.

② **(인칭대명사와 함께 부합, 합치를 나타냄)** …의 습관에

- Сигары были не по них крепки.
  궐련은 독해서 그들에게 맞지 않았다.

---

- по адресу кого-чего  ···에 대하여(= по чьему адресу)
- по аналогии с чем  ···와 유사하게, ···와 비슷하게
- по большей части  대부분은, 대개는
- по большей мере  기껏해야, 많아야
- по большому счёту  본격적으로
    - Разговор идёт по большому счёту.
      대화는 본격적으로 진행되고 있다.

- по вашему мнению  당신의 견해에 따르면, 당신의 생각으로는
- по взаимному соглашению  상호 간의 합의에 의해
- по-видимому  아마도, 보건대
    - Вопрос о Кондо по-видимому начинает несколько обостряться.
      간도문제는 보건대 어느 정도 첨예화되기 시작하고 있다.

- по видимости  아마도, 보건대
- по виду(= с виду)  겉보기에는, 외견상으로는
- по виду сего  (앞의 문장을 받을 때 접속사로) 이렇기 때문에, 이러한 고로
- по вине кого-чего  ···의 탓으로, ···때문에
- по внешней форме  외견상으로(는), 겉보기에(는)
- по внешнему виду  외견상으로(는), 겉보기에(는)
- по внешности  외견상으로(는), 겉보기로(는), 겉모양으로
    - судить по внешности  겉모양을 보고 판단하다

- по возможности  가능한 한, 될 수 있는 한
- по возрасту  나이로 보아; 나이에 따라
- по временам  때때로, 때로는
- по времени  시간에 따라, 시간상

- по всей вероятности (모든 점으로 미루어 보아) 확실히, 십중팔구는
- по(또는 во) всей форме ① 예견·예상한 대로, ② 완전히
- по всем линиям 전반에 걸쳐서, 전면적으로

- по всем вероятиям:(모든 점으로 미루어 보아) 확실히, 십중팔구는
  - По всем вероятиям не только избежали бы многочисленных ошибок, доведших нас до Портсмутского договора, но занимали бы теперь у берегов Тихого Океана положение действительно подобающее России.
    분명히 우리를 포츠머스회담에 이르도록 만든 수많은 오류를 피할 수 있었을 뿐만 아니라, 현재 태평양 연안에서 정말로 러시아에 합당한 지위를 차지할 수 있었을 것이다.

- по всем направлениям 사방으로, 모든 방향으로
- по всем правам 지극히 정당하게, 매우 정당하게
- по всем правилам 모든 규정대로, 모든 규정에 따라
- по всем приметам (삽입어) 보건대, 살피건대, 모든 것으로 미루어 보아
- по всем том 그럼에도 불구하고
- по всему 모든 점으로 미루어 보아, 총체적으로 보아
  - По всему видно, что он прав.
    모든 점으로 미루어 보아 그가 옳다는 것이 명백하다.

- по всему вероятию:(모든 점으로 미루어 보아) 확실히, 십중팔구는
- по выбору 골라서, 선택하여, 마음에 따라서

- Вы можете взять любую книгу по выбору.
  당신의 마음에 드는 아무 책이나 고르십시오.

- по горячим следам(또는 по горячему следу) 금방 난 발자국을 따라; 때를 놓치지 않고, 곧바로, 지체하지 않고, (사건 직후 현장에서) 현행범으로
- по данным 자료에 따르면, 자료에 의거하면
- по доброй воле 마음이 내켜서, 스스로 자진하여
- по договорённости 합의에 따라, 합의에 의거하여
- по договору 조약(계약)에 따라, 조약에 의거하여
  (= в соответствии с договором)
- по домашним обстоятельствам 집안일 때문에, 집안 사정으로
- по дороге 도중에
- по душе кому …의 마음에 들다
- по душам(= душе) 털어 놓고, 솔직히
- по имени (…라는) 이름의, 이름에 있어는
  - Студентка, по имени Ольга, по фамилии Иванова 이름은 올가, 성은 이바노바라는 여대생

- по истечении чего (계약 등의) …의 시간·기한이 지남으로·만료됨에 따라
  - по истечении периода 기한이 만료됨에 따라, 기한이 만료된 후
  - по истечении срока 기한이 끝남에 따라, 기한이 끝난 다음

- по каким соображениям 어떤 이유에서, 어떤 생각으로, 어떤 의도로
- по-каковски 어떤 말로, 어떤 언어로
- по какой надобности 어떤 필요가 있어서, 어떤 일로

• по крайней мере  적어도, 최소한, 하다못해

- что касается японской прессы, по крайней мере по отношению к тому, что происходит в Корее
  적어도 한국에서 일어나는 일과 관련하여 일본 언론에 대해 말하자면
- Для того, чтобы достроить эту дорогу нужно по крайней мере два года.
  이 길(도로)를 완공하려면 최소한 2년이 필요하다.


• по линии кого-чего  …의 노선을 따라
• по личным обстоятельствам  개인 사정으로, 개인 사정 때문에
• по малости лет  나이가 어려서, 나이가 어리기 때문에
• по матушке (ругать, обругать)  상말로, 더러운 말로 (욕설하다)
• по меньшей мере  적어도, 최소한, 하다못해
• по мере возможности  가능한 한, 될 수 있는 대로
• по мере надобности  필요에 따라, 필요한 만큼
• по мере необходимости  필요한 정도에 따라, 필요한 만큼
• по мере сил  힘에 맞게, 힘·능력에 따라서
• по мере того(,) как …  …함에 따라, …됨에 따라

- По мере того как мы поднимались, воздух становился реже.
  우리가 (산에) 올라갈수록 공기는 더 희박해졌다.


• по мере чего  …함에 따라, …됨에 따라
• по мнению кого-чего  …의 견해·의견에 따르면
• по моему  내 견해로는, 내 생각으로는
• по моему мнению  내 견해로는, 내 생각으로는
• по моим соображениям  내 견해로는, 내 생각으로는
• по наведении точных справок  정확하게 조회·문의한 바에 따르면

- по настоящему ① 본격적으로, 정식으로, 진지하게, 마땅히, 응당하게 ② 사실, 실제로
- по натуре 천성적으로, 본래
  - По натуре он тихий.
    그는 천성적으로 조용한 사람이다.


- по науке 과학적으로; 당연하게, 응당히
- по нашему 우리의 생각(사고·풍습·관습)으로는, 우리말로는, 우리 식으로는
- по нашему мнению 우리 견해로는, 우리 생각으로는
- по неимению кого-чего …이 없어서, …이 없기 때문에
- по некоторым причинам 몇 가지 원인으로(인하여)
- по необходимости 필요하여, 필요하기 때문에
- по-нынешнему 오늘날처럼, 현재와 같이
- по образу и подобию чьему …를 본 따서, …의 식으로
- по образцу кого-чего …식·방식을 따라서, …형식대로
- по общему признанию 일반적으로 인정하는 바에 따르면
- по одному 하나씩, 한 사람씩, 순차적으로
- по окончании чего …이 끝난 후
- по определению чего …의 규정·정의에 따라서
- по особому 특별히
- по отдельности или вместе 개별적으로 또는 함께
- по отношению к кому-чему …에 관하여, …에 대하여, …에 관한
- по очереди 순서에 따라, 차례로
- по ошущению 감촉으로, 느낌으로
- по поводу чего ① …와 관련하여, ② …한 이유로, …때문에
- по порядку 순서대로, 차례로
- по последнему слову 최신식으로
- по последним данным 최근 자료에 따르면

- по почину кого  …의 발의·발기에 따라
- по правде говоря  진실로 말하면, 사실대로 말하면
- по правам  권한에 있어(서)
  - Начальник Штаба по правам уравнён с Командующим войсками Приамурского военного округа.
    참모장은 권한에 있어 프리아무르 군관구 군사령관과 동등하다.

- по праву  ① 당당히, 당당하게 ② (+кого-чего)  …에 의하여, …따라, …로 말미암아, …의 결과
- по праву сильного(= без всякого права)  어떠한 권리·권한도 없이
- по прежнему(= по-прежнему)  이전과 같이, 여전히, 종전대로
- по преимуществу  주로, 대부분, 대개
- по приблизительным подсчётам  대략적으로 계산하여
- по принципу чего  …의 원리·원칙에 따라
- по природе  천성적으로, 본래(= по натуре)
- по причине того, что…  …때문에, …로 인하여
- по причине чего  …때문에, …로 인하여
- по пунктам(또는 пункт за пунктом)  상세히, 차근차근, 조항을 따져가면서
  - рассказать по пунктам  상세히 이야기하다, 차근차근 따져가며 이야기하다

- по разному  다양하게, 여러 가지로
- по расчёту  계산하여, 계산에 따라, 이해관계를 가지고
  - жениться на ком по расчёту  …와 정략(이해관계를 가지고) 결혼을 하다

- по результату  결과적으로는, 결과적으로 보면
- по результату кого-чего  …의 결과에 따르면

- по росе  이슬을 맞으면서; 이슬이 있는 곳을; 이슬이 내린 때에
- по рукам бить(또는 ударить)  흥정하다, 협약을 맺다
- по рукам ходить(또는 гулять등)  전파되다, 퍼지다
- по руке  ① 때에 맞게, 알맞게, 안성맞춤이다 ② (작업하는 데 쥐기) 편리하다
- по свидетельству кого-чего  …의 증언에 의하면
- по своей мысли  그 자체로서, 그 스스로
- по своей природе  본질상, 본질적으로
- по своей сущности  본질상, 본질적으로
- по своему существу  본질상, 본질적으로
- по своему усмотрению  자신의 생각대로
- по себе  스스로에게 맞게, 자기에게 흡족하게; 자기 이후에, 떠난·죽은 후에; 자기 체험으로, 스스로
- по сей день  이날까지; 지금까지, 오늘까지
- по сему предмету  이와 관련하여, 이 일(사안)과 관련하여
- по сие время  이때까지
- по силам(= по силе)  힘에 맞게, 능력에 맞게
- по силе возможности  가능한 한, 할 수 있는 한
- по сию сторону  이쪽으로
- по словам кого  …의 말에 따르면
- по смыслу своему и духу  그 자체로써 그리고 본질적 의미에서
- по собственной инициативе  자발적으로, 솔선수범하여, 스스로 주도·발의하여
- по собственному почину  자발적으로, 자신(스스로)이 발의·주장하여
- по совести говоря  양심대로 말하면
- по совести сказать  양심대로 말하면
- по сравнению(또는 в сравнении) с чем  …과 비교하여, …에 비하여

- по сравнению с тем же периодом прошлого года  지난해 같은 기간과 비교하여

• по старой памяти  옛정으로, 옛날의 인연으로
- помочь по старой памяти  옛정으로 도와주다
- простить по старой памяти  옛정을 보아 용서하다

• по старости  노령으로 인하여, 늙었기 때문에
• по сторонам  사방으로, 사방을
- смотреть по сторонам  사방을 둘러보다

• по сути дела  본질에 있어, 실제에 있어
• по существу  사실상, 본질에 따르면
- говорить не по существу  본질에서 벗어난 것을 말하다
- говорить по существу  본질적인 것에 대하여 말하다

• по существу (говоря)  (삽입어로) 사실은, 본질을 말하면
• по существу чего  …의 본질에 대하여, …사실에 관하여
- На самом суде он отказался дать какие-бы то ни было показания, говоря, что этот суд не корейский, а японский, а потому он считает себе в праве ничего не отвечать на задаваемые ему по существу дела вопросы и не желает и не будет отвечать.
재판정에서 그는, 이 재판이 한국의 것이 아니라 일본의 것이고 그렇기에 그는 그에게 주어지는 질문의 본질에 대해 전혀 답하지 않을 권리가 있다고 생각하기에 답하기를 원하지 않고 답하지 않을 것이라고 말하면서, 실제로 어떠한 것도 진술하기를 거부하였다.

- по существу своему 본질상, 본질적으로
- по сущности 사실상, 본질에 있어
- по счастливой случайности 운 좋게도, 재수좋게
- по счёту первый (순서나 계산 등에서) 첫째
    - по счёту второй 둘째
    - по счёту третий 셋째


- по той (простой) причине, что … …때문에, …로 인하여
- по тому же принципу 그 원칙에 따라
- по форме 외형적으로, 겉보기에
- по целым часам 몇 시간 동안
- по часовой стрелке 시계 방향으로
- по части чего …에 대하여, …의 점에서, …에 대해 말하자면
    - По части физики я слаб(а).
      물리학에 대하여 말한다면 나는 약한 편이다.

- по части чьей …에 관계되는 것이다
    - Это не по моей части.
      이것은 내가 할 것이 아니다.


- по частям 나누어서, 조금씩
    - публиковать по частям 나누어서 발표하다· 연재하다
    - платить по частям 조금씩 지불하다, 나눠서 지불하다


- по чьему адресу …에 대하여
- по чью душу …의 뒤에서
- по этой причине 이 원인에 의하여, 이러한 이유로
- по этому вопросу 이 문제에 대한·대하여, 이 문제와 관련하여
- по этому же поводу 이와 마찬가지의 동기·이유로,
    이와 같은 취지로

---

- по этому поводу  이와 관련하여, 이 일(사안)과 관련하여,
  이에 따라
- по этому предмету  이와 관련하여, 이 일(사안)과 관련하여
- по этому принципу  이 원칙·원리에 따라
- побудить(побуждать) кого-что к чему 또는 (+미정형동사)
  …에게 …하게하다, …에게 …하게 고무하다·추동하다
  - Она побуждала своего сына учиться русскому языку.
    그녀는 자기 아들에게 러시아어를 배우게 하였다.

- поверенный в делах  서리공사(대사)
- повергнуть на благовоззрение(= благоусмотрение)
    (과거 황제나 귀족에게 보고할 때 쓰는 용어임) 삼가 아뢰다,
    올리다, 드리다
- повестника дня  (회의 등의) 안건, 의사일정
- повидимому(= по-видимому)  보건대, 살피건대, 아마도
- повлечь за собой что  ~을 초래하다·야기하다
  - Такое поведение может повлечь за собой всякие
    неприятности.
    그런 행동은 온갖 불쾌한 일을 초래할 수 있다.
  - Это повлекло за собой европейскую войну.
    이것이 유럽전쟁을 초래하였다.

- поворотный момент  전환기
- повсюду  각처에서, 방방곡곡에서
- повыситься  (가격, 주가 등이) 상승하다
    비교) снизиться  하락하다
- погасить задолженность  채무를 청산하다,
    채무를 상환하다·갚다
- погашение  (부채 등의) 상환
- погрузиться в сон  푹 잠들다

П

• под (подо) 대격과 조격을 동반하는 전치사로서 다음과 같은 용법 등으로 사용됨

Ⅰ. (+ 대격)

① (밑으로의 운동을 나타냄) …의 밑에
  - поставить чемодан под кровать 트렁크를 침대 밑에 놓다
  - положить что под стекло …을 유리 밑에 깔다

② …아랫 부분(발밑, 아래, 기슭)으로
  - смотреть под ноги 발밑을 보다
  - камни покатились нам под ноги 돌이 우리들 발밑으로 굴러왔다
  - идти под гору 산을 내려오다, 하산하다

③ …의 작용하에
  - идти под дождь 비를 맞으며 가다
  - попасть под обстрел 포의 사격권 안에 들다
  - попасть под нож 칼에 맞다
  - подставить свой лоб под пулю (총을) 쏘라고 자기의 이마를 갖다 대다

④ (구속을 나타냄) …을 채우고·물리고
  - держать коня под уздцы 말 고삐를 바짝 잡다

⑤ (어떤 영향·지배 안에 들어가는 것)
  - попасть под влияние кого-чего …의 영향하에 들어가다
  - попасть под арест 체포되다

⑥ (접근을 나타냄) …바로 근처까지, …가까이까지
  - подскакать под крепость 요새 바로 근처까지 말을 타고 달려가다
  - подступить под Сеул 서울 가까이까지 접근하다

⑦ …의 전날·전야에
  - под воскресенье 토요일 밤에
  - под Новый год 12월 31일에, 신년 전날에
  - под праздник 축제일 전야에

⑧ **(시간적으로) ⋯가까이에**

- под вечер 저녁녘에, 저녁 무렵에

- под осень 가을 무렵에, 가을녘에

- под утро 아침녘에, 아침 무렵에

⑨ **(근사치를 나타냄) 약, 대략 ⋯정도의**

- Там было человек под сто.
  거기에는 100명 정도의 사람이 있었다.

- риса под тонну 약 1톤의 쌀

- человек лет под сорок 마흔 살쯤 된 사람

⑩ **(배경의 음·반주) ⋯의 반주로; ⋯를 들으면서**

- петь под гитару 기타 반주로 노래하다

- танцевать под музыку 음악에 맞추어 춤추다

- спуститься с трибуны под аплодисменты 박수를 받으며
  연단을 내려오다

⑪ **(용도를 나타냄) ⋯용으로**

- бутылка под молоко 우유병

  * бутылка под молоком 우유가 들어있는 병; бутылка из-
    под молока 우유가 들어있던 병

- банка под варенье 잼을 넣은 통

- построить склад под овощи 야채 보관용 창고를 만들다

⑫ **(지지, 밑바치는 것을 나타냄)**

- взять больного под руку 환자의 팔을 잡다

- поддерживать больного под руку 환자의 팔을 잡고
  부축하다

⑬ **(수단·도구를 나타냄) ⋯를 써서**

- написать под копирку 복사지를 밑에 놓고 쓰다

- стричь под машинку 이발기계로 깎다

⑭ **(닮음을 나타냄) ⋯와 비슷하게, ⋯와 (꼭)같이**

- шуба под котик 물개털 모양의 외투

- отделать под мрамор 대리석 비슷하게 만들다

- подделаться под чью позу ···와 같은 포즈를 취하다

⑮ **(대응을 나타냄) ···에 맞추어, ···에 어울리게**

- брюки под фрак 연미복에 어울리게 입은 바지
- подлаживаться под чью походку ···와 보조를 맞추다
- работа мне не под силу 이 일은 내 힘에 부친다

⑯ **(보증을 나타냄) ···의 담보로, ···의 보증으로**

- получить(выдать) что под расписку 영수증 대신 ···을 받다(주다)
- давать деньги под залоги 담보를 받고 돈을 꿔주다
- выпустить под чьё поручительство ···의 보증으로 석방하다

## Ⅱ. (+ 조격)

① **(밑에 존재하는 것을 의미함) ···의 밑에**

- под столом 책상 밑에
- под водой(землёй) 물(땅) 밑에(속에)
- подушка под головой 머리 밑의 베개
- стоять под навесом 처마 밑에 서 있다
- сидеть под деревом 나무 밑에 앉아 있다
- лежать под одеялом 이불을 덮고 누워있다

② **···아래쪽에, ···아래에**

- жить под горой 산 밑에 살다
- Под глазами её лежала синева.
  그 여자의 눈 밑에 멍이 나 있었다.

③ **···밑에서, ···를 받으며·쏘이며**

- стоять под дождём 비를 맞으며 서 있다
- умыться под краном 수도꼭지에 얼굴을 대고 씻다
- под огнём противника 적의 포화를 맞으며
- сидеть под солнцем(ветром) 햇볕을 쬐며(바람을 쐬며) 앉아있다

④ **(상태·지배·영향·압력하에 있음을 의미함) ···의 영향하에, ···의 밑에**

---

- под присмотром матери  어머니의 보호하에
- под властью самодержавия  전제정치의 권력하에
- жить под игом тирании  폭정의 압제하에 살다
- находиться под угрозой нападения  공격의 위협하에 있다
- находиться под наблюдением врача  의사의 보호(관찰)를 받다

⑤ …에 지배되어
- жить под иноземцами  다른 민족의 지배를 받으며 살다

⑥ (잠금을 나타냄) 자물쇠를 채워
- под замком  자물쇠가 채워져 있어서
- держать что под ключом  …을 자물쇠로 채워두다

⑦ …의 작용·영향을 받아
- под действием тепла  열의 작용을 받아
- операция под наркозом  마취제를 맞고 하는 수술
- рисовать что под впечатление поездки  여행에서 받은 인상으로 …를 그리다

⑧ (은폐·핑계를 나타냄)
- уйти под предлогом болезни  아프다는 구실로 떠나다
- сообщить под секретом  비밀리에(몰래) 알려주다
- писать под псевдонимом  가명으로 쓰다

⑨ (접근을 나타냄) …가까이에서
- битва под Москвой  모스크바 근교에서의 전투
- под боком  바로 옆에
- под носом  바로 코앞에
- под самым носом у кого  …의 바로 앞에서(코앞에서)

⑩ (용기·저장 장소를 나타냄) …용으로, …가 들어있는, …이 심어져 있는
- бутылка под молоком  우유가 들어있는 병
- банка под вареньем  잼이 들어있는 통(유리병)
- поле под клевером  크로버 풀이 있는 들판

Π

- склад под картофелем  감자 보관 창고
- сарай под сеном  건초를 넣어 둔 헛간

⑪ (전체의 특징을 나타냄) …을 가진, …이 붙어있는
- дом под железной крышей  함석으로 된 지붕 집
- лампа под зелёным абажуром  초록색 갓을 씌운 탁상등

⑫ …라고 불리우는
- известный под именем чего  …라는 이름으로 알려진
- стихи под названием 'Родина'  '조국'이라는 제목의 시

⑬ (조미료를) 가미한
- рыба под соусом  양념을 친 물고기
- солоница под хреном  고추냉이를 가미하여 절인 소고기

⑭ … 라는 의미로
- Что надо понимать под этим словом?
  이 단어(말)는 어떤 의미로 이해해야 합니까?
- Что вы подразумеваете под словом 'демократия'?
  당신은 '민주주의'라는 말을 어떤 의미로 이해하고 있습니까?

П

• под (большим) вопросом быть(또는 оставаться, находиться)
  미해결된·해결해야 할 (큰) 과제·문제로 남아 있다
• под видом чего  …를 빙자하여, …를 구실·핑계로
  (= под предлогом чего)
• под видом того, что …  마치 …이기 때문인 듯,
  …이기 때문이나 한 듯
• под воздействием кого  …의 영향하에·압력하에
• под занавес  마지막에, 끝날 무렵에
• под знаком чего  …의 구호하에·기치하에
• под знаменем кого-чего  …의 기치하에·깃발하에,
  …를 위하여·지침으로 하여
• под конец  마지막에, 끝날 무렵에, 결말에 가서
• под корень  근본적으로(основательно), 원칙·원리적으로

- под названием кого-чего  …라는 이름하에, …로 불리는
- под отчёт взять(또는 получить)  (회계, 경리) 가지급금을 받다
- под пару кому  …에게 알맞은, …에게 어울리는
  - подобрать вещь под пару себе  자기에게 알맞은 물건을 고르다

- под предлогом того, что …  …를 구실·핑계로 하여
  (= под тем предлогом, что …)
  - Он ушёл под предлогом того, что его ждут дома.
    그는 집에서 자기를 기다린다는 구실·핑계로 가버렸다.

- под предлогом чего  …를 빙자하여, …를 구실·핑계로
- под председательством кого  …의 주재하에, 지도하에, 지휘하에
- под расчёт  생각하여, 계산하여, 고려하여(= с расчётом)
- под руки вести кого  …를 부축하여 데리고 가다
- под рукой(또는 под руками) (быть, иметь 등과 함께)  바로 눈앞에, 바로 옆에 (있다, 가지고 있다)
- под руку (сказать, сделать 등과 함께) (누가 무엇을 할 때에)  방해하면서 (말하다, 하다)
- под скипером чьего  (어떤 왕 또는 국가의) 권력하에
- под силу кому-чему  …에게 능력이 있다, …가 감당할 수 있다
- под тем или иным предлогом  이러저러한 구실·핑계하에
- под тем предлогом, что …  …를 구실·핑계로 하여
- под углом чего  …의 각도로
- под углом зрения кого-чего  …의 관점·견해·입장에서는, …의 관점·견해·입장에서 보면
- под этим словом  이 말에서, 여기에서
  - под этим словом автор подразумевает, что …  이 말에서 저자는 …를 말하려 하고 있다

- подавляющее большинство  압도적 다수, 절대다수
- подать в отставку  사표를 제출하다, 사직하다
- подать вид  알아차리게 하다, 이해시키다
- подать дело в суд  사건을 기소하다
- подать знак  신호하다, 알리다
- подать повод  구실·동기를 주다
- подать пример  모범을 보이다
- подать(또는 протянуть) руку помощи кому  …에게 원조·구원의 손길을 내밀다
- подвергать анализу  분석하다
- подвергать нагреванию  가열하다
- подвергнуться воздействию кого-чего  …의 영향을 받다
- подвергаться сжатию  압축되다
- подвести итоги  결산하다, 통계를 내다, 결론짓다
- поддаться обработке  가공되다
- подлежит кому-чему  ①  …속하다, …의 관할하에 있다
  ②  …해야만 한다, …에 해당된다
- поднять занавес  (연극 등) 막을 올리다
  → опускать занавес  막을 내리다
- поднять знамя чего  …의 기치·깃발을 들다
- поднять руку на кого-что  …를 죽이려 하다, …에게 폭행하려 하다; …에게 싸움을 걸다
- подобающим образом  적당하게, 알맞게, 타당한 방법으로
- подобно тому(,) как …  …는 것과 같이, …하는 것처럼
  - Люстра освещала всю комнату подобно тому, как солнце освещает землю.
    태양이 대지를 비추듯이 샹들리에가 온 방을 비추었다.

- подобно этому  이와 유사하게, 이와 같이
- подобного рода  이러한, 이런, 이와 같은

 − подобного рода уступка  이러한 양보


- подобный тому  이러한, 이와 같은, 그러한
- подобным образом  이(그)와 마찬가지로, 이와 같은 방식으로
- подорвать здоровье  건강을 해치다
- подотчёт  (회계, 경리에서) 가지급금
- подсчитать(подсчитывать) расходы  지출비용을 계산하다
- подтвердить(подтверждать) что  …라고·라는 것을
  확증·확인하다
- подоходный налог  (경제) 소득세
- пожалуй  ① 아마 …일지도 모른다 ② 그렇게 생각되다, 동의하다
  ① − Он, пожалуй, уехал.
     그는 아마 떠났을지도 모른다.
  ② − Пожалуй вы правы.
     당신이 옳은 것 같다.


- пожалуй, что …  …라고 가정하자, …라고 생각하자
- познакомиться с кем-чем  …와 알게 되다, …와 인사·통성명하다
  − Познакомьтесь, это мой преподаватель.
    인사하십시오, 이 분은 제 선생님입니다.
  − Познакомимся. (=Давайте познакомимся)
    (처음 만나 인사하고자 할 때) 알고 지냅시다. (통성명합시다)
  − познакомиться с новым товарищем  새로운 동무를 알게 되다


- позволить(позволять) заключить, что …  …라고 결론 내리게
  하다, …라고 결론 내릴 수 있다
- позволить(позволять) кому-чему (+미정형동사)  …에게 …하는
  것을 허용·허락하다·할 수 있게 하다

- позволить(позволять) себе  (자신에게) …하는 것을
  허용·허락하다

- пойти на компромисс с кем  …와 타협하다

  (= войти в компромисс с кем)

  - пойти на компромисс со своей совестью  자기 양심과
    타협하다. (자기의 양심을 속이다)

  - пойти на компромисс в этом вопросе  이 문제에 대해
    타협하다

- пойти на прибыль  증가하기·늘어나기 시작하다

  - День пошёл на прибыль.
    낮이 길어지기 시작했다.

- пока ещё  아직은, 아직까지는

  - Хотя серьезных последствий пока ещё не имело, но
    может создать затруднения в будущем.
    비록 아직까지는 심각한 결과는 발생하지 않았으나, 장차
    어려움이 발생할 수 있다.

- пока не …  …할 때까지

  - Мы ждали, пока он не пришёл.
    우리는 그가 돌아올 때까지 기다렸다.

  - Он повторял стихи до тех пор, пока не запомнил их
    наизусть.
    그는 시를 암송할 때까지 반복하여 읽었다.

- пока что  아직까지는, 당장은, 지금은

  - Пока что доволен(льна).
    지금까지는 만족스럽다.

- показательный процесс (법에서) 공판
- покатиться со смеху 허리가 끊어지도록 웃다,
  배를 끌어안고 웃다
- покончить счёты с кем-чем …와 결판짓다, 끝장내다
- покровительственная пошлина 보호관세
- покупательная способность (경제에서) 구매력
- покупка 구입, 구매(= закупка)
  → продажа 판매
- покушение на свободу 자유를 박탈하려는 기도
- полагалось бы … …해야만 하다, …이어야 하다
  - Полагалось бы руководствоваться.
    지침으로 삼아야만 한다.

- поле видимости 시야
- поле зрения 시야
- политика 정치, 정책
  * 러시아어에는 정책(policy)에 해당하는 단어가 없음.
    따라서 문장에서 내용을 보고 판단해야 함
  - политика солнечного тепла 햇볕정책

- политический деятель 정치가
- политичекая жизнь 정치생명
- политическая партия 정당
- политология(= политическая наука) 정치학
- полная вода (바닷물의) 만조
- полным паром 전속력으로
- полным ходом 전속력으로
- половина на половину 절반으로, 정확히 절반만큼
- положение вещей 상황, 형편, 사정
- положение дел(또는 вещей) 상황, 형편, 사정

- положено (+미정형동사) (대개 무인칭으로) ···하여야 하다,
  ···이 응당하다, 마땅하다
- положим ···라고(가정·생각) 하자
  - Положим, и он тебя видел.
    그도 너를 보았다고 치자.

- положим, что ··· ···라고(가정·생각) 하자
  - Положим, что она тебя видела.
    그녀가 너를 보았다고 하자.

- положительный результат 긍정적인 결과, 긍정적인 결론
- положить(класть) в основу что ···을 기초·토대로 하다
  (= брать за основу что)
- положить душу за кого-что ···을 위해 목숨을 걸다
- положить душу на что ···을 위하여 수고하다,
  ···을 위하여 고생하다
- положить конец чему ···를 끝내다, ···을 중지시키다
  - положить конец ccope 말싸움을 중지시키다

- положить начало 시작하다
- полоса отчуждения(= полоса отвода) (철도가 지나가는 철로를
  포함한 주변의) 철도부지, 철도용지
- полярный день (북극의) 백야
- получать название 명명되다
- получать пособие 보조금·수당을 받다
- получить известность 유명·저명해지다
- получить применение 적용·이용되다
- получить развитие 발전되다
- получить распространие 보급되다, 확대되다, 유포되다
- пользоваться известностью 유명하다

П

- пользоваться мировой известностью  세계적인 명성을 떨치다
- пользоваться удобным случаем  적당한 기회를 이용하다
- пользововаться случаем  …의 기회를 이용하다


- помимо  생격을 동반하는 전치사로 다음과 같은 용법으로 쓰임
① …밖에·외에(는), …을 제외하고(는)
  - Помимо него никто этого не сделает.
    그 외에는 이것을 할 사람은 없다.
② …와는 달리, …와는 별개로
  - помимо прочих соображений  다른 생각과는
    분리하여·별개로 하고
  - помимо этого вопроса  이 문제는 제쳐놓고·별개로 하고
③ …가 모르는 사이에
  - Это произошло помимо нас.
    이것은 우리가 모르는 사이에 일어났다.


- помимо (всего) прочего  또한, 뿐만 아니라
- помимо того  또한, 뿐만 아니라
- помимо того, что …  …뿐만 아니라, …외에도
- помимо этого  이 외에도, 또한
- помнить себя  자기 자신을 알다, 자기 자신을 인식하다
  - Я помню себя ребёнком.
    어릴 때를 기억하고 있다. (어릴 때를 잊지 않고 있다)


- по-настоящему  ① 본격적으로, 정식으로, 진지하게
  ② 사실, 실제로
  ① - заниматься по-настоящему  본격적으로·진심으로
    공부하다·일하다
  ② - По-настоящему так.
    실제로 그렇다.

- по-нашему  우리 식으로는, 우리의 의견(사고·풍습·습관)으로는,
  우리말로는
- попасть под арест  체포되다, 붙잡히다
- попасть под влияние кого-чего  …의 영향하에 들어가다
- попасть под суд  재판받다, 재판에 회부되다
- попасть под чей гнев  …의 격분을 자아내다
- порвать(또는 прекратить) знакомство  교제를 끊다
- посему(= поэтому)  그러므로, 이런 까닭으로
  - Я спешил(а), поэтому не зашёл(шла) к тебе.
    나는 바빠서 너한테 들리지 못했다.

- поскольку  (접속사로 원인을 나타냄) …하는 한, …인 만큼,
  …때문에
  - поскольку я знаю  내가 아는 한, 내가 아는 바로는
  - поскольку он уехал  그가 가버렸기 때문에
  - поскольку ты согласен  네가 동의했으니만큼,
    네가 동의한 이상
  - Вы должны хорошо учиться, поскольку вы студент.
    당신은 대학생이니만큼 열심히 공부해야 한다.

- поскольку ~, постольку …  ~이니까·이기에·때문에 (그만큼)
  …이다·하다
  - Поскольку он много занимается, постольку и результаты
    хорошие.
    그가 많은 시간을 일하니까 그만큼 결과도 좋다.
  - Поскольку решение уже принято, постольку и
    необходимо его выполнить.
    결정이 이미 채택된 이상 그것을 이행해야 한다.

- поскольку ~, то(또는 так) … ~이니까·이기에 (따라서)

  …이다·하다

  - Поскольку все согласны, то и я не возражаю.

    모두 찬성하니 나도 반대하지 않는다.


- после всех  맨 나중에, 맨 마지막으로
- после того(,) как …  …한 후에, …다음에

  - Через два часа после того как я приехал(а) сюда, я

    встретил(а) своего друга.

    나는 여기에 온지 2시간이 지나 친구를 만났다.


- после того  그 후에, 그 다음에
- после чего  그 후에, 그 다음에
- после этого  이후에, 이 다음에
- последнее время  최근, 요즈음
- последнее слова науки  과학(학문)의 최근의(최신의) 성과
- последние времена  말세, 어려운 시기·때
- последует из чего  …로부터 나오다·생기다·도출되다

  - Из этого последует вывод.

    여기로부터 결론이 나온다.

  - Из одного предположения последует другое.

    한 예측으로부터 다른 예측이 도출된다.

  - Из этого ещё не последует, что он виноват.

    이것을 가지고 아직은 그가 잘못했다고 할 수 없다.


- послужить толчком (к) кому-чему  …의 동기가 되다,

  …에 자극이 되다
- поставить что на службу кому-чему  …에 복무시키다,

  …의 이익이 되게 하다

---

- поставить кого в известность о чём  …에게 (정식으로) …대해 통보하다
  - Он сделал это, не поставив меня в известность.
    그는 나에게 알리지 않고 이것을 하였다.

- поставить в счёт(또는 на счёт) кому  …의 잘못으로 치다
- постольку поскольку  (무성의한 행동 등에 대해 언급할 때, 즉 끝까지 책임지지 않거나 제대로 하지 않는 것을 나타냄) 되는 대로, 무성의하게
  - помогает постольку поскольку  무성의하게 도와주다.
    (되는 대로 대충 도와주다)

- ~ постольку, поскольку …  …만큼만(정도만큼, 수준만큼 그 정도로) ~하다·이다
  - Его дела меня интересуют постольку, поскольку они и меня касаются. 그의 일은 나와 관련되어 있는 만큼(연관이 되어 있는 정도 만큼만) 나의 관심을 끈다. (즉 '그의 일이 나에게 관계된 정도만 나는 그의 일에 관심이 있다'는 의미임)

- постоянный капитал  (경제)불변자본
- поступательное развитие  점진적 발전
- поступать против совести  양심을 어기다, 양심에 어긋나게 행동하다
- потерять лицо  체면을 잃다
- потому и  바로 그래서, 바로 그렇기 때문에
- потому как  왜냐하면(= потому что)
- потому что  왜냐하면(= так как)
  - Я не приду, потому что очень занят(а).
    나는 몹시 바쁘기 때문에 오지 않겠다.

---

• потому, что ⋯  ⋯하기 때문이다
• потому-то  바로 그렇기 때문에
　　‒ Вот потому-то я не пришёл(шла).
　　　바로 이 때문에 나는 오지 못했다.


• потребительная стоимость  (경제에서) 사용가치
• потребительная стоимость товара  (경제에서) 상품의 사용가치
• похоже  (술어로) ⋯인 것 같다(= кажется)
　　‒ Он, похоже, не придёт.
　　　그는 아마 오지 않을 것 같다.


• похоже на кого  ⋯와 유사하다, ⋯와 닮았다
　　‒ Он похоже на мать.
　　　그는 엄마를 닮았다.


• похоже на то  (술어로) 그럴 것 같다, 그런 것 같다
• похоже (на то), что ⋯  ⋯인 것 같다, ⋯할 것 같다
　　‒ Похоже на то, что пойдёт дождь.
　　　비가 올것 같다.


• похожий ⋯  ⋯와 비슷한, ⋯를 닮은, ⋯와 유사한
　　‒ похожий на мать ребёнок  엄마를 닮은 아기
　　‒ Он похож лицом на отца.
　　　그는 얼굴이 아버지를 닮았다.


• почему  ① (부사) 왜, 어째서
② (접속사로 설명할 때에) 어떤 원인으로, 무슨 까닭에
③ (접속사로 연결부분에서) ⋯로 말미암아, ⋯때문에, ⋯로 인하여
　　③‒Я болел(а), почему пропустил(а) лекцию.
　　　나는 아파서 강의에 빠졌다.

- почему бы то ни было  어쨌든지 간에
- почить в бозе  (이 형태로만 쓰임) 죽다, 사망하다
- почти несомненно, что …  거의 의심되지 않는다,
    거의 의심할 바 없다
- поэтому  그러므로, 이런 까닭으로
- правильнее сказать  더 정확히 말하자면
- право на труд  노동·일할 권리
- право собственности  소유권
- предварительная договорённость  사전합의
- предвзятое мнение  편견, 선입견
- предложение  (경제에서) 공급
    - предложение на рабочую силу  노동력 공급

- предоставить(предоставлять) займ  차관을 주다
    - предоставить займ без процентов  무이자로 차관을 빌려주다

- предоставить(предоставлять) кому-чему 또는 (+미정형동사)
    …에게 제공하다·허용하다·권리를 주다
    - предоставить лизингополучателю во владение  리스 받는
      자에게 점유·사용하도록 제공하다

- предоставить(предоставлять) кредит  신용으로 돈을 빌려주다
    - предоставить кредит с процентами  이자를 받고 신용으로
      돈을 빌려주다

- предмет  (경제에서) 대상
    - предметы труда  노동대상

- предотвратить болезнь  병을 예방하다
- предотвратить преступление  범죄를 미연에 방지하다

- предполагаемый (어떤 결정을 앞두고) 생각·구상하는(되는), 예정되는, 예상되는
  - предполагаемый проект 구상되고 있는, 예정되고 있는 계획(안)
  - Говоря о Кандо, не могу не добавить несколько слов по поводу предполагаемой железной дороги из Чон-чжина в Гирин.
    간도에 대해 말하면서 청진에서 길림에 이르는 구상되고 있는 철도와 관련하여 몇 마디 첨언하지 않을 수 없다.

- предполагать ① (+미정형동사)…하려고 하다, 의도하다 ② (무인칭으로) …을 전제로 하다, …조건으로 하다
  ① – Я предполагаю ехать вечером.
    나는 저녁에 떠나려고 한다.
  ② – Эта работа предполагает большой опыт .
    이 일을 하기 위해서는 많은 경험이 필요하다.

- предполагаться (무인칭으로) 예상·예기되다, 상상되다
  - Заседание предполагается устроить вечером.
    회의는 저녁에 있으리라고 예상된다.

- предположенный 제출된, 제안된, 제기된, (이미)구상된, 예정된, 예상된
  - предположенный проект 구상된·예정된 계획(안)

- предположим ① 가령 …라고 하자·가정하자 ② (불확신의 표현으로) 글쎄
- предположим, что … 가령 …이라고 하자·가정하자
  - предположим, что он врач 가령 그가 의사라고 하자

- предположить(предполагать), что … …를 예상하다·추측하다
  - Я предполагаю, что он прибудет утром.
    나는 그가 아침에 도착할 것으로 예상한다.

- ~(,) предпочтительнее чего  ~이 (чего)보다 더 좋다,
  (чего)보다 ~이 더 바람직하다
  - Тип А предпочтительнее типа В.
    A타입이 B타입보다 좋다.

- представительная система  (선거체제 등에서) 대의제도
- представить на благовоззрение(= благоусмотрение)  (황제나
  귀족에게 쓰는 표현) 삼가 아뢰다, 올리다, 드리다
- представить декларацию  (세관·세무서 등에서) 신고서를
  제출하다
- представить себе  (보통 кого-что와 함께) 상상하다,
  (머릿속에) 그려보다
  - Я даже не могу представить себе этого.
    나는 이것을 상상할 수 조차 없다.

- представления не иметь  전혀 모른다, 전혀 알지 못한다
  - Я не имею представления об этом.
    나는 이에 대해 전혀 모른다.

- представлять (собой 또는 из себя와 함께)  …이다
  - Это представляет собой редкое явление.
    이것은 드문 현상이다.

- представите (себе)  (상대를 설득할 때) 상상해 보십시오, 생각해
  보십시오

- представиться(представляться) (무인칭으로만) (가능성, 기회가) 생기다, 나타나다
  - если представится удобный случай  만일 좋은 기회가 생기면
  - не представляется никакой возможности  아무런 가능성도 없다
  - Ему представилась командировка.
    그에게 출장 갈 일이 생겼다.

- представляться кем-чем(= являться кем-чем)  ⋯이다
  - Он представляется студентом.
    그는 대학생이다.

- предстоит кому-чему  ⋯에게 당면하다, ⋯가 해야 한다; 예견되다
  - Мне предстоит сделать эту задачу.
    나는 이 과제를 해야만 한다.
  - Ей предстоит интересное дело.
    그녀에게 흥미로운 일이 예견된다.

- предстоящий вопрос  당면한 문제
- предъявить(предъявлять) претензию  (법에서) 손해배상을 청구하다
- предъявить счёт кому-чему  ⋯에게 요구·희망을 표명하다
- предъявить счёт к уплате  지불청구서를 제출하다

- прежде  부사와 생격을 동반하는 전치사로 다음과 같은 용법으로 사용됨
Ⅰ. (부사)
① 이전에, 전에
  - как и прежде  이전과 마찬가지로, 종전과 같이

---

- Прежде так не делали.

    이전에는 그렇게 하지 않았다.

② **우선, 먼저**

- Прежде подумай, а потом скажи.

    우선 생각하고 그 다음 말해라.

## Ⅱ. (+생격)

① **…보다 먼저**

- Я пришёл(шла) прежде всех.

    내가 제일 먼저 왔다.

- Прежде тебя я догадался(лась).

    내가 너보다 먼저 알아맞혔다.

② **…전에, 앞서**

- прежде срока  기한 전에

- **прежде времени  시기 상조로, 때 이르게**
- **прежде всего  ① 우선, 무엇보다도 먼저 ② 가장 중요하다**

    - Прежде всего скажи, куда ты идёшь?

        우선 네가 어디로 가는지 말해라

    - Учёба прежде всего.

        학업이 가장 중요하다.

- **прежде(또는 раньше) нежели …  …(하기) 전에**

    (= прежде чем …)

- **прежде тем, как …  …(하기) 전에**
- **прежде чем …  …(하기) 전에**

    - Прежде чем отвечать, подумай.

        대답하기 전에 생각해라.

- **прежде, чем …  …(보다) 먼저, …(보다) 일찍**
- **преимущественно  주로, 기본적으로, 특히, 대부분**

- пренебрегать приличиями 예법을 무시하다
- преподавать что кому ⋯에게 ⋯을 가르치다
  - преподавать русский язык студентам 대학생들에게
    러시아어를 가르치다 비교) учиться


- преследовать цель 목적을 추구하다
- преходящее явление 일시적인 현상


- при 전치격을 동반하는 전치사로 다음과 같은 용법으로 사용됨
① (부근·근처·가까이에 접해있는 것을 나타냄) ⋯근처에
  - при дороге 길 곁에
  - при станции 정거장 부근에
  - при реке 강변에
  - битва при Бородине 보로지노 근방에서의 전투
② (소속·부속을 나타냄) ⋯에
  - ясли при заводе 공장 탁아소
  - госпиталь при дивизии (군)사단병원
  - состоять при штабе 참모부에서 일하다·근무하다
  - Она будет жить при школе.
    그녀는 학교에 소속되어 생활할 것이다.
③ (사람·동물의) 곁에, 보호하에, 관심 속에
  - находиться неотступно при больном
    환자를 정성스럽게 돌보다
  - Я спокоен(ойна), если ты будешь при мне.
    나는 네가 내 곁에 있으면 안심된다.
  - Он был при отряде.
    그는 부대의 관심사가 되었다.
④ (참석·면전에 있는 것을 나타냄) 참석하에, 면전에서
  - при мне 나의 면전에서, 내 앞에서
  - при всех 모든 사람들 앞에서

П

- разговор при свидетелях  증인들의 참석하에 한 말

⑤ **(시기나 때를 나타냄) …의 (활동)시기에, …시기에, …시대에**

- при жизни  생존 시에

- при крепостном праве  농노제 시대에

- при японском империализме  일제시기에

- Гоголь начал своё поприще при Пушкине.
    고골은 푸슈킨이 활동하던 시기에 자신의 활동을 시작하였다.

⑥ **(위치·정황·조건·시간·기회 등을 나타냄) …때에, …하에, …의
환경에서, …에 더하여·덧붙여·게다가**

- кухня при каждой квартире  매 세대마다에 있는 부엌

- при отъезде  떠날 때에

- при въезде на двор  마당에 들어설 때에

- спать при свете  불이 켜져있는 데서 자다

- читать при свете  불 밑에서 읽다

- купить при случае  기회가 생겨서 사다

- При какой температуре плавится железо?
    몇 도에서 철이 녹습니까?

- При охлаждении пар превращается в воду.
    수증기는 냉각될 때 물로 변한다.

- Ему было тяжело при расставании.
    그는 헤어질 때 괴로웠다.

- При обсуждении вопроса разгорелся спор.
    문제를 토론할 때 논쟁이 치열하였다.

- При такой красоте ты ещё мастерица петь.
    너는 그렇게 아름다운데 게다가 노래까지 잘한다.

⑦ **…에도 불구하고, …에 반하여**

- при всём моём желании  내가 몹시 원하였음에도 불구하고

- при всех данных  아무리·어떠한 자료가 있을지라도

- при всём усердии  아무리 애를 써도

⑧ (존재·소유를 표시함) …에게

- документы при себе 증명서를 휴대하고 있다
- держать при себе оружие 몸에 무기를 휴대하고 있다
- При нём была большая сумма.
  그에게 거액의 돈이 있었다.

⑨ (소지품을 지니거나 착용하는 것을 나타냄) …을
지니고·착용하고·가지고

- при галстуке 넥타이를 매고
- при шляпе 중절모를 쓰고
- Все ходили при всех орденах.
  모든 사람들이 가지고 있는 훈장을 모두 달고 다녔다.

⑩ (일부 명사들과 함께) …에 의해, …의 방법으로, …로 인하여,
…의 결과로, …의 덕분으로

- при помощи кого …의 도움으로
- при содействии друзей 친구들과 협력한 덕에; 친구들과의
  협력하에

- при благоприятных обстоятельствах 적절한 경우에, 호기에
- при благоприятных условиях 적절한 경우에, 호기에
- при виде кого-чего …와 마주쳐서, …를 만나서
- при всём при том 그럼에도 불구하고
- при всём том 그럼에도 불구하고
- при всём этом 이러함에도 불구하고
- при деле 일하고 있다, 취직했다
- при жизни 생존 시에
- при закрытых дверях 비공개로
- при известных условиях 일정한 조건에서
- при наличности(또는 наличии) кого-чего …의 존재·실재하에,
  …의 참석하에

- при неблагоприятных обстоятельствах  공교로운 경우에,
  좋지 않은 경우에
- при неблагоприятных условиях  공교로운 경우에,
  좋지 않은 경우에
- при некоторых обстоятельствах  몇몇의 조건·상황하에서
- при определённых условиях  일정한 조건하에서
- при открытых дверях  공개로
- при первой возможности  가능한 한 곧바로, 기회가 있을 시에 곧
- при первой случайности  우연한 경우에, 우연히 (곧바로)
- при первом случае  기회가 생기면 곧, 기회가 있을 시에 곧
- при первом удобном случае  좋은 기회가 생기면 곧,
  좋은 기회가 있을 시에 곧
- при помощи аналогии  유추하여, 유추에 의하여
- при помощи кого-чего  …의 도움으로
- при посредстве кого-чего  …에 의하여, …을 통하여,
  …의 도움으로
- при прочих равных условиях  다른 조건이 모두 같을 때
- при равных прочих условиях  다른 조건이 모두 같을 때
- при самых благоприятных обстоятельствах  최고의
  호조건일지라도, 최고로 좋은 상황에서도
- при сём(또는 к сему) прилагается  (편지 등에서) 이에 동봉한다,
  이에 첨부한다
- при случае  기회가 있으면
- при смутном времени  혼란스러운 시기에
- при соответствующих условиях  상응하는·부합하는 조건하에서
- при таких обстоятельствах  그런 상황·조건하에서
- при таком положении  이러한 상황·정세·국면에서
- при таком предположении  이러한 가정·가상하에
- при том условии если (когда, что) …  …하는 조건에서라면,
  …하면

- Я согласен(сна), при том условии если ты мне поможешь.
  나는 네가 나를 도와준다는 조건하에 동의한다

• при условии чего  ···의 조건하에, ···하면
  - Я поеду при условии хорошей погоды.
    나는 날씨가 좋으면 가겠다.

• при чём  이와 동시에, 게다가, 이에 덧붙여, 그럼에도 불구하고
• при этом(= причём)  이와 동시에, 게다가, 이에 덧붙여,
  그럼에도 불구하고
• прибыль  이윤  비교) убыток 손실
• приватизация  사유화, 민영화 (영어의 privatization에서 옴)
  - передача государственной собственности в частную
    собственность  국유재산의 사유재산으로의 양도

• привилегированная акция  (주식에서) 우선주
• привлечение иностранного капитала  외자유치
• привести(приводить) аргументы  논거·근거를 대다,
  논거·근거를 들다
• привести(приводить) в восторг  환희에 넘치게 하다
• привести(приводить) в готовность  준비하다
• привести(приводить) в движение  움직이다
• привести(приводить) в замешательство  당황하게 하다
• привести(приводить) в порядок чего  ···를 정리·정돈하다
• привести в себя  ① 정신 차리다, 정신이 들다, 의식을 회복하다
  ② 망상에서 깨어나게 하다, 제정신이 들게 하다
• привести(또는 войти) в соприкосновение с кем-чем
  ···와 충돌·부딪히다
• привести(приводить) в ужас  공포에 질리게 하다

- привести в чувство(또는 в память) 의식·기억을 회복시키다, 소생시키다
- привести в ярость(또는 бешенство) 분노케 하다
- привести(또는 вести) дело к концу 일을 끝내다
- привести(приводить) довод 논거를 들다
- привести(또는 вести) к гибели 멸망시키다
- привести(또는 вести) к движению 움직이다
- привести к надлежащей готовности 정상화시키다
- привести(또는 вести) к победе 승리로 이끌다
- привести(또는 вести) к поражению 패배시키다
- привести к порядку кого …의 행실을 바로 잡아주다
- привести(또는 вести) к путанице 혼돈되게 하다
- привести(приводить) к тому, что … …로 이끌다, …를 초래하게 하다
- привести(приводить) кого в известность …에게 통지 통보하다, …에게 알리다
- привести мотивы в пользу чего …에게 이로운 논거를 가져오다·내놓다
- привести приговор в исполнение 판결을 집행하다
- привести(приводить) пример 예를 들다
- привести(приводить) ссылки 인용하다
- привести(приводить) цитату 인용하다
- привести(приводить) что в известность …을 밝히다, …을 알아내다, …을 명백히 하다
- привлечь кого к ответственности …에게 책임을 추궁하다
- приводить в жизнь 실행·실천·실시하다

- приводиться:(кому-чему+미정형동사와 함께 또는 무인칭으로) …하게 되다

- Мне приводилось побывать там.

  나는 그곳에 간 적이 있다.
- По той дороге приводится путешествовать либо в

  китайской телеге на быках, либо пешком.

  그 길을 따라 황소가 끄는 중국식 짐마차를 이용하든지 또는

  걸어서 이동해야만 한다.
- Ему приводилось испытать много горя.

  그는 많은 고통을 겪게 되었다.


• приговорить кого к смертной казни  …에게 사형을 언도하다
• пригодиться(пригождаться) кому-чему  …에게 쓸모 있다,

  유용하다, 필요하다
  - Умный совет всегда пригодится.

    현명한 충고는 항상 필요하다.
  - Я пригожусь тебе.

    나는 너에게 쓸모가 있을 것이다. (필요할 것이다.)


П

• придётся(приходится)  прийтись(приходиться)의 무인칭

  현재형임 (кому+미정형동사와 함께 또는 무인칭으로)

  ① …해야만 한다 ② …하게 되다, …할 기회가 오다
  ① - Ей придётся ждать.

    그녀는 기다려야만 한다.
  ② - если вам придётся случайно поехать в корею  당신에게

    우연히 한국에 갈 기회가 온다면


• придётся  (부사 또는 대명사와 함께) 되는 대로, 아무렇게나
  - когда придётся  아무 때나
  - как придётся  어떻게 되든
  - с кем придётся  아무하고나
  - где придётся  아무 데서나

- придётся(приходится) прийти к тому заключению, что ⋯
  ⋯라는 결론에 이르게 된다, ⋯라는 결론에 이를 수 밖에 없다
- приехать(приезжать) на기간 (기간)을 예정하고 오다
  - приехать(приезжать) на две недели в Сеул 두 주일을
    서울에 있을 예정으로 오다


- приехать(приезжать) на работу 일하러 오다
- признаться сказать (술어로) 솔직히 말하면
- прийти(приходить) в себя 정신이 들다, 정신을 차리다,
  안정·진정하다
- прийти в недоумение (몰라서) 당황하다, 의아해하다, 망설이다
- прийти в чувство(또는 сознание) 정신이 들다
- прийти к власти 정권·권력을 잡다
- прийти(приходить) к выводу 결론에 이르다, 결론에 도달하다
- прийти(приходить) к выводу, что ⋯ ⋯라는 결론에 이르다
- прийти(приходить) к единому мнению 의견 일치에 이르다,
  의견 일치를 보다
- прийти(приходить) к (тому) заключению 결론에 이르다,
  결론에 도달하다
- прийти(приходить) к (тому) заключению, что ⋯
  ⋯라는 결론에 이르다, ⋯라는 결론에 도달하다
- прийти(приходить) к соглашению 합의에 도달하다
- прийти(приходить) на память 기억이 나다, 생각이 나다
- прикладная математика 응용수학
- прикладное искусство 공예미술, 공예, 조형예술
- прикладные науки 응용과학
  → фундаментальные науки 참조
- приложить(прилагать) все усилия к чему ⋯에 전력을 다하다
- приложить(прикладывать, прилагать) руку к чему(또는 под
  чем) ⋯에 서명하다

- приложить(прилагать) силы  힘을 기울이다, 노력하다
- применительно к кому-чему  …에 준하여, …에 맞추어
    - применительно к местным условиям  현지(지역)의
      상황(조건)에 맞추어
    - применительно к данному случаю  이 경우에는,
      이 경우에 있어서는


- примириться  ① с чем 복종·순종하다, 받아들이다
② с кем-чем 화해하다
    ① – примириться с судьбой  운명으로 받아들이다
    ② – примириться с соседом  이웃과 화해하다


- принести(приносить) доход  수익·소득을 가져오다
- принести(приносить) жертву чему(또는 в жертву что)
    …을 희생시키다
- принято (+미정형동사)  일반적인 통례이다, 일반적으로 …하다
- принять(принимать) активное участие в чём
    …에 적극적으로 참여·참가하다
- принять(또는 взять, принимать) в соображение кого-что
    …을 고려하다
- принять(또는 взять, принимать) в расчёт кого-что
    …을 고려·계산·예상하다
    - принять в расчёт его предложение  그의 제안을 고려하다


- принять(принимать) во внимание кого-что  …을 고려하다,
    염두에 두다
- принять вызов  도전을 받아들이다
- принять(принимать) деятельное участие в чём
    …에 적극적으로 참여·참가하다
- принять(принимать) душ  샤워를 하다

---

РУССКИЕ ИДИОМЫ

- принять(принимать) к исполнению  수행하다, 이행하다, 집행하다
- принять к сведению  참고로 하다, 참고하다
- принять(принимать) меру к тому, чтобы …  …하기 위한 조치를 취하다
- принять(принимать) меры  조치를 취하다
- принять(принимать) надлежащие меры  적절한·마땅한 조치를 취하다
- принять(принимать) позу кого 또는 какую  (어떠한) 자세·포즈를 취하다
- принять что на свой счёт  …을 자기에게 관계되는 것이라고 간주하다
- приобрести в собственность  소유로 만들다
- приписать(приписывать) кому-чему  …에 귀착·귀결시키다, …에게 돌리다
- природные(= естественные) ресурсы  천연·자연자원
- присоединиться к взгляду  견해를 같이하다, 공감하다
- приступить к ревизии  검열에 착수하다
- притязание на что  …에 대한 권리주장

- приходилось  (кому+미정형동사와 함께 또는 무인칭으로)  …하게 되었다, …할 기회가 있었다
  - Ей приходилось проживать в Корее.
    그녀에게 한국에서 살 기회가 있었다.

- приходится  (кому+미정형동사와 함께 또는 무인칭으로)  …하게 되다, …할 기회가 오다
  - Ей приходится проживать в Корее.
    그녀에게 한국에서 살 기회가 왔다.

• пришлось  прийтись의 무인칭 과거임(кому+미정형동사와 함께
  또는 무인칭으로) ① …해야만 하였다 ② …하게 되었다,
  …할 기회가 있었다

① –Мне пришлось уехать.
     나는 떠나야만 하였다.

  –Пришлось согласиться.
     동의해야만 하였다.

② –Ей пришлось нелегко на чужбине.
     그녀에게 타향살이는 쉽지 않았다.

  –Не пришлось.
     기회가 오지 않았다. (기회가 없었다)


• про  대격을 동반하는 전치사로 다음과 같은 용법으로 사용됨

① …관하여, …관한, …대한

  – поговорить про друзей  벗들에 대해 이야기하다
  – сказка про белого бычка  흰 송아지에 대한 옛 이야기

② …대비하여, …대처하여

  – про случай(또는 всякий случай)  만일의 경우를 생각해서
  – про чёрный день  불행·재난이 닥쳐올 때를 대비하여, 만일의
    경우에 대처하여

③ …위한, …용의

  – про домашний обиход  가정용(품)으로
  – Это не про вас.
    이것은 당신을 위한 것이 아니다.


• про запас  예비로, 만일을 대비하여
• про и контра  찬성과 반대, 찬반(= за и против)
• про себя  혼자서, 홀로, 속으로

  – жить про себя  홀로 살아가다

- думать про себя 혼자 속으로 생각하다

- читать про себя 속으로 읽다


- пробудиться ото сна 잠에서 깨다, 잠을 깨다
- провалиться на экзамене 시험에서 떨어지다·낙제하다
- проверить свой вывод 자기 결론을 확인하다
- проводить в жизнь что …를 실현·실천하다, …를 실행하다,
  …를 관철시키다
- продажа 판매 비교)покупка 구입, 구매
- прожить свой век 한 생을 살다, 일평생을 보내다
- произвести(또는 сделать) ревизию (물품 재고등을) 파악하다,
  검사를 진행하다; 검열하다
- производительность труда 노동생산성
- производительные силы 생산력
- производственная мощность 생산능력
- производственная структура 생산구조
- производственный цикл 생산주기
- производственные отношения 생산관계
- пройти мимо кого-чего ① 알아보지 못하다, 알아차리지 못하다,
  간과하다 ② 묵과하다, 묵인하다
- промёрзнуть до костей 추위가 뼛속까지 스며들다
- промокнуть до нитки 흠뻑·완전히 젖다
- промышленная революция 산업혁명
- промышленный капитал 산업자본
- проникнуться мыслью, что … …라는 생각을 (확실히) 갖다
- проникнуться сознанием (확실히·충분하게) 인식하다
- пропасть без вести 소식 없이 사라지다, 행방불명되다
- пропустить мимо ушей 귓등으로 듣다, 귀를 기울이지 않다
- просрочка (지불 등의) 기한을 넘기는 것, 체불
- простое воспроизводство (경제에서) 단순재생산

- простые проценты （경제에서） 단리

  →сложные проценты 복리

  →проценты за неустойку 연체이자


- простыми глазами(= простым глазом)  맨눈으로
- против всякого ожидания  기대와는 전혀 반대로, 생각한 것과는 전혀 다르게
- протравитель(= протравливатель) （농업） 종자소독기
- протравить(протравливать) что чем  （농업） …을 …로 소독하다
  - протравить(протравливать) семена формалином 종자를 포르말린으로 소독하다


- протянуть руку (помощи) кому  …에게 원조·도움의 손길을 내밀다
- проще всего  제일 간단한, 제일 쉬운
- прошедшее время  과거
- прощупать(또는 нащупать) почву для чего  …의 가능성을 찾다·타진하다
  - прощупать почву для переговоров 협상할 가능성을 찾다·타진하다


- проявить(проявлять) себя  （스스로의 특성 등을） 드러내다
- прямая пропорциональность  （수학） 정비례
- прямо смотреть кому в лицо  …의 얼굴을 정면으로 바라보다
- пустить в дело  적용하다, 이용하다, 사용하다
- пункты декларации  （세무서, 관세업무등에서） 신고서 항목


- пусть: ① （동사의 1, 3인칭과 함께 명령, 허용, 방임 등을 뜻함）
  …하게 하라, (부사로)…하게 내버려 둬라, …해도 좋다

- Скажи ему, пусть он ждёт.

  그에게 기다리라고 전해라.
- Пусть она войдёт, если хочет.

  그녀가 원한다면 들어오게 하라.
- Пусть говорит, что хочет!

  하고 싶은 대로 말하게 내버려 둬라!

② **(접속사로)** …**라고 가정하자; 비록** …**할지라도,** …**하더라도**

- Пусть я ошибся(блась), но эту ошибку я давно исправил(а).

  내가 잘못했다고 하자, 그러나 나는 오래 전에 이 잘못을 고쳤다.
- Пусть A=B.

  (수학에서) A와 B가 같다고 가정하자.
- Пусть будет поздно, но я пойду.

  늦더라도 가겠다.
- Задача пусть трудная, но выполнимая.

  과제·과업은 비록 어렵지만 수행할 만하다.

- **пусть бы** … …**(해)도 상관없다**

  - Пусть бы ветер, лишь бы дождя не было.

    비만 오지 않으면 바람은 불어도 상관없다.

- **пусть так  (술어로) 그렇게 해라, 그렇게 해도 좋다**
- **путём** чего  …**함으로써**
- **пути сообщения  교통로**
- **пьяный как сапожник  곤드레만드레 취한**

  →напиться (нарезаться) как сапожник 참조

P

- рабочая сила  노동력

- равно как и …  …와 마찬가지로, …와 같게

- равносильно кому-чему  …와 마찬가지다, …와 같다

- равным образом  마찬가지로, 동일하게

- ради приличия  예의상, 예의로

- раз (что)  만일 …하면(= если), 일단 …하면, 일단 …한 이상

  - Раз она решила, она будет сделать так.

    일단 그녀가 결심하였다면 그녀는 그렇게 할 것이다.


- раз в год  일년에 한 번

- раз за разом  계속하여, 연이어서

- раз и навсегда  ① 영원히 ② 처음이자 마지막으로

  ③ 최종적으로, 결정적으로

- раз на всегда  영원히

- раз (что)~, то …  일단 ~하면 …하다(= если ~, то …)

  - Раз что он уехал, то он больше не возвратится.

    그가 일단 떠난 이상 다시는 돌아오지 않을 것이다.


- разбрасыватель  ① 뿌리는 사람, 배포하는 사람

  ② (비료, 두엄) 살포기

- разбросать(разбрасывать) навоз  (농업) 두엄을 뿌리다

- разбросать(разбрасывать) удобрения  (농업) 비료를 뿌리다

- разбрызгать(разбрызгивать) духи  향수를 뿌리다

- разбрызгать(разбрызгивать) кругом воду  주위에 물을 뿌리다

- разбрызгать(разбрызгивать) ядохимикаты  (농업) 농약을

  뿌리다

- разбрызгиватель  분무기

  - разбрызгиватель ядохимикатов  농약 분무기

  - разбрызгиватель для жидких удобрений  액체비료 살포기

- разве (только) …만 아니면, …만 아니라면(если не …, если только не …의 뜻을 가진 조건을 나타냄)
  - Он непременно сделает это, разве (только) заболеет.
    그는 아프지만 않으면 이 일을 꼭 할 것이다.

- разве только(= лишь 또는 что) …외에는, 단지 …만, 오로지 …만
  - Никто не знает этого, разве только он.
    그 외에는 아무도 이것을 모른다.
  - Схожи они разве только глазами.
    그들은 눈만 서로 비슷하다.

- развязать(развязывать) руки кому …에게 마음대로 할 수 있게 하다, …에게 자유를 주다
- разделение труда 노동분업
- различного вида 여러 가지 형태의, 다양한 종류의
- различными способами 여러 가지 방법으로, 다양한 방법으로
- разложение на множители (수학) 인수분해
- разного рода 다양한, 여러, 다양한 종류의
- ранее(= раньше) сего 이전에, 전에
- ранее нежели … …(하기) 전에
- рано или поздно 조만간에, 이르나 늦으나, 어떻든 간에 꼭(있을 것이다)
- раньше времени 때 이르게, 제시간보다 먼저, 시기상조로
- раньше всего 우선, 제일 먼저
- ранше нежели … …(보다) 먼저, …전에
- ранше срока 기한 전에, 기한 내에
- ранше чего …전에
- рассчитывать (+미정형동사) …(할 것을) 예상하다·생각하다
- рассчитывать на кого-что 또는 (+미정형동사) …을

P

기대하다·믿다

- расход  지출  비교) доход 수입
- расширенное воспроизводство  (경제) 확대재생산
- расшифровка  ① (암호·필적 등의) 풀이, 해독 ② (숨어 있는
  의미·사상·의도 등의) 판단, 해석, 간파 ③ (회계보고, 계산서
  등의) 세부내역서
- ратифицировать(подписать) договор  조약을 비준(조인)하다
- рейдер  (영어 raider) 원래 무장한 소형상선을 의미하나
  현재는 다른 기업을 흡수·합병하는 것을 추구하는 회사를
  의미하는 것으로 투기회사나 투기세력을 의미함. 즉
  기업사냥꾼(corporate raider)
- речь идёт о ком-чём  …에 관해 이야기되고 있다,
  …에 대해 말해지고 있다
- решаться на что 또는 (+미정형동사)  …를 결심하다,
  …를 결정하다
- решающий момент  결정적인 순간
- решительным образом  단호하게
- рисовать с натуры  실물을 그대로 그리다
- розничная цена  소매가격  비교) оптовая цена
- розничный  소매의
- розничный товар  소매상품
- роковым образом  숙명적으로, 결정적으로, 필연적으로
- рост(= подъём, повышение, улучшение) благосостояния
  народа  국민의 복지·복리향상(개선)
- руку наложить на что  …을 손에 넣다, 점유하다, 차지하다
- рука к руке  손에 손을 맞 잡고
- рука об руку  ① 손에 손을 잡고 ② 함께, 협력하여
- руководство на месте  현지지도
- руководство к действию  행동지침
- рукой подать  손 내밀면 닿을 곳에, 엎어지면 코 닿을 데

- ручаться(또는 отвечать) за качество чего ⋯의 품질을 보증하다
- рынок реального(= наличного) товара 현물시장
- рыться в памяти 기억해 내려고 하다, 생각해 내려고 하다
- рядом с кем-чем ⋯과 나란히, ⋯함께, ⋯근처에

Р

C

- с (со)  생격, 대격, 조격을 동반하는 전치사로 다음과 같은 용법으로 사용됨

## Ⅰ. (+생격)

① (어떤 사물과 장소의 표면으로부터 떨어져 나가는 것을 나타냄)
   …에서, …로부터
   - убрать посуду со стола  식탁에서 식기를 거두다
   - взять книгу с полки  책장에서 책을 골라 잡다
   - сорвать яблоко с ветки  (나뭇)가지에서 사과를 따다
   - встать со стула  걸상에서 일어나다
   - уволить с работы  해고시키다
   - спуститься с горы  산에서 내려오다
   - Поезд сошёл с рельсов.
     기차가 탈선하였다.

② (동작이 시작되는 출발점을 나타냄) …에서, …으로부터
   - приехать с завода  공장에서 오다
   - вернуться с вокзала  정거장에서 돌아오다
   - вернуться с фронта  전선에서 돌아오다
   - вернуться со стадиона  경기장에서 돌아오다

③ (행동의 장소를 표시하는 명사와 함께) …에서, …으로부터
   - вернуться домой с работы  퇴근하다
   - вернуться с войны  전장에서 돌아오다
   - прийти домой с лекции  강의를 마치고 집으로 오다
   - прийти домой с экзамена  시험을 보고 집으로 오다
   - прийти с охоты  사냥에서 돌아오다
   - Он пришёл с мороза.
     그는 혹한 속을 걸어왔다.

④ (지명, 산, 강을 나타내는 명사와 함께) …에서, …부터
   - приехать с Кавказа  카프카스에서 오다
   - приехать с Урала  우랄에서 오다

C

⑤ **(소리·바람 등이 오는 방향) ···의 쪽으로부터**

- шум с улицы  거리에서 들려오는 소음

- крики, несущиеся с реки  강 쪽에서 들려오는 외침

- Ветер дует с моря.
  바람은 바다 쪽에서 불어온다.

⑥ **(на와 함께 반복동작을 나타냄) ···에서 ···로**

- переезжать с места на место  한곳에서 다른 곳으로 옮겨
  다니다. (이곳 저곳으로 옮겨 다니다)

- Корабль валяло с боку на бок.
  배가 좌우로 심하게 흔들렸다.

- Лодку валяло со стороны на сторону.
  보트가 좌우로 되게 흔들렸다. ＊ валять가 무인칭으로 쓰였음

⑦ **(인물·사물의 출처를 나타냄) ···로부터의**

- инженер с завода  공장에서 온 기술자

- письмо с родины  고향에서 온 편지

- цветы с юга  남방화초

- перчатка с правой руки  오른쪽 장갑

- картина с выставки  전시회에서 가져온 그림

- огурцы со своего огорода  자기 텃밭에서 딴 오이

- посылка с почты  우체국에서 보내온 소포

⑧ **(동작·작용의 출발점·방향을 나타냄) ···에서, ···로부터**

- вход со двора  마당 쪽으로 난 입구

- удар с фланга  측면공격, 측면타격

- смотреть с крыльца по сторонам  바깥 현관에서 사방을
  둘러보다

- окружить со всех сторон  사방에서 포위하다

- со стороны леса  숲 쪽에서, 숲 쪽으로부터

⑨ **(관점을 나타냄) ···에서**

- с политической точки зрения  정치적 관점에서(는)

- с экономической точки зрения  경제적 관점에서(는)

---

- с одной стороны  한편으로는
- с другой стороны  다른 편으로는, 다른 측면에서는

⑩ (인물·사물의 위치를 나타냄) …쪽에
- С правой стороны от дороги находилась берёзовая роща.
  길 오른쪽에 자작나무 숲이 있었다.

⑪ (모사·재현·창조의 대상을 나타냄) …에서, …로부터
- копия с документа  문건의 사본
- рисовать с натуры  실물을 그대로 그리다
- брать пример с кого  …를 본보기·예로 취하다
- снять мерку с кого  (재단사가) …의 몸 치수를 재다
- перевести с русского  러시아어를 번역하다

⑫ (무엇을 납부하거나 내게 되어 있는 인물·사물을 나타냄) …로부터
- получить деньги с заказчика  주문자로부터 대금을 받다
- взимать пошлину с товара  상품관세를 징수하다·거두다

⑬ (계산의 단위를 나타냄) …당
- отчислять по два рубля с тысячи  1천 루블 당 2루블씩
  공제하다

⑭ (일이 시작되는 출발점을 나타냄) …로부터
- С кого(чего) начать?
  누구(무엇)부터 시작할까?
- Начнём с вас.
  당신부터 시작합시다.
- Дело началось с пустяков.
  일·사안은 하찮은 것에서 시작되었다.

⑮ (시간적 시작점을 나타냄) …부터
- с детства  유년시절·어릴 때부터
- с раннего утра  아침 일찍부터
- с вечера  저녁부터
- с прошлого года  작년부터
- с тех пор  그때부터

- начиная с этого года  금년부터 시작하여

⑯ (до, по와 함께) ···부터 ···까지

- с весны до осени  봄부터 가을까지
- с утра до вечера  아침부터 저녁까지
- с мая по сентябрь  5월부터 9월까지
- с начала до конца  처음부터 끝까지

⑰ (가까운 시점을 표시) ···부터 ···까지

- с воскресенья на понедельник  일요일부터 월요일까지·에 걸쳐서
- с десятого на одиннадцатое июля  7월 10일부터 11일까지·에 걸쳐서

⑱ (시간을 나타내지 않는 명사와 함께) ···로

- опьянеть с двух рюмок  두 잔으로 취하다
- узнать кого с первого взгляда  ···를 첫눈에 알아보다
- влюбиться с первой встречи  첫눈에 반하다

⑲ (어떤 상태로부터 다른 상태로의 순간적인 이행을 나타냄) ···하고 바로·인차

- со сна сесть в ванну  잠에서 깨어나자마자 목욕탕에 들어가다

⑳ (원인·계기·이유를 나타냄) ···때문에, ···로 인하여

- вскрикнуть с испуга  놀라서 소리지르다
- умереть с голоду  굶어죽다
- трудно с непривычки  습관이 되지 않아 힘들다

㉑ (행위의 근거를 나타냄) ···에 근거하여, ···에 따라서

- с одобрения правительства  정부의 승인을 받고서
- с позволения родителей  부모의 허락을 받고

㉒ (양태·수단·원조를 나타냄) ···로, ···로써

- кормить ребёнка с ложечки  숟가락으로 어린애에게 먹이다
- Собственные имена пишутся с большой буквы. 고유명사는 대문자로 쓴다.

㉓ (운동을 표시하는 명사와 함께 '한번에, 일거에, 기세를 높여'의 뜻을 나타냄)

- с маху 힘껏, 단숨에, 한번에

- с налёта 갑자기, 불쑥, 불의에

- с разбега 전속력으로 달리어, 달리던 기세로

- с разгона 힘껏 달리어

- с ходу 걸음을 멈추지 않고, 걸어가면서; 단번에, 일거에(сразу)

㉔ (довольно, хватит, достаточно 등과 함께) …(에게) 있어서

- Наслушался, хватит с меня.
  나는 그 말은 여러 번 들었다. (즉, '이제는 그만 말하라'는 의미임)

- Со старухи и этого достаточно.
  노파에게는 이것만으로도 충분하다.

- С меня довольно и половины.
  나에게는 절반만으로도 충분하다.

## Ⅱ. (+대격)

① (대략적인 시간, 공간, 무게, 수량을 나타냄) 대략, …가량(около)

- с метр длиной 길이가 1m 가량

- отдохнуть с полчаса 반시간 가량 휴식하다

- подождать с минуту 1분 정도 기다리다

- Туда будет с километр.
  그곳까지는 1km 정도 된다.

② (비교의 대상을 나타냄) …만큼, …만한

- величина с яблоко 사과만 한 크기

- Он ростом с меня.
  그는 키가 나만 하다.

- Двенадцать лет, а с маму ростом.
  열두 살이지만 키는 어머니만 하다.

## Ⅲ. (+조격)

① (함께 행동하거나 붙어있는 인물·대상을 나타냄) …와 함께, …와 같이, …와

C

- тесное сочетание учёбы с производственным трудом
  학습과 생산노동과의 밀접한 결합
- дождь со снегом  진눈깨비
- повидать отца с матерью  부모를 만나뵈다
- наше с тобой путешествие  나와 너의 여행
- наша с тобой молодость  나와 너의 청춘
- Мы с ним друзья.
  나와 그는 친구지간이다.

② **(다른 인물·사물과 함께 구성부분이 되는 인물·사물을 나타냄)**
   **…를 포함하여**
- Нас с детьми семь человек.
  아이들을 포함하여 우리는 모두 일곱 명이다.

③ **(추가를 나타냄)**
- через двое с половиной суток  이틀 반 후에
- два с полтиной рубля  2루블 50코페이카

④ **(행동이 미치는 범위를 나타냄) …까지, …까지 포괄하여**
- укрыться с головой одеялом  이불을 머리까지 푹 뒤집어쓰다
- съесть с потрохами  내장까지 먹다

⑤ **(소유물 또는 움직일 때 동반하는 인물이나 대상을 나타냄) …를**
   **가지고, …로**
- сидеть у реки с удочкой  낚싯대를 드리우고 강가에 앉아있다
- стоять на посту с автоматом  기관단총을 지니고 보초를 서다
- выйти в отставку с чином майора  소령 직급으로 퇴역하다

⑥ **(현상·상태의 원인이 되는 대상을 나타냄) …와 함께하면**
- Мне очень весело с тобой.
  나는 너와 함께 있으면 매우 즐겁다.
- С таким человеком не скучен скучный путь.
  이런 사람과 함께 있으면 지루한 여행길도 따분하지 않다.

⑦ **(인물·사물의 특징을 나타냄) …이 있는, …을 가진**
- дом с мезонином  다락방이 있는 집

- нос с горбинкой  매부리코
- девочка с ямочками на щеках  양쪽 볼에 보조개가 있는 소녀

⑧ **(용기의 안·속을 나타냄)** ···이 들어있는

- стакан с водой  물이 담겨있는 컵
- ваза с цветами  꽃이 꽂혀있는 꽃병
- мешок с мукой  밀가루가 든 포대
- бумажный пакет с подарком  선물이 들어있는 종이 꾸러미

⑨ **(어떤 행동에 동반되는 현상을 나타냄)** ···하면서, ···면서

- идти с песнями  노래를 부르며 가다
- Они с плачем обнялись.
  그들은 울면서 서로 껴안았다.

⑩ **(행동의 양태를 나타냄)**

- читать книгу с интересом  책을 흥미롭게 읽다
- ударить с силой  힘껏 때리다·치다
- есть с жадностью  게걸스럽게 먹다
- ждать с нетерпением  초조하게 기다리다
- читать с выражением  생동감·표현력 있게 읽다
- со смехом  웃으면서

⑪ **(수단을 나타냄)** ···으로, ···을 통하여, ···을 가지고

- уезжать с поездом  기차로 떠나다
- рассматривать с лупой  확대경으로 보다
- мыть с мылом  비누로 씻다
- посылать с почтой  우편으로 보내다

⑫ **(목적을 나타냄)** ···하려고

- явиться с докладом  보고하기 위해 오다
- ездить с визитами  방문하기 위해 다녀오다

⑬ **(공간상 인접·접근을 나타냄)** ···와 인접하여, ···와 붙어있는

- сидеть рядом с сестрой  누이 곁에 앉아있다
- комната, смежная с кухней  부엌과 붙어있는 방
- граница с Китаем  중국과의 국경

C

⑭ …와 동시에, …하자; …함에 따라, …와 더불어

- встать с зарёй  동이 트자 일어나다

- выехать с рассветом  날이 밝자 떠나다

- поумнеть с возрастом  나이를 먹어 감에 따라 더 지혜로워지다

- с каждым днём  날이 감에 따라, 나날이

⑮ (행동의 대상을 나타냄) …을 상대로, …와, …과

- говорить с братом  형(동생)과 말하다

- шептаться с соседом  옆 사람과 속삭이다

- соревноваться с соседним заводом  이웃 공장과 경쟁하다

⑯ (결합·통합·일치·만남을 나타냄) …와, …과

- встретиться со знакомым  아는 사람과 만나다

- столкнуться с машиной  자동차와 충돌하다

- слиться с большой рекой  큰 강에 합류되다

- соединить теорию с практикой  이론과 실천을 결합시키다

⑰ (상호 간의 관계를 나타냄) …와(과), …과의

- проститься с друзьями  친구들과 헤어지다

- установить дипломатические отношения с Китаем  중국과 외교관계를 맺다

⑱ (비교의 대상을 나타냄) …와, …과

- сравнить себя с другими  자기를 다른 사람과 비교하다

- сравнить с оригиналом  원문과 대조하다

- по сравнению(또는 в сравнении) с чем  …과 비교하여, …에 비하여

⑲ (어떤 상태에 있는 인물·사물을 나타냄)

- авария с самолётом  비행기 사고

- Что с вами?
  당신(들)에게 무슨 일이 생겼습니까?

- Что случилось с тобой?
  너에게 무슨 일이 생겼니?

㉒ (무인칭으로)

- У ребёнка нехорошо со здоровьем.

  아기의 건강상태가 좋지 못하다.

- Теперь очень трудно с жильём.

  지금은 주택사정이 매우 곤란하다.

㉑ (행동이 가해지는 대상을 나타냄)

- бороться с засухой  가뭄과 싸우다

- справиться с работой  일을 감당해 내다·처리하다

- поспешить с отъездом  출발을 서두르다

- быть осторожным с огнём  불조심하다

- Поздравляю вас с днём рождения.

  당신의 생일을 축하합니다.


• с большим трудом  겨우, 힘겹게

• с ведома кого-чего  …에게 통지하고서, 알리고서;

  …의 승인·합의하에

• с виду  겉보기에는

• с вызовом  도전적으로

• с глубокой древности  먼 옛날부터

• с годами  세월이 흐름에 따라, 해가 감에 따라

• с головы до пят  머리끝에서 발끝까지; 모든 점에서

• с давних пор  오래 전부터, 옛날부터

• с дорогой душой  기쁘게, 자진하여

• с древнейших времени  고대부터, 옛날부터

• с древних времён  고대부터, 옛날부터

• с другой стороны  다른 한편으로는, 다른 측면에서는

• с души  한 사람에게서

• с избытком  충분하게, 넉넉히, 풍요롭게

• с именем  이름난, 유명한

- автор с именем  이름난 저자·작가

- с каждым днём  날이 지남에 따라, 나날이, 점점 더
- с лёгким(тяжёлым) сердцем  가벼운(무거운) 마음으로
- с лёгкой совестью  마음 편히, 마음에 걸리는 데가 없이
- с лишним  남짓하게, 조금 더 남게
    - четверо суток с лишним  4일 낮밤 남짓하게
    - в 3 с лишним раза  3배 남짓하게

- с маху  힘껏, 단숨에, 한번에
- с места на место  한곳에서 다른 곳으로, 이곳 저곳으로
    - переезжать с места на место  이곳저곳으로 옮겨 다니다

- с минуты на минуту  머지 않아, 곧; 이제나 저제나; 시시각각, 점점 더
    - Беспокойство его возрастало с минуты на минуту.
      그의 불안(근심)은 시시각각 커졌다.

- с намерением  일정한 의도하에, 의도를 가지고, 일부러
    - сделать что с намерением  의도적으로 …을 하다

- с налёта  갑자기, 불쑥, 불의에
- с натяжкой  억지로, 우격다짐으로, 우겨서
- с начала до конца  처음부터 끝까지
- с нашей стороны  우리 측에서
- с недоумением  의혹을 품고, 의아해하면서
- с некоторым приближением  대략
- с ног до головы  발끝에서 머리까지, 모든 점에서
- с нынешнего дня  오늘부터
- с общих(또는 главных, основных) чертах  대체로, 대개, 요점을 말하면
- с одной стороны  한편으로는

C

- с одной стороны ~, (а) с другой стороны ⋯  한편으로는 ~하고·이고, 다른 한편으로는 ⋯하다·이다
- с открытым(또는 чистым) сердцем  툭 털어놓고(= откровенно)
- с первого раза  처음부터
- с первого шагу  처음부터, 시초부터
- с первых же дней  첫 시기부터
- с полным основанием  완전한 근거를 가지고
- с полным сознанием  당당하게, 완전히 자각하고
- с помощью чего(= при помощи чего)  ⋯의 도움으로
- с прошлого года  작년부터
- с разбега  전 속력으로 달리어; 달리던 기세로
- с разгона  힘껏 달리어
- с расчётом  생각이 있어, 생각·고려하여
  - Это было сделано с расчётом.
    이것은 생각이 있어서 한 것이다.

- с рук на руки (передать, перейти)  직접 (전하다, 넘어가다)
- с самого начала  맨 처음부터
  - с самого начала до самого конца  맨 처음부터 맨 마지막까지

- с сегодняшнего дня  오늘부터, 지금부터
- с согласия кого  ⋯의 동의를 얻어
- с тем, чтобы ⋯  ⋯하기 위하여
- с тех пор  그때로부터, 그 당시로부터
- с тех пор(,) как ⋯  ⋯한 때로부터
  - Сколько времени прошло с тех пор, как вы окончили институт?
    당신은 대학을 졸업한지 얼마나 됩니까?

- с течением времени  시간이 흐름에 따라, 점차적으로

- с того времени(,) как … …한 때로부터
    - С того времени, как он уехал в Сеул, его отец заметно постарел.

    그가 서울로 떠난 후로 그의 아버지는 눈에 띠게 늙었다.


- с того дня(,) как… …한 날로부터
- с того часа(,) как … …한 시간으로부터
- с того момента … …한 순간부터
- с той и другой стороны 이쪽 저쪽에서
- с той или другой стороны 이쪽인지 저쪽인지에서
- с толком 조리있게, 명료하게
- с точки зрения(= под углом зрения) кого-чего
    …의 관점·견해·견해에서는, …의 관점·견해·견해에서 보면
- с точностью до чего …까지의 정확도로
- с трудом 겨우, 힘겹게, 간신히
- с уверенностью 확신을 가지고
- с узкой точки зрения 좁은 시야·관점에서는, 단기적 관점에서는
- с умом 신중히, 사려 깊게
- с умыслом 고의로, 일부러
- с упором на что …에 중점을 두고
- с успехом 성공적으로
- с утра до вечера 아침부터 저녁까지
- с утра до ночи 아침부터 밤까지
- с ходу 걸음을 멈추지 않고, 걸어가면서; 단번에, 일거에(сразу)
- с учётом чего …를 고려하여
- с целью чего 또는 (+미정형동사) …하기 위하여, …할 목적으로
- с часу на час 곧, 방금; 이제나 저제나
    - с часу на час дожидаться кораблей 이제나 저제나 배가 오기를 기다리다

- с широкой точки зрения  넓은 시야에서는, 장기적 관점에서는

- с этих пор  이때부터

- с этого момента  이 순간부터

- с этой целью  이러한 목적으로, 이러한 목적을 가지고

- сам (또는 сама, само, сами) по себе  ① 독립적으로
  ② 그 자체로 ③ (술어로) 스스로 특별하다

- сам(또는 сама, само, сами) собой  스스로, 저절로

- сам(또는 сама, само, сами) за себя говорит  더 말할 필요가
  없다, 스스로 명백하다

- само(또는 сами) собой разумеется  자명하다, 물론이다, 두 말
  할 것 없다, 의심할 것 없다
  - Само собой разумеется, что все, что касается финансовых
    дел, должно быть обсуждаемо Главным Советником
    совместно с Министром Финансов и что самостоятельно
    он никакого дела решать не будет.
    재정업무와 관련된 모든 일은 책임고문이 재무부장관과 공동으로
    심의해야 하며 어떤 일도 단독으로 결정하지 않아야 함은
    물론이다.

- самое болшое  기껏해야, 최대로 잡아서

- самое время  바로 제때에, 가장 알 맞는 때에; 바로 제때이다

- самое малое  아무리 적어도, 최소한

- самостоятельное государство  (자주적인) 독립국가

- сберегательная книжка  저축통장( сберкнижка)

- сберегательный банк  저축은행(= сбербанк)

- сбиться с шага  남들과 보조가·발이 맞지 않다

- сбросить(또는 скинуть, снять 등과 함께) со счёта(= со
  счётов) кого-что  …를 고려하지 않게 되다, …에 관심을 돌리지
  않게 되다

- сверить(сверять) что  대조하다; 맞추다
    - сверить копию с подлинником  사본을 원본과 대조하다
    - сверить часы  시계를 맞추다


- сверх всего  게다가, 엎친 데 덮친 격으로, 설상가상으로
- сверх всякого вероятия  기대했던 것과는 전혀 반대로, 생각했던
    것과는 완전히 반대로
- сверх меры(= через меру, не в меру)  지나치게, 과도하게,
    너무
- сверх ожидания  예상외로
- сверх того  더욱이, 그뿐만 아니라
- свести к нулю  영(零)으로 만들다, 없애 버리다
- светлой памяти  (고인을 지칭할 때 쓰임)  작고하신
        →блаженной памяти 참조
- свидетельство о происхождении  원산지 증명서
- своего рода  일종의, 독특한, 일정한 정도로, 어떤 면에서 보면
- сводить концы с концами  (몹시 가난하여) 겨우 연명해 나가다
- сводиться к следующему  다음과 같이되다, 다음과 같이
    귀착되다
- сводиться к чему  ⋯로 귀착되다, ⋯로 되다
- своим порядком  (제정된 질서에 따라) 제대로, 정상적으로,
    응당하게; 필요하게 될 때에
- своими словами  자기 말로 바꾸어서, 자기 말로 해서
- сгореть со стыда  창피해서 어쩔 줄 모르다
- сдаётся квартира  집을 세놓는다
- сдавать(또는 держать) экзамен  시험을 치르다·보다
    - Я сдавал(а) экзамен по математике.
      나는 수학시험을 보았다.
    * 학과목 앞에 по가 옴에 유의. 또한 불완료체 미정형동사인
    сдавать는 시험의 결과는 말하지 않고 시험을 보았다는

---

사실만을 전달함에 유의. 시험을 보아 통과했다는 의미는 완료체 미정형동사인 сдать를 사용함

- сдать(또는 выдержать) экзамен  시험에 합격하다
  - сдать экзамен по математике на отлично  수학시험을 최고점수(5점)로 통과하다

- сделать больно кому  ⋯에게 고통을 주다
- сделать вывод  결론을 짓다
- сделать заём(= займ)  돈을 빌리다·꾸다
- сделать что в знак протеста  항의·항거의 표시로 ⋯을 하다
- сделать шаг вперёд  한 걸음·일보 전진하다
- сделка в кредит  (경제) 신용거래
- севернее (+생격)  ⋯의 이북에, ⋯의 북쪽에
- сегодняшний день  오늘; 오늘날
- сельское хозяйство(= сельскохозяйство)  농업(경제)
- сельскохозяйственный  농업의, 농업경제의
- сельскохозяйственное предприятие  농기업
- сердце(또는 душа) не на месте  안절부절못하다, 가슴이 조마조마하다, 마음이 안 놓이다
- сею минутой(또는 секундой)  지금 곧, 이제 곧, 당장, 즉시
- сил нет, как(또는 до чего)  몹시, 매우, 말할 수 없이
- силою вещей  당연히, 자연히, 마땅히
- силою чего  ⋯로 말미암아, ⋯때문에
- СИФ  국제무역용어로 수출하는 측이 수입하는 측과 계약상 약속한 곳까지 상품이 안전하게 도착한 경우에 계약이 완료된 것으로 간주함. 상품가격 외에 운송기간 중의 보험, 운송비 등을 모두 수출하는 측이 지불함. 영어의 'Cost, insurance and freight'의 약어인 CIF를 러시아어로 표기하여 사용함
  → ФОБ

- сию минуту(또는 секунду)  지금 곧, 이제 곧, 당장, 즉시
- сию пору  이때에
- сказать по совести  양심대로 말하여, 솔직하게 말해서


- сквозь  부사 또는 대격을 동반하는 전치사로 사용됨(과거에는
     생격을 동반하기도 하였음)

Ⅰ. (부사)  …를 통하여, …를 관통하여, …를 꿰뚫고
   - Сквозь видно  꿰뚫어 보인다, 훤히 보인다

Ⅱ. (+ 대격)

① …를 통하여, …를 관통하여, …를 꿰뚫고
   - смотреть сквозь щель  틈새로 보다
   - глядеть сквозь очки  안경을 끼고 보다
   - сеять сквозь сито  채로 치다
   - пробираться сквозь толпу  군중·사람들 사이를 사람들을
     뚫고나가다
   - пройти сквозь тяжёлое испытание  어려운 시련을 뚫고
     나가다
   - Сквозь крышу протекает дождевая вода.
     지붕에서 빗물이 샌다.

② …하면서, …하는 사이에
   - смех сквозь слёзы  울면서 웃는 것
   - услышать сквозь сон  잠결에 듣다
   - говорить сквозь кашель  기침하면서 말하다
   - доноситься сквозь шум  소음 속에서 들려오다


- сквозь сон (слышать, чувствовать)  잠결에 (듣다, 느끼다)
- скинуть(скидывать) что  (물건, 전자우편 등을) 보내다, 발송하다
   - Я скинул(а) тебе электронное письмо.
     나는 너에게 전자우편을 보냈다.

- Они скинут запчасти.
  그들은 부품을 보낼 것이다.


- скинуть(скидывать) всё с себя  알거지가 되다, 벌거숭이가 되다, 아무것도 없게 되다
- скинуть(скидывать) со счёта(또는 со счетов) кого-что  …을 고려하지 않다, …을 염두에 두지 않다
- склонить знамя перед кем-чем  …에게 항복하다
- сколь (бы) ни  아무리 …해도·할지라도(= сколько (бы) ни)
  - сколь он ни старался отказать  그가 아무리 거절·부정하려 해도


- сколько (бы) ни  아무리 …해도·할지라도(= как ни, как бы ни)
- сколько душе угодно  마음에 내킬 때까지
- сколько угодно  얼마든지, 마음껏, 실컷
- скорее всего  필시, 확실히, 십중팔구는
- скорее ~, чем …  …보다는(하느니) 차라리·오히려 ~하다·이다
  - Скорее умрём, чем мы сдадимся.
    우리는 투항하느니 차라리 죽겠다.


- скрепя сердце  싫어하면서; 싫은 것을 참고, 억지로
- скрытый период  (병의) 잠복기
- след(또는 следом) в след  앞 사람의 발자국을 그대로 밟으면서, 간 자리를 따라, 디딘 자리를 뒤따라(= в один след)
- следовать(последовать)  (무인칭으로+미정형동사와 함께) …해야(만) 한다, …하는 것이 필요하다
- следует  (+미정형동사와 함께) …해야(만) 한다, …하는 것이 필요하다
  - Ему не следует так поступать.
    그는 그렇게 행동해서는 안 된다.

- Следовало закончить эту работу в три месяца.

  석 달 동안에 이 일을 끝내야만 했다.

- Вам следует идти.

  당신은 가야만 한다.

- Следует оговорить.

  부언·첨언해야만 한다.

- следующим образом  다음과 같이, 다음과 같은 방식으로
- слов нет!  (어처구니없거나 황당하여) 할 말이 없다, 기가 막히다;

  물론이다, 당연하다
- словно как …  마치…와 같이, …처럼

    - Плывёт, словно как лебедь.

      마치 백조처럼 헤엄친다.

- словно как будто …  마치…와 같이, …처럼
- словом сказать  (술어로) 한마디로 말하여
- сложить в (своём) сердце что  …을 가슴 깊이 간직하다,

    …을 잘 기억해두다
- сложные проценты  (경제에서 이자의) 복리

    → годовой процент 참조
- служебное время  근무시간
- служить на пользу (во вред)  …에 유리하다 (…에 해롭다)
- служить чем к ~  ~할 …로 작용하다, ~할 …이다

    - служить достаточным поводом к занятию  점령할 충분한

      근거(동인)로 작용하다. (점령할 충분한 근거(동인)이다)

- случайность и необходимость  우연성과 필연성
- смеяться до слёз  눈물이 날 정도로 웃다
- сметный расчёт  (공사 등의) 견적서
- смотреть в корень  본질을 파고들다

C

- смотреть круглыми глазами (놀라서) 눈이 휘둥그래지다
- смотреть со стороны 옆에서·제 삼자의 입장에서 바라보다
- смотреть(또는 глядеть) по сторонам 사방을 둘러보다,
   주위를 살피다
- смотря по кому-чему …에 따라서, …에 의거하여,
   …을 고려하여
- смотря(또는 глядя) по обстоятельствам 정세·상황·사정에
   따라서
- снизиться (가격, 주가 등이) 하락하다
   비교) повыситься 상승하다
- снабжение топливом 연료공급
- снять что в аренду …을 임대로 얻다
   - снять оффис в аренду 사무실을 임대로 얻다
   - снять квартиру в аренду 아파트를 세로 얻다

- со всей полнотой(또는 во всей полноте) 끝까지 완전히, 모조리
- со всем тем 그럼에도 불구하고
   (= при всём том, при всём при том)
- со всех концов чего 각처로부터, 사방에서
   - со всех концов света 세계 각처에서

- со всех сторон 사방으로부터, 사방에서
   - окружить со всех сторон 사방에서 포위하다

- со временем 시간이 감에 따라, 미래에, 앞날에, 앞으로, 후에
- со времени чего …한 때로부터
- со всего маху 온 힘껏
- со дня на день ① 내일 내일 하고, 내일이면 하고, 매일 그
   다음날로 ② 오늘 내일 사이에, 조만간
   ① -со дня на день откладывать 내일 내일 하며 자꾸 미루다

② -ждать со дня на день  오늘 내일 사이에 (오리라 생각하고)
   기다리다


• со своей стороны  자기로서는, 자기의 입장에서는
• со спокойной совестью  마음 편히, 마음에 걸리는 데가 없이
• со стороны кого-чего  …의 측·면으로부터
• со стороны на сторону  (반복을 나타냄) 이쪽저쪽으로
   − Лодку валяло со стороны на сторону.
     보트가 좌우로 되게 흔들렸다. * валять가 무인칭으로 쓰였음


• собираться с мыслями  생각을 가다듬다
• соблюдать приличия  예의범절을 지키다
   − не соблюдать приличий  예의범절을 어기다


• соблюдать экономию(= экономить) 절약하다
• собрать свои мысли  생각을 가다듬다
• собственно говоря  솔직히 말해서, 사실대로 말하면
• собственными силами  자기힘으로, 자력으로, 자기 능력으로
• Совет Федерации  (러시아 의회의) 상원
      → Государственная Дума 참조
      → Федеральное Собрание 참조
• совместно с кем-чем  …함께, …와 공동으로, …와 협력하여
• совокупный спрос  (경제) 총수요
   − совокупное предложение  총공급


• совсем не …  전혀 …아니다  비교) не совсем
   − Я совсем не узнал(а).
     나는 전혀 몰랐다.


• согласно  (+여격 또는 +с 조격)  …에 의거하여·따라서·응하여,

  ···대로

- согласно уговору  약속에 따라, 약속대로

- согласно этому  이에 따라, 이에 응하여

- содержание за исправление должности  직무수행비,
 업무추진비

- содержать в себе  함유하다

- сознаюсь  (술어로) 자백하면, 솔직히 말하면

- сойти с ума  정신이 나가다, 미치다

  - Я с ума сойду.
   미치겠다. (즉, 미칠 정도로 답답하다는 의미임)

  - С ума сошли вы?
   (황당한 행동이나 언행에 대해) 당신 정신이 나갔나요?


- сокращение вооружений  군비축소

  비교) увеличение вооружений  군비확장

- сомневаться в ком-чём  ···을 의심하다, 의혹을 품다, 믿지 않다

- сообразно с чем  ···에 맞게, ···에 부합·일치되게

 (= сообразно чему)

- сообразно с этим  이에 부합되게, 이에 따라

- соответственно с чем  ···에 따라, ···에 맞게

- соразмерно  ① 알맞게, 적절하게, 적당히

 ② (+여격) ···에 비례하여, ···에 알맞게

  ② - тратить деньги соразмерно заработку  벌이에 맞게 돈을
  쓰다


- сорвать сердце на ком-чём  ···에게 화풀이 하다

- сослужить службу кому  ···를 섬기다, ···에게 도와주다

- сосредоточить кого-что  ···를 집결시키다, ···를 집중시키다

- сосредоточить в ком-чём  (···에) 구현·실현시키다

- составить (또는 сделать себе) имя  명성을 얻다, 유명해지다

C

- состоять в том, что … …에 있다
- состоять в том, чтобы … …에 있다, …하는 데 있다
- состоять в чём …이다, …에 있다, …로 되어 있다
    (= заключаться в чём)
- состоять из кого-чего …로 이루어지다, 성립되다, 구성되다,
    …로 되어 있다
- сотый раз 수백 번
- сохранить лицо 체면을 유지하다, 체면을 지키다
- социалистическая революция 사회주의 혁명
- спасти(спасать) лицо 체면을 살리다
- спать и видеть 몹시 희망·갈망하다, 자나 깨나 한 가지만
    생각하다
- спекулятивный (사재기 등으로) 투기하는, 투기의
- спекулятивный рынок (매점매석하는) 투기시장
- спекулянт (매점매석 등으로) 투기하는 사람
- спекулятия (사재기하는) 투기, 매점매석
- спекуляция акциями 주식투기
- способ производства (경제) 생산양식
- способен (+미정형동사) …할 수 있다, …할 능력이 있다
- справиться(справляться) с собой 진정하다, 흥분을 가라앉히다
- спрашивается (삽입어로) 묻건대, 여쭙건대
- спрос (경제에서) 수요
    - спрос на труд 노동에 대한 수요
      ＊수요와 공급이라는 의미로 쓰일 때에는 спрос와
       предложение에 항상 на가 옴에 유의

- спрос и предложение (경제에서) 수요와 공급
- среди(또는 средь) бела дня 백주 대낮에
- средние века 중세(시대)
- средства к жизни 생활비

C

- средства производства  생산수단

- ссудная запись  대부증서

- ссудный процент  대부이자

- ставить на вид кому что  …를 …에게 주의를 주다

- ставить на ряду с кем-чем  …와 같은 대열에 놓다,
  …와 동일시하다

- ставить точку что  …을 그만두다, 중단하다

- ставить точку на ком-чём  …와의 관계(일)를 끊다·끝내다

- стагфляция  스태그플레이션, 경기침체 속 인플레이션 상태를
  의미함

- сталинщина  сталинизм의 다른 말로 쓰이나 근본적인 차이점이
  있음

  ＊ 'изм'은 창조성, 논리성이 분명해야 하나 스탈린이즘은
  창조성에서 심히 결여되어 있기에 'изм'으로 인정하지 않고
  'щина'를 붙임. 우리말로 해석하면 '스탈린 현상'(= сталинский
  феномен)으로 해석할 수 있음. 러시아어 문헌을 읽다보면
  'щина'가 붙은 단어를 볼 수 있는데 설명한 바와 같은 의미로
  해석하면 됨

- стало быть  따라서, 게다가
- становиться на почву чего  …의 입장(견해)을 고수·견지하다
- стать(становиться) во главе чего  …의 선두에 서다
- стать(становиться) на другую точку зрения  다른 관점에 서다,
  다른 견해를 갖다
- стать(또는 поставить) на очередь  자기 이름을 순번명단에 적어
  넣다
- стать(становиться) на почву чего
  …의 입장(견해)을 고수·견지하다

- стать(또는 стоять) на пути чьём ···의 길을 막다, ···를 방해하다,
  ···에게 장애가 되다
  (= стать(стоять) на дороге чьей)
- стать на учёт (어떤 조직의) 구성원으로 등록되다
- стать(또는 встать) под знамя(= знамёна) кого-чего
  ···의 편에서, ···의 이익을 위하여 투쟁하다
- стать(또는 стоять) поперёк дороги кому ···를 방해하다,
  ···의 길을 막다
- стать(становиться) стеной (한 사람같이 일제히 합심하여)
  일어나다·나서다·진출하다
- стать(становиться) у власти 권력을 잡다, 통치하기 시작하다
- стенографический отчёт (보고)속기록
- стерилизовать кого-что ① 살균·멸균하다, 소독하다
  ② 단종시키다
  - стерилизовать молоко 우유를 소독·살균하다
  - стерилизовать консервы 통조림을 멸균하다
  - стерилизовать бельё 빨랫감을 소독하다

C

- стечение обстоятельств 정세의 흐름·움직임

- стоит ① (что 또는 чего 또는 부사와 함께) ···의 값·가격을 가지다
  - Сколько стоит это?
    이것은 얼마입니까?
  - Билет стоит два рубля.
    표는 2루블이다.
- стоит ② (чего 또는 부사와 함께) ···을 필요로 하다·요하다
  - Эта работа стоит большого труда.
    이 일은 많은 노력을 요한다.
  - Ему стоило большого труда изучить русский язык.
    그는 러시아어를 배우는 데 많은 노력을 들였다.

- **стоит что** ③ (돈이)들다, 비용이 들다
    - Это мне стоило три рубля.

      나는 이것에 3루블 들였다.

    - Ему поездка стоила не дорого.

      그는 여행하는 데 많은 비용이 들지 않았다.

- **стоит (+미정형동사)** ④ …할 만하다, …할 만한 가치가 있다
    - Эту книгу стоит прочесть.

      이 책은 읽을 만하다.

    - Об этом предложении стоит подумать.

      이 제안은 고려해 볼 만한 가치가 있다.

- **стоит кого-чего** ⑤ (…에) 상당하다, (…의) 가치가 있다
    - Она его не стоит.

      그 여자는 그에게 비교(상대)가 되지 못한다.

    - Это стоит внимания.

      이것은 주목할 만한 가치가 있다.

    - Это не стоит серьёзного внимания.

      이것은 신중한 관심을 가질 만한 가치가 없다.

- **стоит ли** '…할 가치가 있는가'라는 의문의 의미로 항상 '미정형동사'가 뒤따름에 유의
    - Стоит ли смотреть это кинофильм?

      이 영화를 볼 만한 가치가 있습니까?

- **стоит только (лишь) (+미정형동사)** …하기만 하면 된다, …하는 것으로 충분하다
    - \* стоит только лишь, стоит только, стоит лишь, лишь стоит 식으로 쓰이는데 다 같은 뜻임
    - Стоит только хорошенько подумать.

      잘 생각만 하면 된다.

- Стоит только вспомнить.
  회상만 하면 된다. (기억을 떠올리는 것으로 충분하다)
- Вам стоит только обратиться к нам.
  당신은 우리에게 문의하기만 하면 된다.

- **стоит только (лишь) (+완료체 미정형동사), как(또는 и)**
  **…하자마자 …하다(된다)**
  - Стоит только сказать одно слово, как он перебивает.
    한마디 하자마자 곧 그는 (그 말을) 꺾어 버린다.
  - Стоило мне только войти, как он ушёл.
    내가 들어서자마자 그는 나갔다.
  - Стоило мне только заговорить, как она перебила.
    내가 이야기를 시작하자마자 그녀는 (내 말을) 꺾어 버렸다.

- **стоит только (лишь) (+완료체 미정형동사), чтобы…**
  **…하기 위해 …하기만 하면 된다**
  - Стоило ему только отойти в сторону, чтобы пропустить
    машину.
    자동차를 통과시키기 위해 그가 옆으로 물러서기만 하면 되었다.

- **стоит ~, чтобы …  …하기 위해 ~할 필요가 있다**
  - Ему стоит отойти в сторону, чтобы пропустить машину.
    자동차를 통과시키기 위해 그가 옆으로 물러설 필요가 있다.

- **столь же  그만큼, 동일하게**
  - Это столь же важно.
    이것도 그만큼 중요하다.

- **столь ~, даже …  (심지어) …한 만큼·정도로 ~하다**
- **столь (же) ~, как (и) …  …한 만큼·정도로 ~하다**

- Он столь умён, как и она.

  그는 그녀만큼 영리하다.

### • столь (же) ~, сколь (и) ··· ···한 만큼·정도로 ~하다

- Столь же неожиданно, сколь неприятно.

  불쾌하기도 하고 뜻밖이기도 하다.

### • столь ~, что ··· 너무 ~하여 ···하다

- Она обидилась столь сильно, что не смогла ложиться спать.

  그녀는 너무 속상하여(노여워) 잠을 잘 수가 없었다.

### • столько же 그만큼, 동일한 양만큼

- Добавьте столько же сахару.

  그만큼 설탕을 더 첨가해 주세요.

### • столько раз (그렇게) 여러 번

- Столько раз я говорил(а) ему об этом.

  나는 그에게 여러 차례에 걸쳐 이것에 대해 말했다.

### • столько ~, сколько ··· ···한 만큼·정도로 ~ 하다

- Можешь взять столько, сколько тебе надо.

  네게 필요한 만큼 가져도 된다.

### • столько же ~, сколько (и) ··· (동일함을 나타냄) ···만큼·정도로 ~하다

- У него столько же достоинств, сколько и недостатков.

  그에게는 단점이 있는 것만큼(정도)의 장점이 있다.

- Ему примерно столько же лет, сколько мне.

  그는 대략 나와 나이가 같다.

– Я столько же уважал её, сколько любил.

나는 그녀를 사랑하는 것만큼 존경하기도 하였다.

• столько ~, что … 너무 (많이) ~하여·때문에 …하다

– Летом в саду распускалось столько цветов, что сад казался сплошным букетом.

여름에 정원에는 많은 꽃들이 피기 때문에 온 정원이 마치 꽃다발처럼 보였다.

• стопка книг  책 더미, 책을 쌓아 올린 것
• стоять на очереди  당면해 있다, 당면한 문제로 제기되다, 줄을 서다, 예정되다

– стоит на очереди  당면해 있다, 긴급하다
– стоящие на очереди вопросы  당면한 문제들
– стоящие на очереди технические предприятия  예정된 기술사업들

• стоять на почве чего  …의 입장(견해)을 고수·견지하다
   (= становиться на почву чего)
• стоять на хорошей(= правильной) дороге 또는 стоять на хорошем(= правильном) пути  유리한 정세에 있다, 유리한 조건에 처하다
• страховая премия  보험금(= страховое вознаграждение)
• строго говоря  엄격히 말하면
• субсидировать  보조하다, 원조하다
• судебная власть  사법부, 사법권력
• судить(또는 заключить) по аналогии с чем  …으로 유추하여 판단(결론)하다
• ссудить(ссужать) деньги под большие проценты  높은 이자로

**돈을 빌려주다·대부하다**

→ взять(брать) деньги в долг у кого ···에게서 돈을 빌리다

- судя по чему  ···를 보아 판단하면, ···에 의하면
  - Судя по её виду, она здорова.

    그녀의 표정으로 볼 때 그녀는 건강하다.

- судя по всему  모든 것을 미루어 보아 판단하면
  - Судя по всему, его дела идут хорошо.

    모든 것으로 미루어 볼 때 그의 일은 잘 되어가고 있다.

- существенно важно, что ···  ···이 중요하다, ···이 본질이다
- существенное отличие  본질적인 차이(점), 근본적인 차이(점)
- существенным образом  본질적으로
- счёту нет кому-чему  ···이 대단히 많다
- сходить в туалет по большему  대변 보러 가다
- сходить в туалет по маленькому  소변 보러 가다
  - какать(покакать) (어린애 말) 응가하다
  - срать(посрать) 똥 싸다
    * (친한 사이 간의 농담일 경우를 제외하고) 사람에게는 쓰지
      않고 가축이나 동물에 사용함)

- сходить на нет  영(零)으로 되다
- Счётная Палата  (러시아의) 금융감독원
- счёт-фактура  (상거래에서) 송장, 인보이스(invoice)
- счёт прибылей и убытков  (회계, 경리) 손익계산서
- считать кого-что ни во что(＝ ни за что)  ···을 깔보다,
  ···을 하찮은 것으로 간주하다

C

---

T

- таить в себе опасность чего  …의 위험성을 내포하고 있다
- так вообще  그저, 별생각 없이
- так вот  그래서
- так же  바로 그렇게
- так же (,) как …  …처럼, …처럼 바로 그렇게
- так же как и …  …처럼, …와 마찬가지로
- так (же) и есть  (술어로) 그렇다, 사실이다
- так и  마침내, 결국, 끝내
- так и следует  (술어로) 응당 그래야 한다
- так и сяк(= так и этак)  온갖 방법으로, 어떻게 해서든지
- так или иначе  어쨌든, 여하튼 간에, 이렇든 저렇든 간에
  - Так или иначе я приду.
    어쨌든 나는 가겠다.


- так как  왜냐하면, …하기 때문에
- так, как …  …대로, …그대로 (또는 (точно) так же, как …형으로 쓰임)
  - Делать так, как принято у русских.
    러시아 사람 관례대로 하다.


- так ~, как …  …와 마찬가지로 ~하다
- так называемый(약어 т. н.)  소위, 이른바
- так далеко, что …  …할 정도로 멀리
- так что  …결과, 그러므로, 따라서
- так ~, что …  …할 정도(만큼)로 ~하다
  - Надеюсь, что великодушие и снисхождение Вашего
    Величества так беспредельны, что не изменятся от одного
    этого дела.
    폐하의 관용과 자비가 이 한 번의 사태로 인하여 변하지 않을 만큼
    한량없기를 바라옵니다.

Т

- так что　(접속사로) …결과, 그러므로, 따라서
- так чтобы … … 하기 위하여
- так, чтобы … …하게 할 정도(만큼)로 그러하다
- так нет　아무리 …하여도, 여전히
  - Все его уговаривают, так нет, он не желает.
    모두가 아무리 그를 설득하여도 그는 여전히 원하지 않는다.

- так себе　(술어로) 웬만하다, 그저 그렇다, 보통이다
- так сказать　말하자면, 이를테면
  - Корея, так сказать, волей неволей сделалась независимым
    государством, она оказалась не в состоянии справиться с
    новыми условиями.
    한국은 이를테면 자의든 타의든 독립국이 되었지만 새로운 상황을
    감당할 능력이 없었던 것입니다.

- так то и　여차여차하여, 이러이러하여
- так то, так но(또는 а, да)　그렇긴 하지만, 그건 그렇지만
- так только　그저, 별 생각없이
- также и　또한, 마찬가지로
- таким образом　이와 같이, 이런 방법으로, 그런즉, 따라서
  - Таким образом было совершенно зверское убийство
    Корейской королевы японскими подданными.
    이와 같이 한국 왕후의 야만적인 살해는 일본 신민들에 의해
    이루어졌던 것이다.

- таким путём　이와 같은 방식으로
- таков(а,о,ы) (же) ~(,) как … …처럼·같은, 바로 이러한·그러한
  - таков же журнал　바로 그러한 잡지
  - такова же опасная вещь как ружьё　총과 같이 그러한 위험한
    물건

＊ 이때 таков의 격변화에 주의할 것, 뒤에 오는 명사의 성에 따라
　 함께 격변화됨

• такого рода  이러한, 이와 같은
　 ＊ такого рода는 변화하지 않고 이 형태로만 쓰임
　 − все насилия такого рода  이와 같은 모든 폭력
　 − надобность такого рода  이러한 필요성

• такой(ая,ое,ие) же  바로 이러한·그러한
• такой(ая,ое,ие) ~, как …  (예를 들어 나열할 때 사용)
　 예를 들면 …와 같은
　 − Страна богата такими полезными ископаемыми, как медь,
　 железо и никель.
　 나라에는 동, 철 및 니켈과 같은 유용한 광물자원이 풍부하다.

• такой(ая,ое,ие) (же) ~, как (и) …  …처럼(같은) 이러한·그러한
　 − У него такой же мобильный телефон, как у меня.
　 그는 내가 가지고 있는 것과 똑같은 휴대폰을 가지고 있다.

• такой(ая,ое,ие) (же) ~, что и …  …처럼(같은) 이러한·그러한
• такой же самый(ая,ое,ые) ~, как …  ~와 똑같이 …한·동일한
　 ＊ таков, каков, какой, кой, никакой, такой, таковый, тот,
　 иной, другой 등이 들어간 관용구는 아래의 예와 같이 앞뒤에
　 오는 전치사와 명사에 의해 함께 격변화됨에 유의
　 − такое же положение  바로 그러한 상황
　 − в таких же случаях  바로 그러한 경우들에

• таить в себе  (나쁜 결과를 초래할 수 있는 것을) 포함하다,
　 내포하다
• там же  바로 그곳에

Т

- там и тут(= там и сям) 가는 곳마다, 도처에, 여기저기에서
- там сям(= тут и там) 가는 곳마다, 도처에, 여기저기에서
- таможенная декларация 세관신고서
- таможенная льгота 관세혜택
- таможенная пошлина 관세
    - возмещение таможенных пошлин 관세환급

- таможенный платёж 관세지불
- таможенный тариф 관세율표
- таможенные (тарифные) льготы 관세혜택
- таможня 세관
- твёрдое топливо 고체연료
- текущий момент 현 시기
- текущий расход 경상비
- тем более ① 특히, 더욱이, 게다가 ② …하기 때문에, …하니
    ② - Отдыхаем дома, тем более идёт дождь.
        비가 올 것 같으니 집에서 쉬자.

- тем более что 특히, 더욱이
- тем более ~, что … …하기에·하기 때문에 더욱더 ~하다
    - Я тем более удивился(лась), что я никогда не думал(а) об этом.
        나는 이에 대해 생각해 본 적이 전혀 없기에 더욱 놀랐다.

- тем временем 그러는 사이에, 그와 동시에, 바로 그때에
- тем или иным образом 이러저러한 방법으로
- тем или иным способом 이러저러한 방법으로
- тем менее 적어도, 최소한; (가능성 등이) 더 적다, 더 어렵다
- тем не менее 그럼에도 불구하고

- **тем самым** (앞 문장을 받아) (바로) 그렇게, (바로) 그렇게 함으로써
- **тем серьёзнее ~, что …** …하기에·하기 때문에 보다 심각하다
- **тем хуже** 그 만큼 더 나쁘다
- **теория вероятности** 확률론
- **теперь же** 지금 당장, 바로 지금
- **теперь только**(= только теперь) 이제서야 겨우, 이제서야 막
- **теперь только, когда …** …한 때에서야 겨우
- **терять(потерять) голову** 망연자실하다, 어쩔 줄 모르다; 이성을 잃다, 실성하다
- **терять(потерять) из виду** 잃어버리다, 시야에서 놓치다
- **терять(потерять) из виду кого** …의 소식·종적을 모르다
- **терять(потерять) сон** 자려 해도 잠이 오지않다
- **терять(потерять) счёт кому-чему** …이 매우 많다, 셀 수 없다
- **терять(потерять) почву под ногами** 자신감을 잃다, 의거할 토대를 잃다
- **теснейшим образом** 아주 밀접하게
- **то бишь** 즉, 말하자면(= то есть)
- **то есть** (약어 т. е.) 즉, 말하자면
- **то же самое** 같은 것, 동일한 것
  - Дайте, пожалуйста, то же самое.
    같은 것을 주세요.

- **то и всё** 이러저러한 것, 이것저것
- **то и дело** 연속, 계속, 줄곧, 부단히
- **то и знай** 끊임없이, 늘, 줄곧, 부단히
- **то ли дело** 전혀 다르다, 훨씬 좋다
- **то ли …, то ли …** (어느 것이 실제인지 분간할 수 없을 때) …인지 …인지 (모르겠다), …도 아니고 …도 아니고 (알 수 없다) (= не то …, не то …)

- То ли дождь, то ли снег.

  비가 오는지 눈이 오는지 모르겠다.

- то сё, то да сё  이러저러한 것, 이것저것
- то так, то сяк(= то так, то этак)  온갖 방법으로, 어떻게 해서든지
- то там, то тут(= то там, то сям)  여기저기에서, 여기저기를
- то…, то…  때로는 …하고 …때로는 …하다
- то тем, то другим образом  이런저런 방법으로
- то тут, то там(= то там, то тут)  여기저기에서, 여기저기를

- -то  조사로써 다음과 같은 용법으로 사용됨
① (강조해서 지적할 때 쓰임)

- Обещать-то обещали, а не выполнили.

  약속을 하기는 했지만 실천은 안 했다.

- Знать-то знаю.

  알긴 안다.

- Этого-то я и хотел(а).

  내가 원하던 것이 바로 이것이다.

- В том-то и дело.

  바로 그것이 문제다.

- Есть-то есть, но немного.

  있기는 있는데 얼마 되지 않는다.

② (의문부사, 의문대명사에 붙어서 미정을 나타냄)

- кто-то  누구인지
- где-то  어디선지
- куда-то  어디론지
- когда-то  언젠가, 언제인지

③ (такой, тот, там, тогда, туда 등과 결합하여 인물, 성질, 명칭, 시간, 장소 등에 대한 구체적인 지적을 대신하는 말로 쓰임)

- Мне сказали, что такой-то человек тогда-то приходил ко мне.

  어떤 사람이 언제인가 나를 찾아왔었다고 나에게 말하였다.
- Надо сделать то-то и то-то.

  이것도 하고 저것도 해야 한다.

- товарная накладная (상거래에서) 화물운송장
- тогда как … (대조를 나타냄) …하는 데 반하여, …함에도 불구하고(= в то время как …, между тем как…)

  - Он уехал, тогда как она осталась.

    그녀는 남았는데 그는 떠났다.

    → в то время как … 참조

- тогда, когда … …할 (그)때
- того времени 그 당시의, 그때의
- только всего 불과, 다해야
- только затем 곧바로, 곧이어
- только и 오직, 다만
- только и всего 이것뿐이다, 이것이 전부다
- только и знает(знаю, знаешь 등), что … …하는 것밖에 모른다, …이외에는 할 줄 아는 것이 없다
- только как … …하자마자, 곧
- только …, как …하자마자
- только по имени 명목상의, 명목상으로만, 이름뿐인
- только после чего …하자마자, …하자 곧
- только при том условии, что … 단지 …의 조건하에서만
- только тогда, когда … 단지 …할 때에야, 단지 …할 때만

- только что  방금, 바로 얼마 전에
  - В настоящую минуту только что я прочитал(а) в японской газете первые сведения о потерях в японском войске в Корее.
  나는 바로 방금 전 한국에서 일본 군대의 손실에 대한 첫 번째 소식들을 일본신문에서 읽었다.

- только что, как …  …하자마자 곧, 방금
- тому и другому  (앞 문장의 두 대상을 받아 기술할 때)
  이 사람에게나 저 사람에게나, 이것에게나 저것에게나,
  전자에게나 후자에게나
- тому назад  …전에
  - месяц тому назад  한 달 전에
  - год тому назад  1년 전에

- торговый инвентарь  재고(품)
- торговый капитал  상업자본
- тот же самый(та же самая, то же самое, те же самые)
  …과 꼭 같은, …과 동일한, 바로 그
- тот же ~, что и …  ~과 마찬가지로 …이다, ~과 같다

- тот и другой  이러저러한 (것 모두)
- тот или другой  이것이든 저것이든, 이러저러한
- тот или иной  이것이든 저것이든, 이러저러한
- тот самый(= тот же, тот же самый)  바로 그
  * 위 네 문구 역시 앞뒤에 오는 전치사와 명사에 따라 함께 격변화됨에 유의
  - те или другие дела  이러저러한 일들
  - то самое дело  바로 그 일
  - о тех или других делах  이러저러한 일들에 대해서

---

- тот свет  저승, 저세상

- тот час же  곧, 즉시

- точка в точку  정확히, 정확하게

- точка зрения  견지, 견해, 관점

- точно как …  마치 …처럼, …하기라도 하듯이

- точно так (же), как (и) …  …와 (꼭) 같이 그러하다

- точные науки  정밀과학

- третий квартал  3/4분기

- третьего дня  그저께(= позавчера)

- трудно допустить, чтобы …  (상대방의 행동 등이 어처구니 없어 이해가 안 된다는 의미로) …를 납득·상상하기 어렵다

  – Трудно допустить, чтобы он так сделал.
    그가 그렇게 했다니 납득하기 어렵다.


- трудно предположить, что(또는 чтобы) …
    …라고 예상·가정·추측·상상하기는 어렵다

- трудно с непривычки  습관이 되지 않아 어렵다

- трудовой доход  근로소득

- трудовые ресурсы  노동자원

- туда и обратно  왕복(= туда и назад)

- тут и там  가는 곳마다, 도처에, 여기저기에

Т

y

**• у** 생격을 동반하는 전치사로 다음과 같은 용법으로 사용됨

① …곁에, …가까이에, …부근에

- стоять у стола 책상 옆에 서 있다
- поле у реки 강 옆에 있는 들판
- встретиться у входа в театр 극장 출입구에서 만나다
- у подножия гор 산기슭에

② (활동 또는 양태를 나타냄)

- сидеть(또는 стоять) у руля 타를 잡다, 운전·조종하다
- сидеть у рояля 피아노를 연주하다
- быть у власти 집권하다, 권력을 쥐고 있다
- стоять у станка 선반을 돌리다

③ (목표, 끝에 가까워짐을 나타냄) …가까이, 거의 다

- быть у цели 목표에 거의 도달하다
- быть у финиша 결승선에 거의 다 오다
- Я уже у конца.
  나는 이미 일을 거의 다 끝냈다.

④ (출석, 참가 등을 나타냄) …에

- быть у утренней зарядки 아침체조에 참석하다

⑤ (소유, 누림, 상태를 나타냄) …의, …에게는, …는

- у нас в стране 우리나라에(서)
- У каждого свой дом.
  사람들마다 자기 집을 가지고 있다.
- У меня есть интересная книга.
  나에게는 재미있는 책이 있다.
- У неё чёрные глаза.
  그녀의 눈은 까맣다.
- У него в городе есть друзья.
  그는 도시에 친구들이 있다.
- У меня в комнате есть телевизор.
  내 방에 텔레비전이 있다.

у

- Руки у неё мокрые.

  그녀의 두 손은 젖어 있다.

⑥ **(어떤 상태·행동이 이루어지는 장소를 나타냄) …에서, …에**

- заниматься у себя дома  자기 집에서 공부하다·일하다

- остановиться у дяди  삼촌 집에 머무르다

- У нас сегодня гости.

  오늘 우리 집에 손님들이 왔다.

⑦ **…한테서, …에게서**

- учиться у кого грамоте  …에게서 글을 배우다

- Я учился(лась) пению у него.

  나는 그에게서 노래를 배웠다.

- Он работает у меня.

  그는 나에게서 일한다.

⑧ **(y + 인칭대명사가 문장의 주어 역할을 할 때) …은**

- У меня болит зуб.

  나는 이가 아프다.

- У него пропал аппетит.

  그는 입맛을 잃었다.

- У нас всегда весело.

  우리 집은 항상 명랑하다.

⑨ **(구성요소, 부속물을 나타냄) …에(는)**

- У двери имеется замок.

  문에 자물쇠가 걸려있다.

- У магазина есть вывеска.

  상점에 간판이 걸려있다.

⑩ **(출처를 나타냄) …로부터, …에게, …한테서**

- занять у кого деньги  …에게 돈을 꾸다

- спросить у кого  …에게 묻다

- попросить помощи у кого  …에게 도움을 요청하다

- украсть что у кого  …에게서 …을 훔치다

у

– Эту книгу я взял(а) у друга.

나는 이 책을 친구에게서 빌렸다.

– Я узнал(а) об этом у него.

나는 그에게서 이에 대해 알게 되었다.

- у всех на виду  모든 사람들이 보게·볼 수 있도록·알 수 있도록
- убить время  (소일거리 등으로) 시간을 보내다
- убыток  손실, 손해
- увеличение вооружений  군비확장, 군비증강
- увенчаться успехом  성공하다
- угодно кому  (술어로) …에게 필요하다, 원하다

  – как вам угодно  당신이 원하는 대로

  – сколько вам угодно  당신이 원하는 대로, 얼마든지

  – Что вам угодно?

  무슨 용무입니까?(무엇이 필요합니까?)

  – Кому угодно высказаться?

  누가 말씀하시겠습니까?

- угол зрения  관점, 견해
- уголовный процесс  (법에서) 형사소송
- уголовный суд  (법에서) 형사재판

  → гражданский суд 참조
- уделить (особое) внимание кому-чему  …에 (특별한) 주의를 돌리다, …에 주목하다, …에 관심·흥미를 가지다

  – Он уделил особое внимание этому плану.

  그는 이 계획에 특별한 관심을 기울였다.

- удержать течение крови  지혈하다
- уже не …  이미 …하지 않다

у

- Она давно уже не пьёт.
  그녀는 이미 오래전부터 술을 마시지 않는다.


- узнать кого с первого взгляда  …을 첫눈에 알아보다
- указанный срок  (약속, 지불, 계약 등에) 정한 기간
- указать(указывать) на необходимость чего  …의 필요성을 지적·제기하다, …의 필요성에 대해 주의를 환기시키다
- указать срок уплаты  지불기한을 정하다
- украсть что у кого  …에게서 …을 훔치다
- ума не приложу  (술어로) 모르겠다, 납득이 되지 않는다
- умственный труд  정신노동
- уплачивать(또는 погасить) задолженность  채무를 청산하다, 차입금을 갚다
- управляющий чем  관리인, 지배인, 대리, 서리, 마름, 집사
  - управляющий рестораном  레스토랑 지배인


- управление на расстоянии  원격조종
- упускать из виду чего  …를 간과하다, (기억에서) 잊다
  - Вместе с тем не приходится упускать из виду деятельности иностранных соревнователей наших в отношении неустроенного Корейского полуострова.
    이와 동시에 안정되지 못한 한반도에 대한 우리의 외국 경쟁자들의 활동을 간과해서는 안 된다.


- упускать из виду, что …  …를 간과하다, (기억에서) 잊다
  - При этом не приходится упускать из виду, что они ещё не достигли той степени культурной зрелости.
    이와 동시에 그들이 아직까지는 문화적으로 성숙한 그러한 수준에 다다르지는 못했다는 것을 잊어서는 안 된다.

- упустить(또는 выпустить) из вида(= виду) что
  ···을 잊어 버리다, 망각하다
- упустить(упускать) из рук что (쉽게 얻거나 달성할 수 있는
  것을) 놓치다, 허탕치다
- упустить момент(또는 шанс) 기회를 놓치다
- усилить воздействие на кого-что ···에 대한 영향력·작용을
  강화하다
- усмотреть за кем-чем ···를 살피다, ···를 돌보다
- усмотреть кого-что ···를 발견하다
- усмотреть что в чём ① 인정하다, 간주하다 ② 알아내다
  ③ 의심하다 ④ 간파하다
- устать до смерти 죽을 정도로 기진맥진하다·피곤하다
- устная договорённость 구두합의
- утренняя (вечерняя) роса 아침 (저녁) 이슬
- учить(научить) кого чему 가르치다
    - учить своего друга русскому языку 친구에게 러시아어를
      가르쳐주다
    * 우리말과 다르니 격변화에 유의. 비교) преподавать

- учиться у кого-чего чему 또는 (+미정형동사) ···에게 ···를
  배우다
    - учиться у своего друга русскому языку 친구에게서
      러시아어를 배우다
    - учиться музыке (математике) 음악을 (수학을) 배우다

- учиться на чужих ошибках 다른 사람의 실수·오류에서
  배우다·교훈을 얻다
- учиться у кого-чего ···에게서 배우다, (모범 등을) ···에서 배우다

у

Φ

- **факт тот, что … …이 문제이다**
  - Факт тот, что я забыл(а) дома словарь.
    내가 집에 사전을 놓고 온 것이 문제이다.

- **факторы производства**  생산요소
- **Федеральное Собрание**  (러시아의 상원과 하원을 총칭함) 의회
- **ферма**  목장, 양식장
  - животноводческая ферма  축산목장
  - рыбоводная ферма  양어장, 물고기 양식장

- **физический труд**  육체노동
- **физическое лицо**  자연인
      비교) юридическое лицо  법인
- **филологические науки**  어문학, 언어학
- **финасовая политика**  금융정책
- **финасовый капитал**  금융자본
- **финансовый кризис**  금융위기
      → мировой финансовый кризис  세계 금융위기
- **финансовый отчёт**  재정지출보고서
- **финасовый рынок**  금융시장
- **финасовый товар**  금융상품
- **ФОБ**  국제무역용어로 수출하는 측이 선박에 화물을 싣는 것으로 수출하는 측의 의무가 완료되는 계약 형태를 의미함. 상품 운송비와 보험은 수입하는 측이 지불함. 영어의 'Free on board'의 약어인 FOB를 러시아어로 옮긴 것임
      비교) СИФ
- **фондовая биржа**  증권거래소
- **фондовый(= биржевой) индекс**  주가(지수), 주식시세
- **фундаментальные науки**  기초과학
      → прикладные науки 참조

Ф

- фьючерс (경제에서) 선물(영어의 futures에서 옴)
- фьючерсная биржа  선물거래소
- фьючерсный рынок  선물시장

Ф

X

- хозяйственная деятельность  경제활동(= экономическая деятельность)
- хозяйство(= экономика)  경제, 산업(생활); 농장
- хоронить(또는 прятать) концы  (잘못, 범죄 등의) 흔적을 없애다, 증거를 없애다
- хоть брось  (속어) 아무 데도 쓸모없다, 아주 나쁘다
- хоть бы и так  가령 그렇다 할지라도(= хотя бы и так)
    - Хоть бы и так, всё равно он не должен был этого делать.
      가령 그렇다 하여도 그래도 그는 그것을 하지 말았어야 했다.

- хоть (бы) сколько  다만 얼마라도, 다만 조금이라도
- хоть бы раз  단 한 번만이라도
- хоть бы что кому  전혀 신경 쓰지 않는다, 전혀 무관심하다
    - Жена болеет, а ему хоть бы что.
      그는 부인이 아픈데도 전혀 관심이 없다.

- хоть плотину пруди  한없이 많이, 무수히
- хоть пруд пруди кого-чего  кого-чего가 아주·대단히 많다
    - Книг у него хоть пруд пруди.
      그는 책을 대단히 많이 가지고 있다.

- хоть пулю в лоб  절대로, 죽어도

- хотя  (양보의 뜻으로) 비록 …지만, …(이)라 할지라도, …이나
    - Хотя пошёл дождь, мы продолжали играть в футбол.
      비가 왔지만 우리는 축구를 계속했다.
    - Я там буду, хотя, может быть, и опоздаю.
      늦을지도 모르지만 나는 그곳에 가겠다.

X

- хотя бы  ① 비록 ···일지라도 ② 예컨대 ③ 적어도 ④ (희망, 기대를 표시함) ···하면 좋겠는데
  - ① – Вы должны преодолеть трудности, хотя бы это и стоило больших усилий.
    아무리 많은 노력이 든다 해도 당신들은 어려움을 극복하여야 한다.
  - ② – Это видно хотя бы из следующих фактов.
    이것은 예컨대 다음의 사실에서도 알 수 있다.
  - ③ – Я хочу хотя бы здесь вести правильную жизнь.
    나는 적어도 여기에서는 옳바르게 살고 싶다.
  - ④ – Как скучно здесь! Хотя бы кто-нибудь пел.
    여기는 참으로 심심하다! 누가 노래라도 불러 주면 좋겠는데.

- хотя бы и так  가령 그렇다 할지라도
- хотя бы не так  가령 그렇지 않다 할지라도
- хотя (и)~, но ···  비록 ~일지라도 (그러나) ···하다
  - Хотя серьезных последствий пока ещё не имело, но может создать затруднения в будущем.
    비록 아직까지는 심각한 결과는 발생하지 않았으나, 장차 어려움이 발생할 수 있다.

- хуже кого-чего  ···보다 좋지 않다, ···보다 못하다
  - Он хуже других.
    그는 다른 사람들만 못하다.

- хуже, чем ···  ···보다 좋지 않다, ···보다 못하다
  - Дурное мнение хуже, чем никакого.
    그릇된 생각은 아무것도 생각하지 않는 것보다 나쁘다.

X

ㅈ

- целый ряд чего  일련의, 많은, 여러 가지의
  - целый ряд вопросов  여러가지 질문; 일련의 문제들


- цельная теория  일관성 있는 이론
- цельное вино  (다른 것이 섞이지 않은) 순수한 포도주·술
- цельное впечатление  지울 수 없는 인상
- цельное молоко  (다른 것이 섞이지 않은) 순수한 우유
- цельный день  종일, 하루 24시간, 온전히 하루
- цельный характер  (이랬다 저랬다하지 않는) 일관성 있는 성격,
  일관된 성격
- ценная бумага  유가증권
- цены нет  가격이 없다, 즉 매우 귀하다
- цифровые данные  숫자상의 자료; 수량, 수치

प

- час от часу  시시각각으로
- частная собственность  사적 소유, 사유재산
- частным образом  개인·개별적으로, 특수하게
- часть целого  (전체의) 일부, 일부분
- частью  일부는, 부분적으로는
- частью ~, частью …  부분적으로는 ~고 부분적으로는 …다
- частями  부분적으로, 조금씩
- чаще всего  흔히, 종종
- чего бы ни стоило  아무리 힘들어도
  (= как бы ни было трудно)
- чем ~, тем …  ~하면 할수록 더욱더 …하다
  - Чем скорее, тем лучше.
    빠르면 빠를수록 좋다.
  - Чем ближе, тем лучше.
    가까울수록 더욱 좋다.


- чем более ~, тем …  더욱더 ~하면 할수록 …하다
- чем (бы)  …하는 대신에, …하기는커녕, …하기는 고사하고
  - Чем бы помочь, он ещё мешает.
    그는 도와주기는커녕 방해까지 한다.


- чем было намечено  예정된 것보다, 예정보다
  - на два дня позже, чем было намечено  예정된 것보다 이틀
    늦게


- чем где бы то ни было  그 어느 곳보다도 더
- чем прежде  먼저, 우선하여
- чем свет(= чуть свет)  동이 트자마자(= на рассвете)
- через меру(= сверх меры, не в меру)  지나치게, 과도하게,
  너무

- через это  이 때문에
- чернильная душа  ① 관리 ② 관료주의자
- черта(черты) характера  성격의 특징(점)
- честно говоря  솔직히 말하면
- четвёртый квартал  4/4분기
- чёрная раса  흑인종
- чёрный день  어려운·곤란한 때
    - откладывать деньги на чёрный день  어려운 때를 대비하여 돈을 저축하다

- чёрный рынок  암시장
- число лиц  인원수, 사람수
- читать в душе  남의 생각·희망을 알아 맞히다
- чреватый чем  (흔히 좋지 못한 결과를) 가져올 수 있는, 야기하는, 내포한
    - быть чреватой опасностью  위험성을 내포하고 있다

- чревато чем  …의 위험성을 내포하고 있다
    (= таить в себе опасность чего)
- что бы ни …  그 어떠한 …을 해도, 그 무엇을 …든지(지라도)
    - Что бы он ни делал, нет ему удача.
    그는 무슨 일을 해도 잘 안 된다.

- что бы ни случилось  무슨 일이 있더라도, 어떠한 일이 있어도
- что до кого-чего  …에 대해 말하자면·말한다면
    - что до меня  나에 대해 말한다면
    - Что до меня – я безумно обожаю природу.
    나에 대해 말하자면 나는 자연을 몹시 좋아한다.

- что есть(= было) силы (또는 сил)  있는 힘을 다하여,
  전력을 다하여
- что и говорить  (삽입어) 두말할 것도 없다, 사실이다, 옳다,
  확실히, 물론
- что (же) касается (до) кого-чего, то …  кого-чего에 대해
  말하자면· 말한다면 …이다·하다
  (= если говорить с кем-чем, то …)
- что (когда, где, куда, откуда) бы то ни было  무엇이든 (어느
  때이든, 어디서든, 어디로 가든, 어디에서 오든) 상관없이(어쨌든)
- что надо  (술어로) 아주·대단히 좋다, 대단히 훌륭하다
  - Погода будет что надо.
    날씨는 아주 좋을 것이다.
  - Парень что надо.
    젊은이는 어디에 내놓아도 빠질 데가 없이 훌륭하다.

- чтобы не сказать более  더 이상 언급할 필요 없게 하기 위해,
  더 정확하게 말한다면
- что-либо  아무것이나, 무엇이든지
- что ни  '매번'의 뜻임
  - что ни день  매일
  - что ни год  매년
  - Что ни день погода меняется.
    매일 날씨가 변한다.

- что ни на есть  제일, 가장
  - что ни на есть лучший  가장 좋은

- что ни шаг  매 걸음마다, 가는 곳마다
- что-нибудь  아무것이나, 무엇이든지(= что-либо)
- что предпочтительнее  보다 더 좋게는, 보다 유리하게는

- что такое  …란 무엇인가?

  - Что такое капитализм?

    자본주의란 무엇인가?


- что угодно  무엇이든지, 어떤 것이든지
- чувство долга  의무감, 의리
- чувство неприязни  반감

  - испытывать чувство неприязни к кому  …에게 반감을

    가지다


- чувство одиночества  고독감
- чувство ответственности  책임감
- чувство собственного достоинства  자존심
- чувство страха  공포감

  - вызвать чувство страха в ком  …에게 공포감을 불러일으키다


- чувство удовлетворения  만족감
- чувство усталости  피로감
- чувствовать расположение к кому  …에게 호감을 같다
- чуть  (только, лишь 등과 함께) …하자마자
- чуть (было) не …  하마터면·거의 …할 뻔하다

  - Она чуть было не упала.

    그 여자는 하마터면 넘어질 뻔하였다.


Ч

- чуть держится душа  숨이 막힐 것 같다
- чуть ли не …  아마도 …인 것 같다, 아마도 …인 듯하다

  (= едва ли не …)

  - Он, бывший чуть ли не член Государственного Совета.

    그는 아마도 과거 국가소비에트 위원이었던 것 같다.

- чуть свет  동이 트자마자
- чьего ума дело  …가 할 일이다

III

- шаг за шагом  천천히, 느릿느릿, 겨우, 점차로, 꾸준히; 한 걸음 한 걸음(= шаг за шаг)
- шаг вперёд, два шага назад  일보 전진 이보 후퇴
- шагать по цельному снегу  아무도 밟지 않은 눈길을 걷다
- шагать шаг в шаг с кем  ⋯와 보조를 맞추어서·발을 맞추어 걷다
- шагом марш!  앞으로 가!
- шагу ступить нельзя(또는 не может, не смеет) без кого-чего  ⋯없이는 꼼짝 못하다, ⋯없이는 전혀 아무것도 할 수 없다

- щина сталинщина  참조

- экономический кризис  경제위기
- экспорт  수출(= вывоз)
- электронная почта  전자우편
- электронное письмо  이메일(e-mail), 전자서신
- электронный адрес  이메일(e-mail) 주소, 전자우편 주소
- эмиссия  (유가증권, 돈 등의) 발행(= выпуск)
- этим разом  이것 한 번으로, 이 한 번에 의해서
- этим самым  (앞 문장을 받아) (바로) 이렇게, 이렇게 함으로써, 이
    자체로써
- это дело десятое  중요하지 않다, 본질적이지 않다, 부차적이다
- это не в моих выгодах  이것은 나에게 불리하다
- это не помещает (+что 또는 미정형동사)  (앞 문장과 대비하여
    쓰임) 이것이 …가 아니라는 것·뜻은 아니다, 이것이 …가
    아니라는 것을 의미하지는 않는다(즉, …는 사실이라는 의미임)
    – Однако это не помещает что он добрый человек.
      그렇다고 이것이 그가 선량한 사람이라는 것을 부정하게 하지는
      않는다. (어쨌든 '그는 선량한 사람이다'라는 뜻임)

- этого рода  이러한
- этот свет  현세, 이승
- эффективность распределения ресурсов  자원분배의 효율성

Э

---

Ю

- юридическая консультация  법률상담소
- юридическая литература  법(률)관계 문헌
- юридический владелец  법적 소유자
- юридический факультет  법학부
- юридический язык  법률용어
- юридические науки  법학
- юридические основания  법적 근거
- юридическое лицо  법인  비교) *физическое лицо* 자연인

Ю

Я

- яблоко раздора  불화의 씨앗, 불화의 근원
- являться **кем-чем**  …이다

  (= представляться **кем-чем** 또는 есть)

  – Нарушение нейтралитета со стороны Англии и Соединенных Штатов, а равно и дипломатическое вмешательство этих Держав являются для нас вредными и нежелательными осложнениями.
  영국과 미국 측의 중립위반, 또한 마찬가지로 이 열강들의 외교적 간섭은 우리에게 해롭고 바람직하지 않은 장애이다.


- явствует **из чего, что** …  ~로(**чего**)부터 …라는 것이 명백해지다
- ядерная материя  핵물질
- ядерная промышленность  원자력 산업
- ядерное горючее  핵연료
- ядерное государство  핵무기 보유국
- ядерное сдерживание  핵 억제력
- ядерный зонтик  핵우산
- ядерный реактор(= котёл)  핵 원자로


- якобы  (서술내용의 의심, 의혹, 불신, 동의하지 않음을 의미하는 접속사와 조사로 쓰임) '마치 …인 듯이, 마치 …인 양'으로 해석할 수 있으나, 중요한 것은 말을 전하는 본인은 그 말을 믿지 않는다는 사실을 내포하고 있음. 이러한 점에서 우리말로는 비슷하게 해석될 수 있는 '마치 …처럼, …인 듯이'의 뜻을 갖는 словно как, будто бы, как бы와는 전혀 다르다는 점에 유의할 것

  – Японский Генеральный Консул в Титахсу получил 20,000 иен от своего правительства на образование из проживающих в Кандо корейцев общества с целью, якобы, их сплочения.

Я

---

РУССКИЕ ИДИОМЫ

티타흐수 주재 일본 총영사는 간도에 거주하는 조선인들을
대상으로 흡사 그들의 결속이 목적인 양 하는 단체를 조직하기
위하여 자국정부로부터 20,000엔을 받았다.

  ＊ 문장 속의 접속사로 쓰인 якобы에 유의할 것. якобы는 이
    말을 전하는 사람이 '결속이 목적'이라는 말을 믿지 않는다는
    것을 뜻하는 것임)

 - Он якобы всё понял.
   그는 마치 모든 것을 이해한 것처럼 (행동·말)한다.
 - Он приехал к нам якобы для того, чтобы работать.
   그는 우리한테 일하러 온 것처럼 (행동·말)한다.

  ＊ 위 두 문장의 якобы는 조사로 쓰였으며 마찬가지로 불신을
    나타냄

· ящур  (소, 말, 돼지, 염소 등의 입, 발굽에 발생하는 전염병으로)
  구제역

Я

&lt;참고문헌&gt;

· 동완·김학수.『노한사전』. 주류, 1987.

· 고현.『조로사전』. 평양-모스크바, 1994.

· С. И. Ожегов. Словарь Русского Языка. Москва, 1991.

· А. И. Смирницкий. Русско-Английский Словарь. Москва, 1992.

러시아연방을 구성하는 주체
(공화국 및 지방정부)

- Республика Адыгея(Адыгея)
- Республика Алтай
- Республика Башкортостан
- Республика Бурятия
- Республика Дагестан
- Республика Ингушетия
- Кабардино-Балкарская
  Республика
- Республика Калмыкия
- Карачаево-Черкесская
  Республика
- Республика Карелия
- Республика Коми
- Республика Марий Эл
- Республика Мордовия
- Республика Саха(Якутия)
- Республика Северная
  Осетия(Алания)
- Республика
  Татарстан(Татарстан)
- Республика Тыва
- Удмуртская Республика
- Республика Хакасия
- Чеченская Республика
- Чувашская
  Республика(Чувашия)
- Алтайский край
- Забайкальский край
- Камчатский край
- Краснодарский край
- Красноярский край
- Пермский край
- Приморский край
- Ставропольский край
- Хабаровский край
- Амурская область

- Архангельская область
- Астраханская область
- Белгородская область
- Брянская область
- Владимирская область
- Волгоградская область
- Вологодская область
- Воронежская область
- Ивановская область
- Иркутская область
- Калининградская область
- Калужская область
- Кемеровская область
- Кировская область
- Костромская область
- Курганская область
- Курская область
- Ленинградская область
- Липецкая область
- Магаданская область
- Московская область
- Мурманская область
- Нижегородская область
- Новгородская область
- Новосибирская область
- Омская область
- Оренбургская область
- Орловская область
- Пензенская область
- Псковская область
- Ростовская область
- Рязанская область
- Самарская область
- Саратовская область
- Сахалинская область
- Свердловская область

- Смоленская область
- Тамбовская область
- Тверская область
- Томская область
- Тульская область
- Тюменская область
- Ульяновская область
- Челябинская область
- Ярославская область
- Москва
- Санкт-Петербург
- Еврейская автономная область
- Ненецкий автономный округ
- Ханты-Мансийский автономный округ(Югра)
- Чукотский автономный округ
- Ямало-Ненецкий автономный округ